새 번역

카를 마르크스의 혁명적 사상

국립중앙도서관 출판예정도서목록(CIP)

카를 마르크스의 혁명적 사상: 새 번역 / 지은이: 알렉스 캘리니코스
; 옮긴이: 이수현. -- 서울 : 책갈피, 2018
   p. ;   cm

원표제: The Revolutionary Ideas of Karl Marx
원저자명: Alex Callinicos
색인수록
영어 원작을 한국어로 번역
ISBN 978-89-7966-136-1 03300 : ₩15000

마르크스 주의[--主義]

340.245-KDC6
335.4-DDC23   CIP2018021108

새 번역

카를 마르크스의 혁명적 사상

알렉스 캘리니코스 지음 | 이수현 옮김

책갈피

The Revolutionary Ideas of Karl Marx by Alex Callinicos
First published in 1983
This edition published in 2011 by Haymarket Books
© Bookmarks Publications Ltd

Korean translation edition © 2018 by Chaekgalpi Publishing Co.
Bookmarks와의 협약에 따라 이 책의 한국어 판권은 책갈피 출판사에 있습니다.

새 번역
카를 마르크스의 혁명적 사상

지은이 | 알렉스 캘리니코스
옮긴이 | 이수현

펴낸이 | 김태훈
편집 | 최재필

펴낸곳 | 도서출판 책갈피
등록 | 1992년 2월 14일(제2014-000019호)
주소 | 서울 성동구 무학봉15길 12 2층
전화 | 02) 2265-6354
팩스 | 02) 2265-6395
이메일 | bookmarx@naver.com
홈페이지 | http://chaekgalpi.com
페이스북 | http://facebook.com/chaekgalpi

첫 번째 찍은 날 2018년 7월 26일
세 번째 찍은 날 2024년 2월 26일

값 15,000원

ISBN 978-89-7966-136-1

잘못된 책은 바꿔 드립니다.

차례

일러두기

1. 이 책은 Alex Callinicos, *The Revolutionary Ideas of Karl Marx* (Haymarket, 2011)를 번역한 것이다.

2. 인명과 지명 등의 외래어는 최대한 외래어 표기법에 맞춰 표기했다.

3. 《 》 부호는 책과 잡지, 〈 〉 부호는 신문, 주간지, 웹사이트 등을 나타낸다. 논문과 신문 기사 등은 " "로 나타냈다.

4. 본문에서 [ ]는 옮긴이나 편집자가 독자의 이해를 돕거나 문맥을 매끄럽게 하려고 덧붙인 것이다. 지은이가 인용문에 덧붙인 것은 [— 지은이]로 표기했다.

5. 본문의 각주는 옮긴이나 편집자가 넣은 것이다.

6. 원문에서 이탤릭체로 강조한 부분은 고딕체로 나타냈다.

2011년판 머리말

마르크스의 핵심 주제는 자본주의였다. 즉, 자본주의를 어떻게 이해할 것인지, 자본주의를 전복하는 더 나은 방법은 무엇인지였다. 마르크스와 그의 친구이자 동지인 엥겔스가 쓴 가장 유명한 글 《공산당 선언》은 혁명이 유럽을 휩쓴 1848년에 출판됐는데, 1848년은 마치 2011년에 아랍 세계 전역에서 혁명의 물결이 거대하게 분출한 것과 비슷한 역사적 순간이었다. 《공산당 선언》은 놀라우리만큼 예언적인 저작이었다. 당시 산업 자본주의가 확립된 곳은 영국(특히, 엥겔스가 살고 있던 맨체스터), 벨기에, 그리고 미국의 북동부 연안 지역뿐이었다. 그러나 마르크스는 이 새로운 경제체제가 전 세계를 정복해서 경쟁적 축적의 논리에 가차 없이 종속시킬 것임을 알고 있었다.

그러나 마르크스는 자본주의가 근본적으로 결함이 있는 체제라는 것도 알고 있었다. 자본주의의 핵심에는 자본과 임금노동의 적대 관계가 놓여 있었다. 마르크스가 오랫동안 경제학을 연구해서(그 절정이 미완성 걸작인 《자본론》이다) 체계적으로 보여 줬듯이 자본가들이 추구하는 이윤은 그들이 고용한 노동자들을 착취하는 데서 나온다. 그러므로 자본주의는 [이해관계의] 충돌로 분열된 체제다. 그리고 그런 충돌은 모종의 우연이나 실수가 아니라, 내적 본성의 산물이다. 그러나 자본가와 노동자의 계급투쟁을 악화시키는 것은 자본주의 체제의 주기적·파괴적 경제 위기 경향이다. 마르크스는 자본주의가 호황과 불황의 주기적 순환을 겪는다는 사실을 처음으로 인식한 사람들 가운데 한 명이었고, 그가 경제학 저작들에서 주로 몰두한 문제 하나가 왜 그런 일이 일어나는지를 설명하는 것이었다. 《자본론》에서 마르크스는 기업 간 경쟁 때문에 기업들이 이윤보다 투자를 더 빨리 늘리면 이윤율이 떨어져서 결국 경제가 위기에 빠진다는 것을 보여 준다. 또 그는 신용제도(오늘날 금융시장이라고 부르는 것)가 자본주의의 [정상적] 작동에서 하는 구실, 즉 단기적으로는 경제 위기를 지연시키지만 장기적으로는 위기를 더 악화시키는 구실을 한다는 것을 분석하는 데 많은 시간을 들인다.

이 짧은 요약만으로도 왜 마르크스의 저작이 여전히 읽어 볼 만한 것인지를 아주 분명히 알 수 있다. 지난 20년 동안 우리는 귀가 따갑게 세계화 소리를 들으며 살아 왔다. 세계화는 단지 세계의 경제적 통합 증대만이 아니라 신자유주의적 자본주의의 세계적 승리이기도 하다. 다시 말해 고삐 풀린 자본주의, '자유 시장'의 지배가 승리한 것이기도 하다. 《공산당 선언》에서 마르크스는 영국이 중국 시장을 개방하는 과정에서 벌어진 아편전쟁을 언급하면서 다음과 같이 썼다. "저렴한 상품 가격은 모든 만리장성을 무너뜨리는 대포다." 오늘날 중국은 새로운 '세계의 공장'이 돼, 전 세계 공산품의 5분의 1을 생산하고 경제적 통합 증진에 한몫하고 있다. 1990년대 말에 〈월 스트리트 저널〉은 이런 승리주의 분위기를 "자본주의의 신나는 모험들"이라는 구호로 요약한 바 있다. 그러나 그것은 순탄치 않은 과정이었음이 드러났고, 점차 심각한 경제 위기가 잇따라 발생했다. 즉, 1997~1998년 동아시아의 경제 위기, 2000~2001년 닷컴 호황 붕괴, 그리고 1930년대 이후 가장 심각한 세계경제 불황을 촉발한 2008년 금융 위기가 잇따랐다.

이런 경제적 충격이 닥칠 때마다 주류 언론에서는 마르크스의 재발견 운운하는 기사들이 넘쳐났다. 그러나 마르크스가 여전히 중요하다는 것을 보여 주는 다른 조짐들, 거의 틀림없이 더 중요한 조짐들도 있다. 특히 데이비드 하비의 온라인 《자본론》 강의가 대성공을 거둔 것이 두드러진 사례다. 따라서 지금은 내가 쓴 마르크스 입문서를 재발행하기에 좋은 때인 것 같다. 《카를 마르크스의 혁명적 사상》은 오래전인 1983년에 처음 펴냈는데, 내가 1995년판 머리말에서 설명했듯이 당시의 정치 환경은 지금과 사뭇 달랐다. 그러나 시간의 흐름에도 불구하고 나는 이 책이 마르크스의 사상을 설명한 책으로서 여전히 유효하다고 생각한다. 그래서 책의 본문을 바꾸지 않고 그대로 뒀다. 다만 사소한 문체 변화와 업데이트, 오탈자 교정만 했을 뿐이다. 만약 지금 책을 쓴다면 다르게 쓰겠지만(최근의 사건들에 비춰 보면, 마르크스의 신용 제도 분석에 관한 논의가 없다는 것이 특히 약점인 듯하다), 이 책은 어느 정도 나한테서 독립했다. 마치 다 큰 어른이 돼 독립하는 자녀 같은 존재가 된 것이다.

이 책의 주요 주제 하나는 비판적 이론가이자 혁명적 활동가로서 마르크스의 생애와 사상은 분리될 수 없다는 것이다. 이 머리말의 서두에서 말했듯이 마르크스는 자본주의 체제를 전복하기 위해 자본주의를 더 잘 알고 싶어 했다. 그는 노동자들이 자본주의의 내적 모순을 경험하게 되면 스스로 집단적인 정치적 주체가 돼서 기존 체제를 분쇄하고 마침내 계급 없는 공산주의 사회를 건설하는 일에 나설 것이라고 생각했다. 1980년대 말에 동유럽과 소련에서 스탈린주의 체제들이 붕괴한 것은, 서유럽 노동자 운동이 일련의 패배를 겪은 뒤에 닥친 일이다 보니 국제적으로 좌파에게 심각한 타격을 줬다. 내가 길게 설명했듯이, 사회주의를 노동계급의 자력 해방으로 이해하는 마르크스 자신의 사회주의 개념은 스탈린주의 체제들의 분명한 특징(사회 상층에 권력이 집중되는 현상)과 반대였다는 사실에도 불구하고 그랬다. 그러나 1990년대 말 이후 진정한 반자본주의 좌파가 느리게 회복되는 동시에, 이른바 '제3의 길'(사회민주주의와 신자유주의를 결합시켜서 사회민주주의를 부활시키려는 노력)이 나타났다가 사라졌다. 무엇보다 토니 블레어가 영국에서 제국주의 전쟁을 옹호하는 바람에 '제3의 길'은 불신의 대상으로 전락했다.

1999년 11월의 시애틀 시위를 계기로, '세계 정의 운동'이나 '대안

세계화 운동' 등으로 다양하게 불리는 운동이 출현한 것은 [자본주의] 체제 자체에 대한 논쟁의 부활을 알렸다. 이것과 맞물려 유럽에서는 이라크 전쟁에 반대하는 대중운동이 등장했고, 라틴아메리카에서는 2000년대에 새로운 좌파 정부들이 집권했다. 그에 따른 지적 급진화로 말미암아, 자본주의의 진정한 대안으로서 공산주의 사상에 대한 관심이 부활했다. 미국과 유럽에서 각국 정부가 세계 경제·금융 위기의 비용을 노동자와 빈민에게 떠넘기려고 긴축정책을 추진하자 이에 저항하는 투쟁 물결이 일었다. 그리고 중동과 북아프리카에서 신자유주의의 첨병이었던 이집트와 튀니지의 정권들을 끌어내리면서 아랍 혁명이 시작됐다.

따라서 반자본주의 정치가 되살아나고 있는 지금 마르크스에게 우호적인 청중이 점점 더 늘어나고 있다. 그것은 당연하다. 마르크스는 세계를 이해하는 것과 세계를 변화시키는 것은 결코 서로 분리할 수 없는 일이라고 생각했다.

1995년판 머리말

《카를 마르크스의 혁명적 사상》은 마르크스가 죽은 지 100년이 지난 1983년에 처음 나왔다. 당시의 정치적 분위기는 지금과 매우 달랐다. 로널드 레이건이 미국 대통령이 된 지 얼마 안 지났고, 마거릿 대처가 영국 총리로서 첫 임기도 마치기 전이었다. 그들이 주도한 자유 시장 우파의 공세는 노동계급 운동에 막 영향을 미치기 시작하고 있었다.

영국에서 노동당은 1974~1979년 집권 기간의 대실패에 따른 당내 불화 때문에 사분오열하고 있었다. 우파가 떨어져 나가 사회민주당을 만드는 과정에서 노동당은 더 우경화했고 토니 벤이 이끄는 당내 좌파 운동은 해체되고 있었다. 1984~1985년의 광원 대파업은 아직 미래의 일이었다. 광원 대파업의 패배는 노동당 내에서 우파의 승리를 필연적인 것으로 만들게 된다.

국제적으로 세계는 이른바 제2차 냉전, 즉 1970년대 말 이후 초강대국 진영 간 긴장이 새롭게 고조된 시기를 아직 벗어나지 못하고 있었다. 서유럽에 차세대 크루즈 핵미사일을 배치하려는 북대서양조약기구NATO의 계획(1983년 가을에 결국 실행됐다) 때문에 평화운동이 엄청난 규모로 되살아났다. 1981년 12월에 폴란드의 거대한 노동자 운동인 연대노조(솔리다르노시치)를 폭력 진압한 후 동방의 스탈린주의 체제들은 그 어느 때보다 더 경직되고 공고한 권력처럼 보였다. 소련 자체에서는 미하일 고르바초프가 아직 정치국의 떠오르는 별이었을 뿐이다.

오늘날의 세계는 그 당시와 상당히 다르다. 근본적으로 이것은 1989/1991년에 일어난 이른바 '이중 혁명'(동유럽의 스탈린주의 체제들을 쓸어 버린 1989년 혁명들과, 1991년에 소련 자체를 붕괴시킨 공산당의 몰락)의 결과다. 이 엄청난 변혁으로 말미암아 유럽이 초강대국 진영들로 분할된 상태가 끝났고 그와 함께 초강대국 진영 간 냉전도 끝났다.

그러나 이런 지정학적 변화만큼 1989/1991년 [혁명]의 이데올로기적 결과도 중요하다. 공산주의 체제의 붕괴는 마르크스의 사상을 분명히 논박하는 것으로 널리 받아들여졌다. 자유 시장 우파는 스탈린주의 체제가 몰락한 틈을 타서 재빨리 자본주의가 승리했다고 선언했다. 실제로 당시 미국 대통령 조지 부시 [1세]의 국무부 관리였던 프랜시스 후쿠야마는 "역사의 종말"을 선언했다. 후쿠야마의 주장인즉, 자유주의적 자본주의가 마르크스주의를 결정적으로 물리쳤고 그와 함께 자본주의의 우위에 도전하는 만만찮은 대안도 모두 물리쳤다는 것이었다. 앞으로 인류가 기대할 수 있는 것은 자본주의가 영원히 지속되는 것뿐이라는 주장이었다.

우파가 1989/1991년[의 혁명]을 이렇게 이용하는 것은 아주 당연했다. 오히려 놀라운 사실은 많은 좌파가 후쿠야마의 주장을 적어도 부분적으로나마 받아들였다는 것이다. 이것은 (우파와 마찬가지로) 많은 좌파도 소련을 비롯한 스탈린주의 체제들을 사회주의와 동일시했다는 사실을 반영했다. 그래서 이른바 "실제로 존재하는 사회주의"의 몰락을 전 세계 좌파는 패배로 해석했던 것이다.

그 결과 많은 사회주의자들 사이에서 나타난 비관적 분위기는 역사가인 에릭 홉스봄이 잘 보여 준다. 홉스봄은 최근 저서 《극단의 시대》(1994)에서, 역동적이고 점차 세계화한 자본주의와 다양한 형태의 정치적 반동들, 예컨대 종교적 근본주의 따위가 세계를 지배하게 됐다고 암울하게 바라본다. 마르크스주의로 말하자면 "분명히 마르크스는 주요 사상가로 계속 살아남겠지만(그 점은 의심의 여지가 거의 없다) 1890년대 이후 사회주의 운동을 위한 정치 활동과 염원의 원칙으로 정식화된 다양한 버전의 마르크스주의는 그 어느 것도 원래 형태로 살아남을 것 같지 않다."

따라서 정치적·지적 전통으로서 마르크스주의는 수세에 몰렸다. 1980년대 내내 대학교에 고립돼서 이미 약해진 학술적 마르크스주의는 더한층 쇠퇴했다. 1980년대에 발흥한 포스트모더니즘은 거창한 진리는 모두 죽었다고 선언했다. 특히, 이른바 '거대 담론', 무엇보다 인간의 모든 역사를 단일한 발전 과정으로 엮으려 한 마르크스주의의 죽음을 선언했다.

학술적 좌파가 혼란에 빠진 사이에 포스트모더니스트들은 자신들이야말로 진정한 급진주의자들이라고 선언하면서도, 정치 행동으로 세계를 변화시키려는 시도를 모두 맹비난했다.

정치적으로, 1989/1991년의 사건들은 시장 자본주의의 진정한 대안은 없다고 주장하는 좌파들의 영향력을 강화시켜 줬다. 영국 노동당은 그 방향으로 열심히 나아갔다. 그들이 보기에 사회주의란 예전의 폴란드 반체제 인사 아담 미흐니크가 "인간의 얼굴을 한 시장"이라고 부른 것이었다. 그것이 바로 1994년 7월 토니 블레어가 당 지도자가 된 이후 노동당의 메시지였다. 블레어가 당헌 4조, 즉 노동당은 생산수단의 공동소유를 추구한다고 명시한 조항을 폐기하는 데 성공한 것은, '신노동당'이* 영국 자본주의의 구조를 크게 변화시킬 의도가 전혀 없음을 분명히 보여 줬다.

이렇게 시장을 열렬히 받아들이는 것이 기묘한 이유는 자본주의의 상황이 매우 좋지 않은 때에 그런 일이 벌어지고 있기 때문이다. 1980년대 레이건·대처 시대의 투기 열풍이 끝나고 세계경제는 1990년대 초에 심각한 경기후퇴 국면을 맞이했다. 이것은 1970년대 초 이후 세 번째 세계적 불황이었다. 가장 먼저 경기후퇴에 들어간 경제 대국들, 특히 미국과 영국은 1990년대 중반쯤 불균등하고 불안정한

---

* 1994~2010년 토니 블레어와 고든 브라운이 대표이던 시기의 영국 노동당을 말한다.

회복을 경험하고 있었지만 제2차세계대전 이후 가장 성공한 경제 대국 일본은 오히려 갈수록 악화하는 심각한 불황에서 허우적거리고 있었다.

더욱이, 억제되지 않고 규제가 없는 자본주의로 돌아갈 것을 요구하는 자유 시장 우파는 이 경제 위기에 아무 해결책도 내놓지 못하고 있다는 것이 이제 분명해졌다. 영국은 우파의 정책들을 가장 철저하게 추진한 경제 대국이지만 20세기 내내 계속된 상대적 쇠퇴 과정에서 빠져나오지 못하고 있다. 신우파의* 집권 이후 나타난 주된 현상은 가난한 사람들한테서 부자들로 부와 소득이 엄청나게 이동했다는 것과 사회적·경제적 불평등이 더 일반적인 현상이 됐다는 것이다. 그에 따른 사회적 양극화는 대처를 권좌에서 끌어내린 1990년 주민세 폭동이나 1992년 로스앤젤레스 반란 같은 폭발의 원인이 됐다. 새 세대 우파 정치인들(전형적으로 미국의 뉴트 깅그리치, 영국의 마이클 포틸로와 존 레드우드 같은 자들)이 뭔가 다른 것을 만들어내리라고 보기도 어렵다.

이 모든 것이 시사하는 바는 마르크스 사상의 중심 요소(근본적으로 착취에 바탕을 두고 있고 위기에 빠지는 고질병이 있는 자본주의 체제에 대한 비판)가 오늘날에도 여전히 타당하다는 것이다. 여기서 드는 의문은 마르크스주의 전통 전체가 역사적 사건들로 논박

---

* 1979~1990년 영국 총리 마거릿 대처와 1981~1989년 미국 대통령 로널드 레이건으로 대표되는 보수 정치 세력을 말한다.

당한 때에 그 일부인 마르크스주의 경제 이론이 살아남을 수 있는지다. 그러나 과연 마르크스주의 전통은 논박당했는가?

이 마지막 물음의 답이 이 책에 나와 있다고 나는 생각한다. 이 책에서 독자들이 만나게 될 마르크스는 사람들에게 경멸받다가 이제는 사라져 버린 폭압적 체제의 우상과는 정반대다. 이것이 진짜 마르크스다. 그에게 사회주의는 노동계급의 자력 해방이었다. 즉, 사회주의는 대중에게 강요되는 것이 아니라 대중이 자신들의 힘으로 자신들의 투쟁과 조직을 통해서만 이룩할 수 있는 그런 것이었다.

따라서 진정한 마르크스주의 전통(때로는 고전 마르크스주의라고도 부르는)과 그것을 왜곡한 다양한 형태들을 구분해야 한다. 이 전통을 알 수 있게 해 주는 정치적 주제는 (미국 사회주의자 핼 드레이퍼의 표현을 빌리면) "아래로부터 사회주의" 사상이다. 즉, 사회주의는 노동자 대중이 스스로 만드는 것이기 때문에 본질적으로 민주적이라는 것이다. 이 책 1장에서 서술했듯이 고전 마르크스주의는 마르크스와 그의 절친한 협력자 프리드리히 엥겔스에서 시작됐고 후세대의 혁명적 사회주의자들, 특히 블라디미르 레닌, 레온 트로츠키, 로자 룩셈부르크가 계승하고 발전시켰다. 고전 마르크스주의와 대립하면서 경쟁하는 왜곡된 '마르크스주의들'은 진정한 마르크스주의를 점진적 개혁주의(서구의 사회민주주의)나 스탈린주의 사회들의 국가 종교(공식 '마르크스레닌주의') 아니면 정치적 실천과 분리된 일종의 학문적 연구(학술적 '서구 마르크스주의')로 만들어 버렸다.

특히 이 책에서 개괄한 [마르크스의] 사상과, 소련을 비롯한 여러 나라에서 '실제로 존재한 사회주의'의 현실은 전혀 달랐다는 점을 분명히 해야 한다. 이것은 이 책의 결론 격인 8장에서 내가 다룬 주요 쟁점들 가운데 하나다. 나는 토니 클리프의 스탈린주의 분석에 의지해서, 소련과 그 아류를 모종의 사회주의로 이해해서는 안 되고 (마르크스주의의 용어를 빌리면) 관료적 국가자본주의의 사례로 이해해야 한다고 주장한다. 즉, 서방에 존재하는 것과 똑같은 착취적 사회체제의 변종이었다는 것이다. 나는 동유럽 혁명이 일어나기 7년 전에 쓴 이 책에서 다음과 같이 결론지었다.

> 따라서 동방 진영에 '실제로 존재하는 사회주의'는 마르크스가 생각한 사회주의의 부정이다. 그것은 노동계급의 자력 해방이 아니라 노동계급을 착취하는 것에 의지한다. 마르크스의 사상에 충실한 사람이라면 누구나 이 체제들의 몰락을 위해 전심전력으로 노력해야 한다.

이런 관점에서 보면 스탈린주의의 몰락은 슬퍼할 일이 아니라 축하할 일이다. 내가 《역사의 복수》(1991)에서 주장했듯이 그것은 마르크스주의에 대한 최종 논박이 아니라 미완의 과업을 재개할 때가 왔음을 알리는 사건이었다. 스탈린주의라는 괴물 같은 짐을 떨쳐 버렸으니 이제 진정한 마르크스주의 전통은 1920년대에 정치적 주변부로 내몰렸던 처지에서 벗어나, 심지어 마르크스 시대보다 더 야만적이고 불합리한 자본주의에 도전하기 시작할 수 있게 됐다.

따라서 《카를 마르크스의 혁명적 사상》은 처음 쓰였을 때만큼 지금도 여전히 타당한 사상 체계의 유용한 길잡이 구실을 할 수 있을 것이다. 나는 이 새로운 판에서 원문을 거의 고치지 않고 그대로 놔뒀다. 만약 지금 이런 책을 써야 한다면 (늘 그렇듯이) 분명히 다르게 썼을 것이다. 그러나 본문을 어설프게 손보다가 일관성을 해치기보다는 현재 상태 그대로 두는 쪽을 택했다. 어떤 구절들, 특히 8장을 읽을 때는 지금과 다른 정치 상황(이 머리말의 서두에서 대강 묘사한)을 고려해야 할 것이다.

이를 위해 1980년대 초 이후 출판된 마르크스주의 문헌도 포함해서, 책의 말미에 실린 더 읽을거리를 수정했다. 내가 강조하고 싶은 것은 마르크스를 이해하는 것은 단순한 지적 활동이 아니라는 것이다. 그의 사상은 나날이 불합리해지고 혼란스러워지는 듯한 이 세계를 이해하는 데 필수적이다. 그러나 현대 세계의 원동력에 대한 깊은 통찰이 그 세계를 변화시키는 수단이 아니라면 그런 통찰을 얻는 것이 무슨 의미가 있겠는가?

자본주의의 위기는 인간과 무관한 경제적 과정만은 아니다. 자본주의의 위기 때문에 부유한 나라들에서 대량 실업이 나타나고 많은 제3세계 나라에서 기아와 전염병이 확산되고 있다. 그에 따른 끔찍한 고통은 인류를 노골적 야만으로 더욱 빠뜨리는 정치적 반동을 부를 수도 있다. 이미 1990년대에 서유럽에서는 파시즘이 대거 부활했고 발칸 반도에서는 의미 없는 내전이 일어났고 많은 아프리카 나라에서는 군벌들 간의 아귀다툼으로 갈가리 찢기다 못해 사회 전체가 해체되는 일이 벌어졌다.

제1차세계대전 때 폴란드의 위대한 혁명가 로자 룩셈부르크는 인류가 "사회주의냐 야만이냐"의 갈림길에 서 있다고 말했다. 우리는 지금 모든 곳에서 야만이 성장하는 것을 볼 수 있다. 사회주의라는 미래는 이 책에서 개괄한 사상이 (마르크스 자신의 표현을 빌리면) "물질적 힘", 즉 이미 대체됐어야 마땅한 자본주의 체제에 맞서 수많은 노동자들이 들고일어나 싸우게 만드는 힘이 되는 것에 달려 있다.

1983년판 머리말

 카를 마르크스는 100년 전인 1883년 3월 14일에 죽었다. 그 후 두 차례 세계대전, 아우슈비츠 수용소, 원자폭탄·내연기관·텔레비전·마이크로칩 개발 등 정말 많은 일이 일어났다. 그런데도 지금 이 사람의 생애와 사상을 다룬 책을 쓰는 것이 무슨 의미가 있는가?

 이 물음의 답은 세 가지다. 첫째, 마르크스는 우리의 세계관을 근본적으로 바꿔 놓은 몇 안 되는 사상가 중 한 명이다. 이 점에서 그는 플라톤·아리스토텔레스·코페르니쿠스·갈릴레오·뉴턴·다윈·프로이트·아인슈타인과 같은 반열에 든다. 유물론적 역사관(마르크스의 평생 협력자였던 프리드리히 엥겔스가 마르크스 장례식에서 말했듯이 "지금까지 이데올로기의 과잉 성장에 가려져 있던 단순한 사실, 즉 인간은 무엇보다 먼저 먹고 마시고 옷을 입고 집에서 쉴 수 있게 된 연후에야 정치·과학·예술·종교 따위를 추구할 수 있다는 사실"[1])

은 영향력이 아주 커서, 심지어 마르크스를 비판하고 적대하는 사람들조차 감히 무시하지 못한다.

그러나 둘째로 엥겔스가 말했듯이 마르크스는 "무엇보다 혁명가"였다.[2] 마르크스에게 이론은, 자신을 둘러싼 세계를 변혁하는 방법 구실을 하는 한에서 세계를 이해하는 수단이었다. 그가 평생 한 작업, 즉 유물론적 역사관의 정립이나 《자본론》에서 정점에 이른 엄청난 경제학 연구는 노동계급의 자력 해방이라는 단 하나의 목표를 위한 것이었다.

마르크스가 스스로 설정한 과제의 영웅적 성격을 잊어버리기 쉽다. 그는 엄청나게 그리고 확실히 뛰어난 인간이었다. 그와 동시대의 어떤 사람은 20대 중반의 마르크스를 다음과 같이 묘사했다. "루소·볼테르·돌바크·레싱·하이네·헤겔을 합쳐서 한 사람으로 만든다고 생각해 보라. … 그 사람이 바로 마르크스 박사다." 만약 마르크스가 정치적으로 순응하고 관례적으로 학계의 경력을 쌓았다면 당대의 지적 기득권층에서 최고의 지위에 올랐을 것이고 부와 명성을 누리며 살다가 죽었을 것이다.

그러나 마르크스는 사회주의 혁명이라는 대의에 평생을 바쳤다. 그 때문에 마르크스와 그의 가족은 유럽의 절반이나 되는 나라의 경찰들에게 쫓기고 감시당했다. 마르크스 가족은 비참한 가난 속에서 살았기에 집행관이 문을 두드리기 일쑤였고 오직 엥겔스의 희생 덕분에 겨우 살아남을 수 있었다. 마르크스가 죽었을 때 제2의 조국인 영국에서 그의 죽음은 무시됐다. 〈타임스〉는 프랑스 언론의 보도를 보고서야 그의 죽음을 알았을 정도다. 마르크스의 이런 경력과, 오늘날 언론의 총애를 받는 전문가들, 예컨대 버나드 레빈의[*] 경력을 비교해 보라. 대중매체가 끊임없이 그들의 뛰어난 재능을 보증하고 칭찬한다.

마르크스가 우리의 주목을 끄는 이유는, 스스로 사회주의자라고 생각하는 사람은 누구나, 즉 마르크스와 마찬가지로 자본주의 체제에 깊이 뿌리박힌 착취와 고통과 폭력을 끝장내고 싶은 사람이라면 누구나 그의 사상을 반드시 이해해야 하기 때문이다. 마르크스는 자본주의 체제의 운동 법칙을 밝히려고 애썼다. 마르크스가 제기한 문제들은 지금 우리가 직면한 문제이기도 하다. 일자리가 없는 사람이 서방의 산업 세계에만 3000만 명이나 있다. 선진 공업국들에서 중요한 사회주의 실험이 여러 번 있었다. 예컨대 1970~1973년의 칠레, 1974~1975년의 포르투갈, 오늘날의 프랑스에서 그랬다. [그러나] 이 모든 실험은 실패했다. 마르크스가 필수적이라고 생각한 조처, 즉 자본가계급의 조직된 권력을 분쇄하고 그 자리에 새롭고 근본적으로 민주적인 형태의 노동자 권력을 세우는 조처를 취한 곳은 하나도 없었다. 진지한 사회주의자라면 마르크스의 사상을 결코 회피할 수 없다. 오늘날 우리에게 절박한 문제들, 즉 경제 위기와 실업, 혁명과 개혁 등이 모두 마르크스의 사상 안에서 발견되기 때문이다.

---

* 〈타임스〉가 "당대의 가장 유명한 저널리스트"라고 치켜세운 영국의 언론인·저술가·방송인.

마르크스를 이해하는 일은 쉽고 간단해야 하지만 불행히도 늘 그렇지는 못하다. 전설적 인물이 으레 그렇듯이 마르크스의 저작들도 모호하고 지루하고 게르만식이어서 그런 것이 아니다. 오히려 마르크스는 대체로 글을 명쾌하게 썼다. 그의 저작을 읽기 힘든 경우는 보통 다루는 주제 자체가 복잡할 때뿐이다. 마르크스를 이해하기가 어려운 주된 이유는 그의 사상이 극심한 왜곡을 당했기 때문인데, 이 점이 이 책을 쓰게 된 셋째 이유다.

그런 해악은 물론 부분적으로는 마르크스의 적들, 즉 기존 질서를 옹호하는 자들 탓이었다. 그들을 가리켜 마르크스는 자본주의에 "고용된 프로 권투 선수"라고 불렀다. 그들은 마르크스에 관한 수많은 거짓말을 지어냈다. 그래서 마르크스를 일컫는 많은 말들이 생겨났다. 예컨대 광적인 반유대주의자이고 히틀러의 선구자라거나(마르크스는 유대인이었고 국제주의자였는데도 그랬다) 심지어 "근본적으로 종교적인 사상가"라고도 불렸다(마르크스는 죽을 때까지 무신론자였다!). 부르주아 학자들은 마르크스의 이상한 속물근성이나 인종차별적 언급을 찾아내려고 마르크스가 주고받은 엄청난 편지 더미를 샅샅이 뒤졌고 때로는 그런 표현을 찾아내기도 했다.

그러나 이런 비방은 반박하기가 비교적 쉽다. 다루기 더 어려운 것은 마르크스 추종자들이 그의 사상을 왜곡한 경우다. 마르크스는 생애 말년에 "내가 아는 것은 내가 마르크스주의자가 아니라는 것뿐이오. 친구인 척하며 나에게 참견 마시오!" 하고 말했다.

마르크스의 사상을 이렇게 '우호적으로' 오해한 근원은 주로 두 가지였다. 첫째이자 훨씬 더 중요한 것은, 이른바 '마르크스레닌주의'가 많은 주요 강대국, 특히 소련과 중화인민공화국의 공식 이데올로기가 됐다는 사실에서 비롯한다. 앞으로 내가 보여 주겠지만 마르크스의 사회주의는 '아래로부터' 사회주의였다. 마르크스가 생각한 사회주의는 노동계급이 자주적 행동을 통해 스스로 해방되고 자신들의 모습에 맞게 사회를 개조하는 것이었다. 그러나 동방 진영에 '실제로 존재하는 사회주의'는 노동자들의 자주적 행동을 부정하고 대중의 민주주의를 부정하는 것에 바탕을 두고 있다. 폴란드 연대노조의 흥망은 이 점을 의심의 여지없이 보여 줬다. 이 책의 마지막 장에서 내가 다룰 쟁점 하나는 마르크스의 이름으로 지배하는 국가들을 마르크스의 사상으로 이해할 수 있는지 하는 것이다.

왜곡의 다른 원천은 학자들이 마르크스를 발견했다는 사실이다. 그것은 단지 마르크스의 저작들이 수많은 논평과 박사 학위 논문의 주제가 됐기 때문만은 아니다. 이 신종 마르크스주의는 노동운동이 아니라 대학에서 생겨나고 대학에 토대를 두고 있다. 그 목표도 자본주의를 전복하는 것이 아니라 마르크스주의 자체를 연구하는 것이다.

이 신종 마르크스주의를 일컫는 고상한 이름이 '서구 마르크스주의'다. 왜냐하면 그런 사람들이 주로 서유럽과 북아메리카에서 발견되기 때문이다. [그러나] '학술적 마르크스주의'가 더 정확한 이름일 것이다. '학술적 마르크스주의자들'을 보면 그리스 신화에 나오는 나르키소스가 생각난다. 나르키소스는 물에 비친 자기 모습을 보고 사랑에 빠졌다고 한다. 물론 이런 학술적 마르크주의자들의 작업 결과를 모두 일축해 버려야 하는 것은 아니다. 때로는 우리가 사용하는 개념들을 명료하게 하고 발전시키는 데 많은 시간을 들일 필요도 있다. 그러나 서구 마르크스주의자들에게는 이런 활동 자체가 목적이 돼 버렸다. 그 결과, 극소수의 전문적 지식인 말고는 아무도 이해할 수 없는 글이 양산됐다.

따라서 이 책의 목적은 마르크스가 당한 왜곡에서 그를 구해 내고 그의 기본 사상을 되도록 간단 명료하게 소개하는 것이다. 이것이 쉬운 일이 아니라는 것은 자명하다. 첫째, 온갖 종류의 사회주의자들이 자신의 견해를 정당화할 수 있는 말을 찾으려고 마르크스를 읽는다. 사회민주주의자들, 정설 공산주의자들, 마오쩌둥주의자들, 다양한 종류의 트로츠키주의자들 등등이 그런다. 이 책은 혁명적 사회주의의 관점에서 쓰였다는 것을 처음부터 분명히 해 둬야겠다. 다시 말해 내가 마르크스와 공유하는 신념은 자본주의가 착취적 사회 체제이며 그 모순 때문에 사회주의로 나아가든지 아니면 야만으로 전락할 것이고, 인류의 희망은 오직 노동계급이 자본주의 국가기구를 파괴하고 그것을 자신들의 지배로 대체하는 것뿐이라는 것이다. 그렇다고 해서 이 책이 마르크스를 전혀 비판하지 않는다는 말은 아니다. 마르크스는 "모든 것을 의심하라"는 말을 좋아했으므로 소련에서 자신을 무오류의 현자로 숭배하는 것을 봤다면 분명히 경멸했을 것이다. 그러나 이 책은 무엇보다도 마르크스의 사상을 설명하고 옹호하는 책이다.

둘째, 마르크스의 사상을 어떻게 설명하든 논쟁을 피할 수 없다. 그의 저작에 대한 해석들은 서로 충돌하는 것이 하도 많아서, 그가 뭐라고 말했는지를 설명하는 것은 마치 지뢰밭을 걷는 것과 비슷하다. 더욱이 마르크스도 인간이었기에 때로는 모호하거나 일관되지 않았고 크고 작은 문제들에서 생각이 바뀌기도 했다. 이런 어려움을 헤치고 나아가려면 아주 좁은 길을 조심조심 걸어야 한다. 흔히 "마르크스가 실제로 말하고자 했던 것은 … "에서 "마르크스가 당연히 말했어야 했는데 말하지 않은 것은 … "으로 빠지기 쉽다. 내가 후자로 빠지지 않았기를 바란다. 내가 후자로 빠졌다는 비난이 타당할 수 있다고 생각되는 유일한 곳은 마르크스의 역사 이론을 다룬 5장이다. 나는 마르크스의 역사 이론이 《독일 이데올로기》와 《자본론》 사이에서 변화·발전했다고 생각한다. 그래서 더 성숙한 저작인 후자를 바탕으로 마르크스의 사상을 설명했다.

셋째, 마르크스 사상의 안내서로 엥겔스의 저작을 얼마나 믿을 만한지 하는 문제가 있다. 제2인터내셔널과 동방 진영에서는 엥겔스를 정설의 시금석으로 다뤘다면 지금 서구의 많은 마르크스주의자는 엥겔스를 마르크스의 악령 취급하고 있다. 엥겔스가 마르크스의 사상을 왜곡했다는 것이다. [그러나] 엥겔스에 관한 두 견해 모두 옳지 않다. 엥겔스는 자신이 마르크스만큼 위대하거나 독창적인 사상가라고 결코 주장하지 않았을 것이다. "마르크스는 천재였고 우리는 기껏해야 수재였다"고[3] 엥겔스는 썼다.

그렇지만 엥겔스가 마르크스주의에 독자적 기여를 한 것은 사실이다. 과학·철학·정치·군사 문제를 다룬 저술가로서 또 마르크스의 사상을 대중화한 사람으로서 기여를 했다. 엥겔스는 따로 연구할 만한 가치가 충분히 있다. 나는 엥겔스의 저작이 마르크스 자신의 견해를 보완하고 분명히 하고 발전시킨 한에서 인용하려 했다.

이 책은 자본주의를 전복하고 사회주의를 실현하기 위한 투쟁에 기여하고자 쓴 것이다. 이 책이 몇몇 독자의 신념을 바꾸고 그들에게 마르크스가 옳았다는 것을 설득하는 데 성공한다면 틀림없이 그들의 실천도 바뀔 것이다. 마르크스의 과학적 이론을 받아들이면서도 그의 혁명적 정치를 거부할 수는 없기 때문이다. 둘은 분리될 수 없다. 그것이 바로 마르크스주의의 요체다. 안토니오 그람시가 말했듯이 마르크스주의는 실천 철학이다.

이 책이 노동계급의 자력 해방을 위한 활동의 필요성을 단 한 명의 독자에게라도 확신시킨다면 나는 만족할 것이다.

1

혁명가의 생애

카를 마르크스는 1818년 5월 5일 독일 라인란트 지방의 오래된 성당 도시 트리어에서 태어났다. 그의 부모는 모두 유대인이었고 그들의 선조는 랍비였다. 마르크스 가문의 성은 원래 모르데하이였는데 나중에 마르쿠스로 바뀌었다가 다시 마르크스로 바뀌었다. 그러나 마르크스의 아버지 하인리히는 1817년에 루터파 개신교로 개종했다. 유대인을 관직에서 배제하는 법령을 피하기 위해서였다. 라인란트는 비록 1815년에 반동적 프로이센 왕국에 합병됐지만 여전히 독일에서 정치적·경제적으로 가장 선진적인 지역이었고 프랑스 혁명의 영향이 강하게 남아 있었다.

하인리히 마르크스는 성공한 법관이었고 이성의 힘을 깊이 신뢰하는 온건한 자유주의자였다. 그의 손녀인 엘레아노르는 할아버지가 "볼테르와 루소의 글을 줄줄 외는 진정한 18세기 프랑스인"이었다고 말했다. 마르크스와 아버지의 관계는 친밀했다. 마르크스는 죽을 때까지 아버지 사진을 지니고 다녔고 그 사진은 마르크스와 함께 묻혔다.

미래의 《자본론》 지은이는 안락하고 꽤 유복한 중간계급 가정에서 자랐다. 그는 트리어에서 고등학교를 다닐 때 고전을 매우 강조하는 자유주의적 교육을 받았다. 마르크스는 우수한 학생은 아니었던 듯하다. 지금까지 남아 있는 학창 시절 글을 보면 미래의 위대함을 찾아보기는 힘들다. 청소년기 마르크스에게 중요한 영향을 미친 사람은 프로이센 관리였던 루트비히 폰 베스트팔렌 남작이었다. 그는 마르크스에게 호메로스와 셰익스피어를 소개해 줬고 그의 딸은 장차 마르크스와 결혼하게 된다.

1835년에 마르크스는 본대학교에 들어가서 법학을 공부했다. 그는 아버지를 본받아 관례적으로 중간계급 경력을 쌓는 것처럼 보였다. 다른 학생들과 마찬가지로 마르크스도 술을 마시고 빚을 지고 결투를 하고 심지어 소란을 피우다가 하룻밤 유치장 신세를 지기도 했다. 서투른 낭만시를 쓰는 취미는 1836년 여름방학 때 그가 예니 폰 베스트팔렌과 몰래 약혼하면서 더 심해졌다(다행히 지금까지 남아 있는 시는 몇 편 안 된다). 예니는 마르크스보다 4살 많았고 더 상류층이었으며 트리어에서 최고 미인이었다. 오랜 세월이 흐른 뒤 1862년에 마르크스가 트리어를 다시 방문했을 때 그는 "날마다 옛날 '트리어에서 가장 예쁜 소녀', '무도회의 여왕'의 안부를 묻는 질문을 여기저기서 받았다."

두 사람의 결혼은 양가 부모 모두 반대했다. 폰 베스트팔렌 집안에는 극도로 반동적인 사람이 몇 명 있었고(예니의 오빠는 1850년대에 프로이센 정부의 각료가 됐다) 하인리히 마르크스는 아들의 "악한 심성" 때문에 두 사람이 불행해질까 봐 걱정했다. "내 마음 속에 적잖이 괴로운 의심이 들어서 하는 말인데, 네가 과연 참으로 인간적인 가정의 행복을 얻을 수 있겠느냐?" 부모의 이런 반대 때문에 카를과 예니는 [약혼한 지] 7년 뒤인 1843년 6월 19일에 결혼할 수 있었다.

1836년 10월 마르크스는 베를린대학교로 전학 갔다. 원래 의도는 법학 공부를 계속하려는 것이었지만 머지않아 마르크스의 관심사가 바뀌었고 1837년 11월 10일 아버지에게 보낸 유명한 편지에서 그런 이야기를 해서 아버지를 충격에 빠뜨렸다. "달빛"으로만 이뤄진 자신의 연애시에 불만을 느낀 마르크스는 심각한 연구를 하기 시작했다. 처음에는 법철학에 끌렸지만 이내 철학 자체에 빠져들었다. 그가 당대의 가장 영향력 있는 철학자 G W F 헤겔의 저작을 공부하게 된 것은 필연적이었다. 마르크스는 처음에 헤겔 철학의 "기괴하고 거친 곡조"에 혐오감을 느꼈지만 머지않아 대단히 곤혹스럽게도 자신의 전향을 알게 됐다.

이런 전향은 단지 지적 과정만은 아니었다. 1830~1840년대의 독일 철학은 매우 정치적인 과업이었다. 당시 독일은 정치적으로 분열되고 경제적·사회적으로 후진적인 나라였다. 작은 영방국가들로 쪼개진 채, 각각의 영방국가는 자기 신민들에게 절대권력을 휘두르고 있었고, 오스트리아·프로이센·러시아의 반동적 신성동맹의 지배를 받고 있었다. 그러나 지적으로는 한창 융성하고 있었다. 19세기 초의 수십 년은 독일 철학의 황금기였다. 추상적 사상의 이런 과잉 발전은 마치 독일의 정치적 무기력과 경제적 후진성에 대한 보상 같았다. 마르크스가 나중에 말했듯이 "정치에서 다른 민족들이 실행한 것을 독일인들은 생각했다."[1]

독일 사회의 모순은 헤겔의 사상에 반영됐다. 헤겔은 처음에는 프랑스 혁명과 나폴레옹을 열렬히 지지했지만 나중에 비관적·반동적으로 변해서 프로이센의 절대왕정 국가가 바로 이성의 화신이라고 믿게됐다. 1830~1840년대에 그는 사실상 프로이센의 관변 철학자였고 그의 추종자들은 국가가 통제하는 대학교에서 교수가 됐다.

이런 상황은 오래가지 않았다. 더 젊은 많은 철학자들은 헤겔을 점점 급진적으로 해석하기 시작했다. 헤겔은 이성을 신과 동일시하며 절대자라고 불렀다. 헤겔이 볼 때 역사는 단지 절대자가 자기의식에 도달하는 점진적 여정을 기록한 이야기일 뿐이고 그 과정의 절정은 프로테스탄트 종교개혁이었다. 청년헤겔학파, 즉 좌파 헤겔주의자들이 보기에 절대자는 그냥 인간이었다. 신은 무대에서 사라졌다. 청년헤겔학파는 국가가 이성의 화신이어야 한다는 점에서 헤겔과 견해가 같았지만 프로이센 왕정이 그런 구실을 한다는 것에는 동의하지 않았다. 그들은 무신론자·합리주의자·자유주의자였다. 처음에 그들은 프로이센의 왕세자가 자신들이 원하는 민주적 개혁을 실시할 것이라고 기대했다. [그러나] 왕세자가 1840년에 프리드리히 빌헬름 4세로 즉위한 후 선왕들과 마찬가지로 반동적 본색을 드러내자 독일의 기존 질서에 대한 청년헤겔학파의 반대는 점점 더 급진화했다.

바로 이런 지적·정치적 상황에서 마르크스는 철학에 입문했다. 헤겔 좌파는 베를린의 박사클럽에서 모였다. 마르크스는 그 클럽의 유명 인사가 됐고 청년헤겔학파에서 가장 중요한 사람 가운데 한 명인 브루노 바우어와 친해졌다. 그들은 술고래에다가 방탕한 무리였다. 하인리히 마르크스는 다음과 같이 불평했다. "아무리 부자라도 1년에 500탈러 이상 안 쓰는데, 우리 아드님께서는 마치 우리가 부잣집이라도 되는 양 거의 700탈러를 써 버리셨다. 아무 승낙도 받지 않고 아무 쓸모도 없는 곳에 돈을 낭비하셨다."

1838년 5월 아버지가 사망하자 마르크스와 가족의 연계는 사실상 끊겼다. 어머니가 여러 해 동안 꽤 많은 돈을 보내 줬는데도 마르크스는 어머니와 사이가 별로 좋지 않았던 듯하다. 브루노의 동생 에드가 바우어와 젊은 엥겔스가 쓴 풍자시는 당시의 마르크스를 다음과 같이 묘사한다. "트리어에서 온 까무잡잡한 녀석, 별난 괴짜라네 / 깡충깡충 뛰지 않고 성큼성큼 걸어가네 / 큰소리로 고함치고 … / 거친 주먹을 흔들며 미친 듯이 소리치네 / 수많은 악마가 그의 머리카락에 달라붙은 듯"

마르크스는 전문적 철학자로서 경력을 쌓고 싶었던 듯하다. 그는 많은 시간을 들여서 고대 그리스 사상가들을 연구했고 1841년 4월에는 "데모크리토스와 에피쿠로스의 자연철학의 차이"라는 논문으로 박사 학위를 받았다. 이 논문은 비록 모호하게 쓰였고 헤겔의 영향을 강하게 받았지만 마르크스가 친구인 브루노 바우어의 매우 관념론적인 철학을 점점 더 참지 못하게 됐음을 보여 준다. 바우어는 모든 것을 인간의 의식으로 환원하려 했던 것이다. 프로이센 국가와 청년헤겔학파가 갈수록 충돌하게 되자 학계에서 경력을 쌓으려던 마르크스의 희망은 날아가 버렸다. 프리드리히 빌헬름 4세는 아르놀트 루게가 발행한 헤겔 좌파의 주요 잡지 《할리셰 야르뷔허》(할레 연감)를 폐간하고 헤겔의 숙적인 셸링을 베를린대학교 철학 교수로 임명해서 "헤겔주의라는 용의 씨앗"을 근절하라고 지시했다. 마침내 1842년 3월 바우어는 본대학교의 교수직에서 해고됐다.

1841년에 트리어로 돌아온 마르크스는 이제 정치적 언론 활동에 투신했다. 〈라이니셰 차이퉁〉(라인 신문)은 라인란트의 산업자본가들이 자신들의 경제적 이익을 추구하고자 만든 신문이었다. 그러나 〈라이니셰 차이퉁〉의 부르주아 주주들에게는 곤혹스럽게도 그 신문은 곧 독일 최초의 공산주의자 가운데 한 명인 모제스 헤스가 이끄는 청년헤겔학파의 통제를 받게 됐다. 마르크스는 1842년 4월부터 그 신문에 글을 쓰기 시작했고 10월에는 쾰른으로 옮겨 가서 편집장이 됐다. 그때까지만 해도 마르크스는 급진적 자유민주주의자였다. 그는 1789년 혁명 후 프랑스에서 실현된 것과 같은 공화국과 보통선거권이 독일에서도 실현되기만을 바랐다. 그래서 다른 신문이 〈라이니셰 차이퉁〉을 공산주의 신문이라고 비난했을 때 마르크스는 다음과 같이 대꾸했다. "〈라이니셰 차이퉁〉은 … 현재 형태의 공산주의 사상이 이론적 실재가 있다고 인정하지 않는다. 따라서 그것이 실제로 실현되기를 바라는 것은 더 불가능하다고 생각한다."[2]

그렇지만 〈라이니셰 차이퉁〉은 하나의 전환점이었다. 마르크스는 나중에 다음과 같이 회상했다. "이른바 물질적 이해관계 논의에 참여해야 했을 때 나는 처음으로 당혹감을 느꼈다." 다른 청년헤겔학파와 마찬가지로 마르크스도 스승을 따라서, 국가는 계급을 초월해 있고 그래야 한다고 믿었다. 즉, 국가는 모든 시민이 공유하는 보편적 이해관계를 대표하고 국가의 기능은 계급 간 이해관계 차이와 충돌을 중재하는 것이라고 생각했다.

라인 지방의회에서 목재 절도죄 처벌 강화 법안을 둘러싸고 벌어진 논쟁을 연구하면서 마르크스는 〈라이니셰 차이퉁〉에 돈을 대주는 산업자본가들과, 프로이센 절대왕정을 지지하는 봉건지주들이 사유재산 제도를 유지하는 문제에서는 이해관계를 공유한다는 사실을 깨달았다. 모젤강 유역 포도주 농민들의 비참한 상황을 조사하면서는 사유재산의 효과를 분명히 알게 됐다. 엥겔스는 50년 뒤 다음과 같이 말했다. "나는 마르크스가 순수한 정치에서 경제적 조건으로, 이어서 사회주의로 전환하게 된 것은 바로 목재 절도 처벌법과 모젤 농민의 상황에 관심을 갖게 되면서부터였다고 거듭거듭 말하는 것을 들었다."[3]

〈라이니셰 차이퉁〉에 있을 때 마르크스가 버린 것은 "순수한 정치"만은 아니었다. 바우어와 베를린의 박사클럽은 박해를 받자 점점 더 말로만 급진적인 과격파가 됐다. 경제적으로 더 발전하고 자유로운 라인란트에서 멀리 떨어져 프로이센 관료 집단의 본거지인 베를린에 고립돼 있던 그들은 오류를 논박하는 순수하게 지적인 활동이 자신들의 임무라고 계속 생각했다. 그들이 주로 비판한 대상은 종교였다. 이제 '자유인'을 자처한 그들은 끊임없이 종교를 비난했다. 한편, 곤경에 처한 마르크스가 〈라이니셰 차이퉁〉의 폐간을 막으려고 프로이센 검열관과 타협할 때마다 그것을 배신이라고 비난했다. 여기서 마르크스는 평생의 교훈을 배웠다. 현실과 동떨어진 이론은 무기력해진다는 것을 말이다.

얼마 후 마르크스는 브루노 바우어와 베를린에 있는 옛 친구들을 염두에 두고 다음과 같이 썼다.

우리는 새로운 원칙을 교조적으로, 즉 '여기에 진리가 있으니 그 앞에 무릎을 꿇어라!' 하는 식으로 세계에 제시하지 않습니다. 우리는 세계 자체의 원칙들에서 세계를 위한 새로운 원칙을 발전시킵니다. 우리는 세계에 다음과 같이 말하지 않습니다. '너희의 투쟁은 어리석은 짓이니 그만 멈추라. 우리가 너희에게 진정한 투쟁 구호를 주겠다.' 우리는 단지 세계가 실제로 무엇을 위해 투쟁하고 있는지를, 의식이란 심지어 세계가 원하지 않더라도 반드시 획득해야만 하는 것이라는 사실을 세계에 보여 줄 뿐입니다.[4]

여기서 우리는 마르크스가 나중에 노동계급을 대하는 태도의 기원을 찾아볼 수 있다. 이론가의 임무는 노동자들에게 법칙을 정해 주는 것이 아니라 노동자들이 무엇을 위해 싸우고 있는지를 이해하고 어떻게 하면 그것을 쟁취할 수 있는지를 보여 주는 것이다.

그러나 그때까지도 마르크스는 아직 노동계급을 발견하지 못했다. 그 사실은 1843년 중반에 예니와 결혼하고 신혼여행을 다녀온 뒤 크로이츠나흐에서 쓴 원고를 보면 알 수 있다(마르크스는 1843년 3월 검열관이 〈라이니셰 차이퉁〉을 폐간하기 직전에 신문사를 그만뒀다). 《헤겔 법철학 비판》이라는 이 원고는 1927년에야 출판됐다.

여기서 마르크스는 국가가 계급을 초월한다는 헤겔의 사상을 논박하기 시작했다. 마르크스가 그 글을 쓸 때, 청년헤겔학파 가운데 가장 급진적이었던 루트비히 포이어바흐의 영향을 매우 많이 받았다는 것은 분명하다. 1841년에 《기독교의 본질》을 펴내서 물의를 일으킨 포이어바흐는 브루노 바우어보다 훨씬 더 나아갔다. 포이어바흐는 헤겔 철학을 통째로 거부해야 한다고 주장했다. 철학의 출발점은 신이나 이념이 아니라 인간과 인간이 살아가는 물질적 조건이어야 한다는 것이었다. 마르크스·엥겔스·헤스 같은 사람들이 이런 주장에 매력을 느꼈다는 것은 분명하다. 그들은 사회혁명만이 독일에 급진적인 정치적 변화를 가져다줄 수 있다고 믿기 시작했다. 그러나 마르크스는 아직 이런 혁명의 주체가 노동계급이라고는 생각하지 못했다. 그는 재산을 가진 소수가 아니라 국민 대중이 국가를 통제할 수 있게 만드는 수단으로 '진정한 민주주의'(보통선거권)에 여전히 기대를 걸고 있었다.

《헤겔 법철학 비판》을 쓴 지 1년 뒤에 마르크스는 노동계급 혁명을 공공연히 옹호하는 공산주의자가 됐다. 이런 변화의 결정적 요인은 그가 파리로 이주한 것이었다. 프로이센의 검열 때문에 독일에서는 일을 할 수가 없었기 때문이다. 마르크스와 아르놀트 루게는 외국에서 청년헤겔학파의 잡지 《도이치·프란최지세 야르뷔허》(독일·프랑스 연감)를 펴내기로 결정했다. 1843년 10월 마르크스 가족은 파리에 도착해서 루게와 합류했다.

파리는 베를린이나 쾰른과 사뭇 달랐다. 19세기 서구 문명의 문화적 수도였던 파리는 급속한 산업화가 진행 중인 나라의 수도이기도 했고 루이 필리프의 '부르주아 왕정' 주위로 몰려든 부패한 귀족들과 은행가들이 지배하고 있었다. 파리에서는 많은 공산주의·사회주의 종파들이 공존하면서 서로 경쟁하고 있었고 그중 일부는 대중적 지지를 받기도 했다. 또 파리에는 독일인 망명자도 4만 명이나 있었는데 그들은 대부분 장인이었고 그중 다수는 의인동맹이라는 혁명적 비밀결사의 영향을 받고 있었다.

마르크스는 파리에서 프랑스와 독일의 공산주의 단체들과 접촉하면서 조직 노동계급 운동을 처음 경험했다. 그 충격은 대단했다. 그는 1844년 8월 포이어바흐에게 보낸 편지에서 다음과 같이 썼다.

> 당신은 프랑스 노동자들의 집회에 참가해 보셔야 합니다. 그러면 일에 지친 이 사람들이 뿜어내는 순수한 새로움과 고결함을 높이 평가하게 될 것입니다. … 우리 문명사회의 바로 이 '야만인들' 사이에서 역사는 인간 해방의 실천적 요소를 준비하고 있습니다.[5]

노동계급에 대한 이 새로운 견해는, 1844년 3월 딱 한 번 나온 《도이치·프란최지셰 야르뷔허》(이 잡지는 편집자들 간의 다툼, 프로이센 정부의 탄압, 프랑스인들의 무시, 발행인들의 후원 철회가 겹쳐서 흔적도 없이 사라졌다)에 마르크스가 기고한 글 두 편에서 찾아볼 수 있다. 먼저 "유대인 문제"라는 글에서 마르크스는 바우어를 비판하면서, 1789년의 프랑스 혁명 같은 순수한 정치혁명은 인간을 오직 "자신에게 매몰되고 자신의 사적 이익과 사적 의지에 얽매여서 공동체와 분리된 개인"으로서만[6] 해방할 것이라고 주장했다. 오직 사유재산과 개인주의를 쓸어버리는 사회혁명만이 '인간 해방'을 실현할 수 있다는 것이었다.

둘째 글, 즉 마르크스 생전에 출판되지 않은 《헤겔 법철학 비판》의 서문으로 쓰인 글에서는 독일에서 가능한 것은 오직 그런 [사회]혁명뿐이라고 주장했다. 독일의 부르주아지(중간계급)는 너무 허약해서 1789년에 프랑스 부르주아지가 한 구실, 즉 민중 전체를 이끌고 왕정을 전복하는 구실을 할 수 없었다. 오직 프롤레타리아(산업 노동계급)만이 그 구실을 할 수 있다는 것이었다.

철저하게 속박당한 계급 … 이 계급은 다른 모든 사회 영역에서 자신을 해방하지 않고는, 그래서 다른 모든 사회 영역을 해방하지 않고는 자신도 결코 해방할 수 없는 계급이다. 한마디로, 인간의 완전한 상실이고 따라서 인간을 완전히 다시 찾아야만 자신도 찾을 수 있는 계급이다.[7]

이 마지막 구절에서 분명히 드러나듯이 마르크스가 정치를 다루는 방식은 여전히 철학의 영향을 강하게 받고 있었다. 그는 철학과 노동계급의 동맹(사실은 철학이 지도적 구실을 하는 동맹)을 생각하고 있었다. 그는 노동자들을 일컬어 혁명의 "수동적 요소"라고 했고, "이 해방의 머리는 철학이고 그 심장은 프롤레타리아다"[8] 하고 썼다. 노동자들이 혁명적 구실을 할 수 있는 이유는 가장 강력한 계급이기 때문이 아니라(그러나 나중에 마르크스는 그렇게 생각하게 된다) 가장 비참한 계급이기 때문이었다.

이 약간 온정주의적이고 엘리트주의적인 태도는 곧 바뀌었다. 두 가지 이유 때문이었다. 첫째, 파리에 있을 때 마르크스는 처음으로 애덤 스미스와 데이비드 리카도를 비롯한 정치경제학자들의 저작을 진지하게 연구하기 시작했다. 그 결과로 1844년 4~8월에 《경제학·철학 원고》를 썼다. 1932년에야 처음 출판된 이 저작에는 마르크스의 유물론적 역사 이론의 초기 버전이 들어 있다. 그중에서 가장 중요한 것은 노동계급의 혁명적 구실을 상품생산에서 노동자들이 하는 구실로 설명하고 있다는 점이다. 즉, 노동자들은 생산에서 하는 구실 때문에 자본주의에 반대하는 투쟁을 할 수밖에 없다는 것이다. "소외된 노동과 사유재산의 관계에서 나오는 결론은, 사유재산 등에서 예속 상태에서 사회가 해방되는 것은 **노동자들의 해방**이라는 **정치적 형태**로 나타난다는 것이다."[9]

마르크스의 태도가 바뀐 둘째 이유는 노동계급이 단지 "수동적 요소"만은 아니라는 것을 바로 독일 노동계급이 극적으로 입증했기 때문이다. 1844년 6월에 슐레지엔 지방의 직공들이 사용자들에 맞서 반란을 일으키자 질서 회복을 위해 군대가 투입돼야 했다. 루게는 파리의 독일 망명자 신문에 익명으로 발표한 글에서 그 반란을 무시하고 직공들을 비난했다. 그는 십중팔구 대다수 청년헤겔학파의 견해를 대변하고 있었을 것이다. 사람들은 그 글을 마르크스가 썼다고 생각했지만 이에 격분한 마르크스는 루게를 비난하고 노동자들의 용기와 수준 높은 의식과 조직을 옹호하는 답장을 써 보냈다. 마르크스는 노동계급을 더는 독일 혁명의 수동적 요소로 보지 않고 "역동적 요소"로[10] 봤다. 혁명적 공산주의자 마르크스가 마침내 등장한 것이다.

우정과 혁명

1844년 8월 말 프리드리히 엥겔스는 파리에서 열흘을 보냈다. 파리에서 머무는 동안 엥겔스는 마르크스를 방문했는데 이 만남을 계기로 두 사람은 평생 협력하는 사이가 된다.

당시 엥겔스는 마르크스보다 거의 세 살 적은 23살이었지만 이미 급진적 언론인이자 청년헤겔학파로서 뛰어난 활약을 보여 준 바 있었다. 엥겔스가 전에 〈라이니셰 차이퉁〉에 글을 기고했을 때, 마르크스는 그를 베를린 '자유단'의 일원으로 여겨 불신했다. 베를린 '자유단'이 혁명을 장난감처럼 갖고 노는 것을 마르크스는 경멸했기 때문이다. 그러나 1842년 11월에 엥겔스는 가족이 경영하는 회사 에르멘·엥겔스에서 일하기 위해 [영국] 맨체스터로 갔다가 산업혁명[의 현실], 노동계급의 빈곤, 역사상 최초의 노동계급 대중운동이자 1842년 8월 총파업의 패배에서 아직도 회복 중이던 차티스트운동을 목격했다. 이 경험은 《영국 노동계급의 상황》에 아주 생생하게 기록돼 있는데 이 경험을 통해 엥겔스는 마르크스와 마찬가지로 노동계급의 혁

명적 구실을 인식하게 됐다. 《도이치·프란최지셰 야르뷔허》에 실린 |엥겔스의 글 "정치경제학 비판 개요"는 마르크스의 나중 저작들을 예고하는 것이었다.

그래서 마르크스와 엥겔스는 자연스럽게 서로 협력하게 됐다. 두 사람의 첫 공동 작업은 바우어와 '자유단'을 비판한 것이었다. '자유단'은 프로이센 국가가 탄압하자 갈수록 엘리트주의적이고 비민주적인 태도로 대응하고 있었다. 나중에 러시아 차르의 전제정치를 지지하는 반유대주의자가 되는 바우어는 다음과 같이 썼다. "정신의 진정한 적은 바로 대중이다." 이에 응수하고자 마르크스와 엥겔스가 쓴 《신성 가족》은 원래는 짧은 소책자로 기획된 것이었다. 그러나 나중에도 곧잘 그랬듯이 마르크스의 열의가 넘쳐서 원래 의도를 훨씬 뛰어넘는 결과가 나왔다. 그것은 철학부터 문학비평까지 아우르는 200페이지짜리 책으로 늘어났고 노동계급의 자력 해방 원칙도 옹호하고 있었다. 그래서 엥겔스는 "나는 사실상 기여한 것이 없네"라며 속표지에 자기 이름을 넣는 것과 글이 너무 길게 쓰인 것에 가볍게 항의했다. "그것만 빼면 그 책은 아주 잘 썼고 사람들을 포복절도 하게 만들 걸세."

이때쯤 마르크스는 1840년대 파리에 거주하던 망명 혁명가들 사이에서 유명 인사였다. 그는 아나키즘의 아버지라고 할 수 있는 피에르 조제프 프루동이나 미하일 바쿠닌과 친하게 지내면서 자주 헤겔에 관해 토론했다. 또 마르크스 가족은 시인 하인리히 하이네와도 가까워졌는데 그들은 한동안 하이네를 설득해서 대중에 대한 두려움을 극복하고 사회주의적 시를 쓰게 했다. 하이네가 나중에 다음과 같이 쓴 것은 바로 마르크스와 엥겔스를 두고 한 말이었다. "독일 공산주의의 거의 신비스러운 지도자들은 위대한 논리학자들이었고 그중에서도 가장 강력한 사람들은 헤겔학파 출신이었다. 그리고 그들은 의심의 여지없이 독일에서 가장 유능한 사상가들이었고 가장 활동적인 기질의 사람들이었다."

마르크스가 유명해진 것이 프랑스 정부가 프로이센의 압력을 받아서 마르크스를 프랑스에서 추방하기로 결정하는 데 영향을 미쳤을 것이다. 1845년 2월 마르크스는 파리에서 [벨기에] 브뤼셀로 옮겼고 곧 엥겔스가 합류했다. 그때쯤 엥겔스도 가족회사의 일을 그만두고 전업 혁명가가 돼 있었다. 여기서 그들의 협력 관계가 본격적으로 시작됐다. 두 사람은 1845년 여름에 함께 영국을 방문했고 그 뒤 바우어 일파를 비판하는 최종 저작을 쓰기 시작했다.

이제 '자유단'은 극단적 개인주의자들이 돼 있었다. 그들의 태도는 막스 슈티르너가 쓴 《자아와 그의 소유》에 요약돼 있는데 개인 자신 말고는 아무것도 존재하지 않는다는 것이 슈티르너의 주장이었다. 마르크스와 엥겔스가 1845년 9월부터 1846년 8월까지 쓴 《독일 이데올로기》는 슈티르너를 논파하기 위한 저작이었다. 600페이지가 넘는 그 책은 주로 마르크스가 썼는데 단지 슈티르너 비판에 그치지 않았다. 포이어바흐를 다루고 있는 첫 부분에서는 처음으로 역사유물론을 체계적으로 설명하고 있다. 마르크스와 엥겔스는 그 책을 출판해 줄 사람을 찾을 수 없었다. 나중에 마르크스는 다음과 같이 썼다.

"우리의 주요 목적, 즉 스스로 명료하게 이해하는 것을 달성했으므로 우리는 그 원고를 쥐새끼들이 갉아먹도록 기꺼이 내버려 뒀다."

마르크스와 엥겔스는 《독일 이데올로기》를 통해 정치의 이론적 기초를 마련했다. 그들은 자본주의 자체가 만들어 내는 물질적 조건에 사회혁명의 가능성이 달려 있다고 주장했다. 그런 조건들 가운데 가장 중요한 것은 노동계급이었다. 당시 엥겔스는 다음과 같이 썼다. "공산주의란 프롤레타리아의 해방을 위한 조건에 관한 원칙들이다."[11]

이렇게 혁명 이론을 정식화해 놓고 나서 마르크스와 엥겔스는 정치 활동에 투신했다. 그들이 주목한 단체는 의인동맹이었는데 그것은 주로 외국에 사는 독일인 장인들로 이뤄진 국제적 비밀결사였다. 의인동맹의 실세는 빌헬름 바이틀링이었다. 재단사인 바이틀링은 사회주의에 대한 견해가 극도로 혼란스러워서, 노동자 대중을 공산주의로 설득하는 것은 불가능하므로 혁명적 소수가 대중을 대신해서 권력을 장악해야 한다고 믿었다. 이런 엘리트주의적 태도는 위대한 프랑스 혁명가인 오귀스트 블랑키와 바이틀링의 공통점이었다. 의인동맹은 1839년에 블랑키의 실패한 무장봉기에 동참했다가 프랑스에서 불법 단체가 됐다. 본부를 런던으로 옮긴 의인동맹은 거기서 바이틀링 추종자들과 점진적·평화적 교육으로 사회주의를 이룰 수 있다고 믿는 사람들로 분열했다.

1846년 2월 마르크스와 엥겔스는 의인동맹의 통제권을 장악하고자 공산주의자통신위원회를 설립했다. 위원회에서 벌어진 격렬한 논쟁 때 마르크스는 바이틀링에게 다음과 같이 말했다. "엄격한 과학적 사상이나 건설적 원칙이 전혀 없이 노동자들을 선동하려 하는 것은 … 한편으로는 영감을 받은 예언자인 척하고 다른 한편으로는 입을 헤벌리고 있는 바보인 척하면서 쓸데없고 부정직한 설교 놀이를 하는 것과 마찬가지입니다." 바이틀링이 이론과 이론가들을 비판해서 자신을 방어하려고 하자 마르크스는 "지금까지 그 누구에게도 무지가 도움이 된 적은 없습니다!" 하고 응수했다.

파벨 안넨코프는 마르크스와 알고 지내던 러시아인으로서 이 회의에 참석했는데 20대 후반의 마르크스를 생생하게 묘사하는 글을 남겼다.

마르크스는 활력과 의지, 불굴의 신념이 가득 찬 유형의 인간이었다. 그는 무엇보다도 외모가 두드러졌다. 머리카락은 엄청나게 새까맸고 손에는 털이 복슬복슬했으며 외투 단추는 잘못 끼워져 있었다. 그러나 외모가 어떻든 무슨 행동을 하든 그는 존경을 요구할 권리와 힘이 있는 사람처럼 보였다. 그의 동작은 세련되지 않았지만 자신감 있고 주체적이었으며, 태도는 인간관계의 관례를 무시했지만 위엄 있고 약간 오만했다. 날카로운 금속성 목소리는 사람과 사물을 근본적으로 판단하는 것과 기가 막히게 잘 어울렸다.[12]

당대의 또 다른 저자는 마르크스에 대해 다음과 같이 썼다.

마르크스는 타고난 지도자였다. 그의 발언은 간결하고 이해하기 쉽고 논리적으로 설득력이 있었다. 그는 결코 군더더기 말을 하지 않았다. 모든 문장에는 하나의 견해가 담겨 있었고 모든 견해는 그의 주장을 사슬처럼 연결해 주는 필수 고리였다. 마르크스는 자신에 대한 몽상가가 결코 아니었다.

이 무시무시한 지적 능력으로, 마르크스와 엥겔스가 독일 노동자 운동 내의 잘못된 경향이라고 여기는 것들을 논박하기 시작했다. 그 표적 하나가 '진정한 사회주의자들'이었다. 이 지식인들은 [슐레지엔] 직공들의 반란 후에 '사회문제'를 발견했고 인민대중의 도덕적 개조를 통해 사회를 변혁할 수 있다고 믿었다. 또 다른 표적은 프루동이었다. 마르크스는 1846년 5월 프루동에게 브뤼셀 위원회의 파리 통신원이 돼 달라고 요청하는 편지를 써 보냈다. 프루동은 "철학자님 보십시오"라는 말로 시작하는 깔보는 듯한 어조의 답장에서 자신은 혁명에 반대하며 오히려 "느린 불로 재산을 불태워 버리는 것"을 더 좋아한다고 말했다. 마르크스는 1847년에 펴낸 《철학의 빈곤》에서 프루동의 《경제적 모순의 체계》(부제가 '빈곤의 철학'이었다)를 논파했다.

긴 책략 끝에 마르크스와 엥겔스는 의인동맹의 통제권을 장악하는 데 성공했다. 1847년 6월 열린 의인동맹 대회에서 그 음모적 비밀결사는 공개적 혁명 조직인 공산주의자동맹으로 바뀌었다. 그 구호도 이제 "모든 사람은 형제다"가 아니라(마르크스는 자신의 형제로 삼고 싶지 않은 사람이 세상에는 많다고 말했다) "만국의 노동자여

단결하라!"가 됐다. 1847년 12월에 열린 공산주의자동맹 2차 대회에서는 단체의 원칙을 밝히는 선언문을 작성하라는 임무를 마르크스와 엥겔스에게 맡겼다. 그 결과가 1848년 2월에 쓰이고 같은 달에 런던에서 출판된 《공산당 선언》[이하 《선언》으로 줄임]이다. 《선언》은 "유령 하나가 유럽을 배회하고 있다. 그것은 공산주의라는 유령이다"라는[13] 말로 시작한다. 그것은 마르크스주의를 대중적으로 설명한 첫 문헌이었고 모든 사회주의 저작들 가운데 단연 가장 유명하다.

《선언》이 출판됐을 때는 혁명의 물결이 유럽을 휩쓸고 있었다. 2월에는 프랑스의 루이 필리프 왕정이 전복되고 제2공화국이 선포됐다. 3월에는 빈과 베를린에서 봉기가 있었다. 신성동맹의 반동적 유럽이 갑자기 무너졌다. 겁을 먹은 벨기에 정부는 3월 초에 마르크스를 추방했다. 마르크스는 파리에서 잠깐 머문 뒤에 독일로 돌아와서 〈노이에 라이니셰 차이퉁〉(신라인 신문)의 편집장이 됐다. 〈노이에 라이니셰 차이퉁〉도 〈라이니셰 차이퉁〉과 마찬가지로 쾰른에서 발행됐다. 엥겔스는 "그 신문의 편집부 구조는 마르크스의 독재 체제나 마찬가지였다" 하고 말했다. 베르너 블루멘베르크는 〈노이에 라이니셰 차이퉁〉을 두고 다음과 같이 썼다. "모두 101호가* 발행된 〈노이에 라이니셰 차이퉁〉은 그 혁명의 해에 나온 최고의 신문이었을 뿐 아니라 지금까지 나온 최고의 독일 사회주의 신문이다."

1848년에 일어난 혁명들은, 자본과 노동의 투쟁이 부르주아지와

---

* 301호의 오타인 듯하다.

옛 봉건지주 계급 사이의 투쟁보다 더 중요해진 순간이었다. 이 점은 1848년 6월 파리에서 일어난 사건, 즉 공화국 정부가 노동자들의 봉기를 잔인하게 짓밟은 사건으로 확인됐다. 그래서 마르크스는 당시 다음과 같이 썼다. "[프랑스 혁명의 표어인] 우애, 한 계급이 다른 계급을 착취하는 적대 계급들의 형제애인 이 우애는 2월에 선언되고 파리의 건물들 정면에, 모든 감옥에, 모든 병영에 큰 글자로 아로새겨졌다. [그러나] 이 우애의 진정한, 순수한, 무미건조한 표현은 내전, 가장 끔찍한 양상의 내전인, 자본에 대항하는 노동의 전쟁이다."[14]

그러나 마르크스와 엥겔스는 후진국 독일에서는 부르주아지가 압력을 받으면 영국과 프랑스의 선배 부르주아지처럼 혁명적 구실을 할 수 있을 것이라고 여전히 생각했다. 공산주의자동맹과 그 회원 수백 명은 베를린의 3월 혁명 이후 분출한 대중운동 속으로 완전히 사라져 버렸다. 오랜 세월이 흐른 뒤[1883년]에 엥겔스가 썼듯이 "작은 지방신문에서 공산주의를 선전하고 … 대규모 투쟁 정당이 아니라 작은 종파를 설립한" 그들은 "[운동에] 전진 압력을 가하는 부르주아지의 극좌파 구실을 하기로"[15] 결정했다. 공산주의자동맹은 사실상 해체됐고 마르크스와 엥겔스의 정치 활동은 〈노이에 라이니셰 차이퉁〉에 집중됐다. 그 "정치 강령은 두 가지 요점으로 이뤄져 있었다. 하나는 단일하고 분리할 수 없는 민주적 독일 공화국이었고, 다른 하나는 러시아에 대항하는 전쟁이었다"고[16] 엥겔스는 설명했다.

차르 니콜라이 1세가 지배하는 러시아는 유럽에서 가장 강력한 반혁명적 국가였고 러시아 군대는 1848~1849년에 [혁명에 휩싸인 유럽에]

질서를 회복하는 데서 결정적 구실을 했다. 마르크스와 엥겔스는 공화국 독일이 1790년대의 프랑스 자코뱅처럼 반동적 열강들에 대항하는 혁명전쟁을 벌여서 유럽을 해방할 수 있기를 바랐다. 이 희망은 산산조각 나게 된다. 성장하는 노동자 운동에 겁을 먹은 독일 부르주아지는 프로이센 왕정과 타협을 추구했다. 〈노이에 라이니셰 차이퉁〉은 여러 나라(오스트리아·보헤미아·헝가리·프랑스와 독일 자체)에서 잇따라 반혁명이 승리했다고 기록해야만 했다.

마르크스는 신문을 계속 발행하기 위해 점점 더 힘든 싸움을 벌여야 했다. 1849년 2월 마르크스와 〈노이에 라이니셰 차이퉁〉의 다른 편집자들은 두 차례 재판에 회부됐지만 동정적인 배심원들 덕분에 무죄 선고를 받았다. 결국 5월에 프로이센 당국은 신문을 폐간하고 편집자들을 추방해 버렸다. 1849년 5월 19일 발행된 마지막 호는 온통 붉은 색으로 인쇄돼 있었다. 마르크스는 사설을 다음과 같은 말로 끝맺었다. "〈노이에 라이니셰 차이퉁〉의 편집자들은 독자 여러분께 작별 인사를 고하면서, 그동안 보내 주신 지지에 감사드립니다. 우리의 마지막 말은 어디서나 항상 '노동계급의 해방!'일 것입니다."[17]

망명과 "비참한 생활"

독일에서 추방된 마르크스는 먼저 파리로 갔다가 1849년 8월 런던으로 갔다. 처음에 그는 이 망명 기간이 짧을 것이라고 예상했다. 혁명이 단지 일시적 패배를 겪었을 뿐이라고 생각했기 때문이다. 머지않아 엥겔스가 마르크스와 합류했다. 엥겔스는 프로이센의 침략에 맞서 독일 공화파의 마지막 근거지였던 팔츠를 지키는 전투에 참가했다가 패배하자 영국으로 건너온 것이었다.

두 친구는 공산주의자동맹을 되살리는 일에 적극 나섰다. 동맹의 중앙위원회는 본부를 런던에 두고 새로운 잡지 《노이에 라이니셰 차이퉁: 폴리티슈·외코노미셰 레뷔》(신라인 신문: 정치경제 평론)[이하 《레뷔》로 줄임]를 창간했다. 마르크스는 1848~1849년의 혁명을 분석한 《프랑스의 계급투쟁》을 그 잡지에 발표했다. 1850년 3월 마르크스가 작성한 중앙위원회 담화 초안은 "혁명이 … 머지않았다"고[18] 선언했다. 다음 달에 공산주의자동맹은 블랑키 추종자들과 동맹을 맺고 '세계 혁명적 공산주의자 협회'를 건설했다. 그들의 목표는 "공산주의를 달성할 때까지 혁명을 계속 전진시켜서[연속적으로 추진해서 — 지은이] 모든 특권 계급을 무너뜨리고 프롤레타리아 독재에 굴복시키는 것"이었다.[19]

이런 혁명적 낙관은 1850년이 지나면서 점차 사라졌다. 6월에 마르크스는 대영박물관 도서관 입장권을 얻었다. 일단 그곳에 자리를 잡은 마르크스는 특히 〈이코노미스트〉에 의지해서(나중에 많은 사람들도 그렇게 했다) 경제학을 집중적으로 연구하기 시작했다. 그가 내린 결론은 《레뷔》의 마지막 호에 길게 설명돼 있는데, 당장 혁명이 일어날 가능성은 없다는 것이었다. 1848년의 격변은 1845년 이후 유럽을 휩쓴 전반적 경제 위기를 배경으로 하고 있었다. 그러나 1850년 무렵에는 세계경제가 새로운 성장 국면으로 접어들었다. 캘리포니아의 금광 발견, 증기선의 광범한 사용에 따른 교통·통신의 개선 등이 경제성장을 자극했다.

이런 전반적 호황기에는 부르주아 사회의 생산력이 부르주아적 [사회관계 안에서 최대한 왕성하게 발전하기 때문에 진정한 혁명에 대해서는 아무 말도 할 수 없다. 진정한 혁명은 현대적 생산력과 부르주아적 생산 형태라는 두 요인이 서로 충돌하는 시기에만 가능하다. … 새로운 혁명은 새로운 경제 위기의 결과로만 가능하다. 그러나 새로운 경제 위기가 확실한 것만큼이나 새로운 혁명도 확실하다.[20]

공산주의자동맹의 다른 지도자들은 이 비관적 분석에 분노하고 몸서리를 쳤다. 1850년 9월 15일에 열린 중앙위원회 회의에서 격렬한 논쟁을 벌인 뒤에 마르크스와 엥겔스는 사실상 동맹을 탈퇴했다. 그러나 동맹은 이듬해 5월 프로이센에서 회원들이 대거 체포되는 바람에 결국 해체되고 만다. 공산주의자동맹 회원들이 재판에 회부되자 마르크스는 그들을 옹호하는 일에 떨쳐나섰다. 그래서 소책자(의 전형이 된) 《쾰른 공산주의자 재판에 관한 새로운 사실들》을 썼다.

그러나 마르크스는 1848년 혁명 패배 후 런던으로 모여든 수많은 망명자들 가운데 일부를 가끔 비난하는 일만 하면서 사실상 정치 활동 참여를 중단했다. 그는 1851년 2월 엥겔스에게 보낸 편지에서 다음과 같이 썼다.

나는 자네와 나 우리 두 사람이 공적인 일에서 완전히 벗어나게 돼 매우 기쁘다네. 그것은 우리의 태도와 원칙에 완전히 부합하네. 서로 양보하고 품위를 지키기 위해 참아야 하는 어정쩡한 상태, 이 멍청이들과 같은 당에 있으면서 감수해야 하는 공적인 수모, 이 모든 것은 이제 끝났네.

[정치] 활동에서 물러나 자유롭게 된 마르크스는 경제학 연구에 집중했다. 그는 '정치경제학'을 다룬 대작을 쓰는 일을 다시 시작했다. 그것은 원래 1845년에 쓰려고 작정했지만 정치 활동 때문에 포기한 책이었다. 마르크스는 1851년을 거의 내내 대영박물관에서 보내면서 자신이 읽은 정치경제학 저작들의 발췌문으로 노트 14권을 가득 채웠다. 마르크스와 알고 지내던 어떤 사람은 다음과 같이 말했다. "마르크스를 찾아가면, 인사말이 아니라 경제적 범주들부터 듣게 됩니다." 1851년 4월 마르크스는 엥겔스에게 보낸 편지에서 다음과 같이 썼다. "작업이 아주 많이 진척돼서, 5주 뒤면 골치 아픈 경제학을 모두 끝마칠 수 있을 걸세. 그렇게 끝내고 나면, 집에서는 정치경제학을 정리하고 박물관에서는 다른 학문 분야에 몰두하려고 하네. 이제 정치경제학이 싫증나기 시작했거든."

[그러나] 32년 뒤에 죽을 때까지도 '정치경제학'을 다룬 대작은 완성되지 않았다. 마르크스는 《자본론》 세 권 가운데 두 권의 원고를 남겼고 엥겔스가 그것을 편집[해서 《자본론》 2권과 3권을 출판]했다. 마르크

스의 작업이 이렇게 늦어진 이유 하나는 그가 완벽주의자였기 때문이다. 마르크스는 원고를 끊임없이 다시 쓰고 확대했으며 더 많은 책과 글을 읽느라 도무지 연구가 끝나지 않을 것처럼 보였다. 또 다른 이유는 당대의 주요 사건을 분석하고 논평해야 했기 때문이다. 1852년에 마르크스는 자신의 가장 뛰어난 저작 가운데 하나인 《루이 보나파르트의 브뤼메르 18일》을 펴냈다. 그 책에서 마르크스는 왜 프랑스 제2공화정이 나폴레옹 3세의 제2제정으로 대체됐는지를 설명한다.

그러나 이 몇 년 동안의 가장 두드러진 특징은 마르크스를 짓누른 비참한 가난이었다. 마르크스 가족은 항상 돈이 부족했다. 1852~1856년에 그들은 처음에는 소호의 딘스트리트 64번지에 살다가 나중에는 28번지로 이사했는데 그곳에서 여섯 자녀 가운데 셋이 죽었다. 마르크스의 삶은 채권자들(집주인, 정육점 주인, 빵집 주인, 채소 장수, 우유 배달원 등)과의 끊임없는 싸움이었다. 1852년은 여러모로 최악의 한 해였던 듯하다. 그해 부활절에 딸 프란치스카가 죽었을 때 예니 마르크스는 프랑스 망명자한테 돈을 빌려서 겨우 관을 살 수 있었다. 12월에 마르크스는 외투와 신발이 전당포에 잡혀 있어서 외출할 수 없다고 한 통신원에게 말했다. 그러나 최악의 충격은 1855년 4월 마르크스의 여덟 살짜리 아들 에드가가 폐결핵으로 죽었을 때 찾아왔다. 몇 달 뒤 마르크스는 페르디난트 라살에게 보낸 편지에서 다음과 같이 썼다.

베이컨은 진짜 중요한 사람들은 자연이나 세계와 아주 많은 관계를 맺고 있어서 어떤 상실도 쉽게 극복한다고 말했습니다. 저는 그런 중요한 사람이 아닌가 봅니다. 우리 아이의 죽음은 저를 뼛속 깊이 흔들어 놨고, 저는 아직도 그 상실감을 첫날과 똑같이 아프게 느끼고 있습니다. 가엾은 제 아내도 완전히 무너져 버렸습니다.

바로 이 끔찍한 시기에, 폰 베스트팔렌 가문의 하녀였고 1845년 이후 마르크스 가족의 가정부였던 헬레네 데무트가 사생아 프레더릭을 낳았다. 아이의 아버지는 마르크스였음이 거의 확실하다. 그 스캔들은 유야무야 덮였다. 엥겔스가 아이의 아버지 행세를 하는 데 동의했다. 그는 1895년 죽기 직전에야 엘레아노르 마르크스에게 그 비밀을 알려 줬다. 그 사건을 보면 마르크스 자신도 부르주아 명사들의 관습에 완전히 적대적이지는 않았다는 것을 알 수 있다. 사실, 마르크스와 예니는 헬레네를 충실한 하인으로 거느린 중간계급 가정을 유지하려고 끊임없이 노력했다. 부부는 살아남은 세 딸, 예니·라우라·엘레아노르를 훌륭한 부르주아 숙녀로 기르려고 힘껏 노력했다. 이것은 결코 놀라운 일이 아니다. 왜냐하면 개인들은 자신이 살고 있는 사회에 아무리 반대하더라도 그 사회의 압력을 피할 수 있는 길이 결코 없기 때문이다.

1856년 예니 마르크스가 소액의 유산을 두 차례 받은 덕분에 그들은 소호의 비좁은 셋방에서 그래프턴테라스 9번지로 이사할 수 있었다. 예니가 말했듯이 이사간 집은 "멋진 프림로즈힐에서 멀지 않은, 낭만적인 햄프스테드히스의 기슭에 있는 작은 집"이었다. 그러나 그들의 곤경은 결코 끝나지 않았다. 1857년 1월에 마르크스는 [엥겔스에게 보낸 편지에] 다음과 같이 썼다. "이제 어찌해야 할지 모르겠네. 지금은 5년 전보다 훨씬 더 절망적인 상황이네. 나는 [인생의] 가장 괴로운 쓴맛은 이미 봤다고 생각했는데, 웬걸!"

1년쯤 뒤에는 엥겔스에게 다음과 같이 말했다. "사람들이 흔히 결혼해서 사적 가정생활의 소소한 불행에 스스로 빠지기를 바라는 것보다 더 어리석은 일은 없을 걸세." 1862년에는 사정이 더 나빠져서 마르크스는 철도 사무원으로 취직하려고 애를 썼지만 워낙 악필이어서 취업에 실패했다. 몇 달 뒤에 마르크스는 다음과 같이 썼다.

날마다 아내는 자식들과 함께 죽어 버렸으면 좋겠다고 말한다네. 그러면 내가 뭐라고 말할 수도 없는 것이, 이런 상황에서 겪어야 하는 수모와 고통과 불안은 이루 말할 수도 없기 때문이네. … 가엾은 우리 애들한테 더욱 미안한 것은 이런 일이 '박람회' 기간에 일어났다는 점일세. 친구들은 모두 재미있게 노는데, 우리 애들은 혹시 누가 찾아와서 엉망인 꼴을 보면 어쩌나 하고 벌벌 떤다네.

마르크스 가족이 이 시절을 버티고 살아남을 수 있었던 것은 엥겔스의 희생과 끊임없는 지원 덕분이었다. 1850년 11월 엥겔스는 맨체스터로 돌아가서 가족회사 에르멘·엥겔스에서 하던 일을 다시 시작했다. 엥겔스가 그 일을 하기 싫어 했다는 것은 1845년 1월 마르크스에게 보낸 편지에서 다음과 같이 썼던 것을 보면 분명히 알 수 있다. "이런 돈벌이는 너무 끔찍하네. … 계속 부르주아가 돼야 할 뿐 아니라, 프롤레타리아에 적극적으로 반대하는 부르주아인 제조업자가 돼야 한다는 사실이 너무 끔찍하다네."

엥겔스의 전기를 쓴 구스타프 마이어는 다음과 같이 말했다.

엥겔스처럼 글을 술술 잘 쓰는 사람이 자신의 미래를 걱정할 필요는 없었다. 그런데도 그가 "더러운 일"을 다시 시작했다면 그것은 마르크스를 위해서였다. 엥겔스는 마르크스의 위대한 재능이 운동의 미래에 결정적으로 중요하다고 생각했기 때문이다. 마르크스는 혼자 힘으로 가족을 부양할 수 없었다. 마르크스가 망명 생활의 희생자가 돼서는 안 됐다. 그런 일을 막으려고 엥겔스는 기꺼이 사무실 책상으로 돌아간 것이다.

엥겔스가 주기적으로 보내 준 돈이 없었다면 마르크스 가족은 흔적도 없이 사라졌을 것이다. 마르크스는 《자본론》 1권[의 원고을 인쇄소에 보낸 뒤에, 엥겔스에게 진 빚을 다음과 같이 인정했다.

자네가 없었다면 나는 그 책을 완성하지 못했을 걸세. 그리고 확실히 말하건대, 자네가 주로 나를 위해 판에 박힌 일을 하느라 자네의 뛰어난 능력을 낭비해 버렸고, 또 내 모든 자잘한 불행도 부득이 함께해야 했다는 생각이 항상 내 마음의 짐이었다네.

엥겔스가 마르크스에게 중요했던 것은 단지 돈을 대 줬기 때문만은 아니었다. 엥겔스는 항상 두 사람의 관계에서 자신이 하위 파트너라고 주장했다. 그러나 마르크스와 협력할 때 엥겔스는 많은 재능을 발휘했다. 엥겔스는 영리하고 활기 넘치는 사람이었고 마르크스보다 훨씬 먼저 혁명적 공산주의자가 됐다.(마르크스는 20년 뒤에 다음과 같이 썼다. "자네도 알다시피, 나는 사물을 파악하는 게 느리고, 그래서 항상 자네 뒤를 따라가지.") 엥겔스는 언어에 놀라운 재능이 있었고 자연과학에도 폭넓은 관심이 있었다. 또 엥겔스의 역사적 판단이 마르크스보다 거의 항상 뛰어났고 유럽 역사에 관한 지식도 더 깊었다. 마지막으로, 엥겔스는 마르크스보다 훨씬 더 행동형 인간이었고(마르크스 가족이 그에게 붙인 별명은 '장군'이었는데 그가 군사 문제에 관심이 많았기 때문이다) 훨씬 더 실천적 조직가였다. 이 모든 점에서 그의 재능은 마르크스를 보완했다.

엥겔스의 우정과 재정 지원에도 불구하고 1850~1860년대의 악전고투와 궁핍은 그 상처를 남겼다. 예니 마르크스가 가장 많은 고통을 겪었다는 것은 틀림없다. 그녀는 자주 몸이 아팠고 마음고생도 심했다. 이 점은 마르크스에게 보낸 편지에서 잘 드러난다. "그 사이에 저는 여기 앉아서 몸과 마음이 허물어지고 있어요. 카를, 지금이 최악 중에 최악이에요. … 저는 여기 앉아서 눈이 퉁퉁 붓도록 울고 있지만 어찌할 수가 없네요. 내 머리는 산산조각 나고 있어요." 이미 1851년에 마르크스는 엥겔스에게 다음과 같이 말했다.

집에서는 항상 모든 것이 계엄 상태 같네. 아내가 눈물을 줄줄 흘리면 나는 밤새 화가 나고 완전히 자포자기 심정이 된다네. … 아내가 불쌍하네. [삶의 무게에] 주로 짓눌리는 것은 아내이고, 사실 아내의 말이 옳네. … 자네도 알다시피 나는 본래 성마르고 약간 매정한 사람이어서 때때로 참을성을 잃고 만다네.

이 편지에서 넌지시 드러나듯이, 마르크스는 집안 상황에 대응할 때 자신 속으로 물러서서 차갑고 완고한 외부인처럼 굴었다. 그는 자신을 "매정한 성격"으로 묘사했고 "그런 상황에서 대체로 나 자신을 구할 수 있는 방법은 오직 냉소뿐"이라고 엥겔스에게 말했다. 그렇지만 마르크스는 불면증, 간 질환, 종기나 부스럼 같은 여러가지 육체적 통증에 시달렸다(언젠가 그는 엥겔스에게 보낸 편지에서 "나는 부르주아지가 그들이 멸망하는 날까지 내 종기를 기억하기를 바라네" 하고 썼다). 가정의 곤경과 간 질환으로 인한 근심 걱정 때문에 마르크스의 작업은 중단되기 일쑤였다. 그는 《자본론》의 첫 원고인 《정치경제학 비판 요강》을 쓰고 있던 1858년 7월 엥겔스에게 보낸 편지에서 다음과 같이 말했다. "이제 완전히 참을 수 없는 상황이 돼 버렸네. … 작업으로 말하자면, 나는 아무 일도 할 수 없네. 한편으로는 돈 버는 데 많은 시간을 써야 하고 다른 한편으로는 (아마 내 몸이 허약한 탓이겠지만) 집안 문제 때문에 정신을 집중하기가 힘들어서 그렇다네. 아내의 신경은 더러운 일들 때문에 완전히 망가져 버렸네." 베르너 블루멘베르크는 다음과 같이 말했다.

마르크스가 《자본론》이라는 걸작을 쓰는 데 30년을 바치고도 결국 완성하지 못한 이유가 뭐냐고 흔히 묻는다. 이론적 어려움 때문이었다고들 생각한다. 그러나 지은이의 생활환경을 보면 그 정도라도 완성할 수 있었다는 것이 기적처럼 보인다.

마르크스는 이런 고통 때문에 남들을 더 의심하게 됐고 남들에 대해 가혹하고 쓰라린 말들을 하게 됐다. 마르크스가 엥겔스와 주고받은 편지에서 독일의 사회주의 지도자 페르디난트 라살에 관해 잔인하고 때로는 반유대적 발언을 한 것은 라살과 그들의 정치적 차이 때문이기도 했지만 상류사회에서 활동하면서 대중의 찬사를 받는 부유한 사람에 대한 마르크스의 분노 때문이기도 했다. 라살이 1862년에 마르크스 가족을 방문했을 때 예니는 손님에게 익숙한 방식으로 대접하느라, "못으로 박아 놓지 않은 것은 모두 전당포에 보내야" 했는데도(마르크스가 엥겔스에게 한 말이다) 라살은 담배를 사는 데만 하루에 1파운드씩 써 버려서 마르크스를 격노하게 만들었고 그 후로 마르크스와 라살의 관계는 결코 회복되지 않았다.

이듬해 초에는 마르크스의 매정하고 냉소적인 태도 때문에 엥겔스와 우정이 거의 깨질 뻔하기도 했다. 엥겔스가 자신의 반려자 메리 번스가 죽었다는 소식을 편지로 써 보내자 마르크스는 답장에서 약간 형식적인 애도의 말을 한 다음에 자신이 요즘 재정적으로 어렵다는 말을 길게 늘어놨다. 당연히 상처를 입은 엥겔스는 마르크스 가족이 한바탕 소동을 벌이고 극진한 사과를 하고 나서야 겨우 누그러졌다.

마르크스가 1850년대에 쓴 저작들에도 그의 상황이 반영돼 있다. 그 시기에 엥겔스는 마르크스 가족에게 한 번에 1~2파운드밖에 못 보냈다. 그래서 마르크스는 〈뉴욕 데일리 트리뷴〉에 글을 기고해서 소득을 보충해야 했다.(사실 [마르크스 이름으로 실린] 많은 기사는 엥겔스가 쓴 것이었다. 처음에는 엥겔스가 영어를 더 잘했기 때문이다.) 마르크스의 판단이 항상 모두 믿을 만한 것은 아니었다. 영국과 프랑스가 러시아를 상대로 크림전쟁(1854~1856년)을 벌였을 때, 반동적 신성동맹을 결속시키는 차르의 구실 때문에 미친 듯이 러시아를 증오한 마르크스는 보수당의 괴짜 국회의원 데이비드 어카트와 약간 의심스러운 동맹을 형성해서, 어카트가 런던에서 발행한 신문 〈프리 프레스〉에 많은 글을 싣기도 했다. 또 마르크스는 망명자들의 다툼에 말려들기도 했는데, 특히 유명한 것은 프랑스 정부의 첩자가 마르크스의 명예를 훼손하는 소책자를 펴냈을 때였다. 그래서 마르크스는 300페이지짜리 책 《포크트 씨》(1860)를 써서 대응했는데 이것은 마르크스가 재능을 낭비한 사례로 유명하다.

[그러나] 이 시기의 그늘을 과장해서는 안 된다. 마르크스는 매주 일요일에는 햄프스테드히스로 야유회를 나가서 가족이나 친구들과 함께 일요 신문을 읽거나 당나귀를 타거나 단테와 셰익스피어의 글을 암송하기도 했다. 마르크스는 금욕적 사회주의자가 아니었다. 그는 술 마시는 것을 좋아했고 포도주를 선호했지만 맥주를 마시더라도 즐거워했다. 기억할 만한 일을 하나 꼽자면, 빌헬름 리프크네히트와 청년헤겔학파 시절부터 오랜 친구이자 우호적 논쟁 상대였던 에드

가 바우어와 마르크스 이 세 사람이 술집 순례에 나선 일이었다. 그들은 런던의 옥스퍼드스트리트에서 햄프스테드로드에 이르는 길가의 모든 술집에 들러서 술을 마시다가 토트넘코트로드의 끝에 이르렀을 때 오드펠로스의* 축하 파티 일행과 거의 싸울 뻔했고 [길에 쌓여 있던] 도로포장용 돌을 가로등에 던지기 시작했다. 당연히 경찰이 나타나 그들을 뒤쫓았다. 그들이 달아날 수 있었던 것은 부분적으로는 마르크스가 놀라운 속도로 내뺀 덕분이었다.

1852년에 딘스트리트를 방문한 프로이센 경찰 첩자는 마르크스 가정을 다음과 같이 묘사했다.

마르크스는 거칠고 가만히 있지 못하는 성격이지만 아버지이자 남편으로서는 매우 점잖고 부드러운 사람이었다. … 마르크스의 방에 들어가면 담배 연기 때문에 눈물이 줄줄 흘러서 한동안 동굴 속을 더듬으며 움직이는 것처럼 느껴진다. 그러나 점차 연기에 익숙해지면 주위의 회뿌연 연기 사이로 이런저런 물건들을 식별할 수 있게 된다. 모든 것이 더럽고 먼지가 쌓여 있어서 앉는다는 것 자체가 위험한 일이다. 이 의자는 다리가 세 개뿐이고 저 의자에서는 아이들이 음식 만들기 소꿉놀이를 하고 있다 (그 의자는 용케도 다리가 네 개다). 그 의자를 손님에게 내주지만 아이들의 소꿉놀이 음식물을 다 치우지 않았기 때문에 거기에 그냥 앉으면 바

---

*   Oddfellows. 프리메이슨을 본떠 18세기 영국에서 창립된 일종의 비밀 공제조합 회원들.

지를 버리게 된다. 그러나 마르크스나 그의 부인은 이런 일에 전혀 당황하지 않는다. 그들은 매우 친근하게 손님을 대하면서 파이프와 담배를 비롯해 있는 것은 무엇이든 정성껏 대접한다. 마침내 활기차고 기분 좋은 대화가 시작되면, 집안의 부족했던 것이 모두 메꿔지고 불편도 참을 만한 것이된다. 결국 손님은 그들에게 점점 익숙해지고 그들이 재미있고 독창적이라는 사실을 깨닫게 된다.

《자본론》과 제1인터내셔널

마르크스는 세계경제가 1850년대 초의 호황 뒤에 위기에 빠질 것이라고 예상했는데 실제로 1857년에 경제 위기가 닥치자 엥겔스는 엄청나게 기뻐했다. 그는 맨체스터 증권거래소에서는 다들 침울해하고 있는데 "내가 갑자기 까닭 없이 쾌활해지자 사람들은 몹시 약이 올랐다네" 하고 마르크스에게 말했다. 두 친구는 그 경제 불황으로 혁명적 운동이 되살아나기를 바랐다. 엥겔스는 다음과 같이 썼다. "1848년에 우리는 '이제 우리의 시대가 다가오고 있다'고 말했고, 어떤 의미에서는 실제로 그랬네. 그러나 지금이야말로 우리의 시대가 제대로 다가오고 있네. 이제 죽기 살기로 덤벼들어야 하네. 곧 내 군사학 연구에 더 실천적 측면이 포함될 걸세."

안타깝게도 '장군'의 희망은 꺾이고 말았다. 1858년에 혁명은 일어나지 않았다. 그러나 그 경제 위기에 고무된 마르크스는 경제학 연구를 다시 시작했다. 그는 1857년 12월 엥겔스에게 [보낸 편지에서] 다음과 같이 말했다. "나는 대홍수[혁명의 분출] 전에 적어도 중요한 윤곽이나마 분명히 해 두려고 경제학 연구를 요약하는 일을 밤새도록 미친 듯이 하고 있다네." 마르크스는 레모네이드와 "엄청난 양의 담배"에 힘을 얻어 1857년 8월부터 1858년 3월까지 오늘날 《정치경제학 비판 요강》[이하 《요강》으로 줄임]으로 알려진 《자본론》의 첫 원고를 작성했다.

라살이 독일에서 그 원고를 출판해 줄 사람을 찾았지만 마르크스는 그 원고가 너무 뒤죽박죽이라고 판단했다(그는 라살에게 "제가 쓴 모든 것에서 간 질환[의 흔적]을 발견할 수 있습니다" 하고 말했다). 이 원고 가운데 마르크스 생전에 출판된 것은 첫 부분 '화폐에 관한 장'을 완전히 고쳐 쓴 것뿐이다. 그것은 1859년 6월 《정치경제학 비판을 위하여》[이하 《비판》으로 줄임]라는 책으로 출판됐다. 그 책의 서문에는 마르크스가 자신의 지적 발전 과정과 역사유물론의 기본 원칙들을 설명한 중요한 내용이 들어 있다.

8년 동안, 즉 마르크스 가족이 최악의 위기를 겪고 마르크스 자신은 1850년 이후 처음으로 중요한 정치 활동을 다시 시작한 시기에 《자본론》 자체가 형태를 갖췄다. 마르크스의 원래 의도는 《비판》을 '정치경제학' 6부작의 도입부로 삼겠다는 것이었다. 6부작은 (1) 자본 (2) 토지 소유 (3) 임금노동 (4) 국가 (5) 국제무역 (6) 세계시장으로 구성할 계획이었다. 1861년 8월부터 1863년 7월까지 마르크스는 《비판》의 후속작을 위한 원고를 작성했다. 그 결과, 노트 23권에 1472페이지나 되는 이른바 "1861~1863년 원고"가 만들어졌다(이 원고는 아직 영어로 완전히 번역되지 않았다'). 이 몇 년 동안 연구하면서 마르크스는 '정치경제학' [저작] 계획을 바꿨다. 그는 이미 《요강》에서 자신의 경제 이론의 핵심인 잉여가치 개념을 발견했지만 자신의 이윤 이론을 정식화한 것은 "1861~1863년 원고"에서였다. 마르크스는 6부작 계획을 포기하고 저작 전체를 《자본론》으로 하기로 결정했다. 그리고 이 《자본론》을 4권으로 나눠서 각각 생산, 유통, [생산과 유통의] 전체 체제, 잉여가치 이론들을** 다루고 원래 [6부작] '정치경제학'의 나중 책들에서 다루려고 했던 것들을 대부분 《자본론》에 통합하기로 했다.

1861~1863년에 마르크스 가족은 재정 상황이 나아졌다. 마르크스의 어머니와 마르크스의 오랜 동지 빌헬름 볼프가 죽으면서 남긴 유산 덕분이었다. 그래서 마르크스는 《자본론》 1권을 볼프에게 바쳤다. 이 유산 덕분에 마르크스 가족은 그래프턴테라스에서 근처에 있는 메이틀랜드파크로드 1번지의 훨씬 큰 집으로 이사했다. [그러나] 돈은 곧 바닥났고 엥겔스는 다시 주머니를 털어서 마르크스 가족을 지원해야 했다. 다시 시작한 돈 걱정에 더해 마르크스는 1863년 이후 종기 때문에 엄청 고생했다. 그는 비소, 크레오소트,*** 아편을 복용했고 때로는 종기를 스스로 잘라내기도 했다. 이렇게 정신을 산만

---

* 지금은 마르크스·엥겔스 전집 30~34권에 모두 영역돼 있다.
** 흔히 잉여가치학설사라고 부른다.
*** 의료용 또는 목재 방부용 갈색 액체.

하게 만드는 온갖 악조건에도 불구하고 마르크스는 1864~1865년에 《자본론》 1, 2, 3권의 원고를 작성했다(그는 결코 4권을 쓰지는 못했지만 "1861~1863년 원고"에서 [4권과] 관련되는 부분들이 마르크스 사후 《잉여가치학설사》로 출판됐다).

1865년에 마르크스는 함부르크의 출판업자 마이스너·베레와 계약을 맺었다. 엥겔스의 강력한 권고로 마르크스는 1866년 거의 내내 《자본론》 1권 출판을 준비하며 원고를 완성된 형태로 다듬는 일에 집중했다. 첫 원고 뭉치가 마이스너에게 전달됐다는 소식을 듣고 안도한 엥겔스는 '특별한 잔'으로 축하주를 마셨다. 1867년 8월 16일 마르크스는 《자본론》 1권의 교정쇄를 마쳤다고 [엥겔스에게] 알렸다.

이 일이 가능했던 것은 오직 자네 덕분일세. 자네가 나를 위해 희생해 주지 않았다면 나는 이 세 권을 쓰는 엄청난 일을 결코 해내지 못했을 것이네. 정말 고마운 마음으로 자네를 껴안고 싶네. 교정지 두 장을 동봉하네. 15파운드는 아주 고맙게 받겠네. 잘 있게나, 사랑하는 친구여!

그 책은 몇 주 뒤에 출판됐다. 초판으로 1000부가 인쇄됐다. 1860년대 중반에 마르크스는 다른 정치 활동 때문에 경제학 연구에서 멀어지기 시작했다. 비록 1857~1858년의 경제 위기 이후 마르크스와 엥겔스가 예상한 혁명은 일어나지 않았지만 1860년대 초에 유럽의 노동자 운동은 되살아났다. 영국과 프랑스에서 노동조합운동이 일대 약진을 하는 동안, 라살은 독일 최초의 대중적 노동자 정치

조직인 독일노동자총연합을 창립할 수 있었다. 미국 남북전쟁 때문에 영국의 면직물 산업이 불황을 겪었지만 랭커셔의 섬유 노동자들은 [남북전쟁에서] 북군의 대의를 지지했다. 1863년에 러시아의 지배에 맞서 폴란드인들이 봉기하자 유럽 전역의 사회주의자들과 민주주의자들은 폴란드인들을 지지했다.

이런 분위기에서 국제노동자협회IWMA(나중에 제1인터내셔널로 불리게 된다)가 창립됐다. 1863년 7월 런던에서 영국 노동조합 주최로 폴란드 봉기에 연대하는 대중 집회가 열렸을 때 프루동 추종자들인 프랑스 노동자 대표단이 참석했다. 이런 접촉의 결과로 1864년 9월 28일 런던의 세인트마틴홀에서 [국제 노동자들의] 대중 집회가 열렸고 여기서 국제노동자협회가 창립됐다. 마르크스는 그 집회에서 선출된 중앙집행위원 34명 가운데 한 명이었다. 곧 그는 국제노동자협회의 선언과 담화를 대부분 작성하고 행정과 통신 업무에도 대부분 관여하는 등 실질적 지도자가 됐다.

그러나 제1인터내셔널의 상황은 공산주의자동맹과는 사뭇 달랐다. 베르너 블루멘베르크는 다음과 같이 썼다.

공산주의자동맹은 비밀 선전 단체였고 거기서 마르크스는 독재적 권력을 행사했다. 그러나 제1인터내셔널은 서로 다른 여러 나라의 독립적인(그것도 경쟁하듯 독립적인) 노동자 조직들의 연합체였다. 마르크스는 결코 독재적 권력을 행사할 수 없었다. 그는 많은 중앙집행위원 가운데 한 명에 불과했다. 다른 중앙집행위원들을 설득하는 것이 항상 문제였다. 왜냐하면 제1인터내셔널에는 사상이 서로 다른 많은 경향이 있었기 때문이다. 즉, 푸리에, 카베, 프루동, 블랑키, 바쿠닌, 마치니, 마르크스 자신을 지지하는 사람들이 한데 모여 있었던 것이다. 평화주의자인 공상적 사회주의자들부터 혁명은 바리케이드에서 싸우는 문제라고 생각하는 아나키스트들까지 온갖 견해를 가진 사람들이 섞여 있었다. 영국의 노동조합 지도자들도 있었고(제1인터내셔널의 조직적 중심인 영국 노조들은 길드의 오랜 직업적 자부심이 여전히 살아 있는 사회집단에 뿌리를 두고 있었다) 쉽게 조직되고 훈련된 독일인들도 있었고 여러 라틴계 나라의 다혈질 혁명가들도 있었다.

이런 정치적 차이 때문에 결국 제1인터내셔널은 불행한 운명을 맞게 되지만 창립 후 처음 5년 동안은 놀라운 성공을 거뒀다. 제1인터내셔널은 1866년 런던 재단사 파업 때 외국인 대체 인력 투입을 효과적으로 저지해서 영국 노동조합들의 지지를 늘렸고, 보통선거권을 쟁취하고자 노조의 지지를 받아 설립된 개혁동맹에서도 지도적 구실을 했다. 해마다 열린 인터내셔널 국제 대회(1865년 런던, 1866년 제네바, 1867년 로잔, 1868년 브뤼셀, 1869년 바젤 대회)에서는 노동시간이나 아동노동 같은 다양한 쟁점에 대한 입장을 내놨다. 파업 파괴 행위를 효과적으로 저지하는 다양한 활동이 유럽 대륙에서 시작됐다.

또 마르크스는 인터내셔널 안에서 특히 프루동 추종자들을 상대로 이데올로기 투쟁을 벌여 영향력을 확대하려 했다. 1865년 6월 마르크스가 중앙집행위원회에서 강연한 내용이 나중에 《임금, 가격, 이윤》이라는 소책자로 출판됐다. 여기서 그는 로버트 오언의 추종자인 존 웨스턴의 주장과 달리 노동조합은 노동자들의 임금 인상을 쟁취할 수 있다는 것을 보여 줬다. 독일에서는 비록 라살의 독일노동자총연합이 여전히 인터내셔널과 거리를 두고 있었지만, 1869년 아이제나흐에서 빌헬름 리프크네히트와 아우구스트 베벨이 이끄는 사회민주노동당이 만들어져서, 거의 20년 전 공산주의자동맹이 분열한 이후 처음으로 마르크스의 사상이 그의 고국에서 조직적 지지를 받게 됐다.

두 가지 사건으로 말미암아 인터내셔널의 상황은 결정적으로 바뀌었다. 첫째, 1870년 7월 프랑스와 프로이센 사이에 전쟁이 벌어졌다. 프로이센이 신속하고 압도적인 승리를 거두자 프랑스에서는 나폴레옹 3세가 퇴위하고 제3공화국이 선포됐다. 이후 티에르가 이끄는 프랑스 임시정부가 반동적 성격을 드러내자 파리 노동자들은 1871년 3월 무장봉기해서 자신들의 정부인 코뮌을 선포했다. 티에르는 베르사유로 퇴각했다가 군대를 보내서 코뮌을 공격했다. 파리 시민들은 영웅적으로 저항했지만 결국 코뮌은 분쇄되고 봉기는 피바다에 빠졌다.

제1인터내셔널은 파리코뮌에 거의 영향을 미치지 못했고 마르크스 자신도 봉기가 성공할 수 있을지 의심스러워했지만 분연히 일어나 코뮌을 옹호하고 나섰다. 1871년 5월 30일, 즉 코뮌이 함락된 지 사흘 뒤에 제1인터내셔널 중앙집행위원회는 마르크스가 작성한 《프랑스 내전》이라는 담화를 채택했다. 그것은 마르크스의 가장 뛰어난 저작들 가운데 하나로서, 코뮌 참가자들을 감동적으로 옹호함과 동시에 학살자들을 격렬하게 비난했다. 또 거기에 서술된 마르크스 국가론의 중요한 내용은 나중에 레닌의 《국가와 혁명》에 영감을 주기도 했다.

파리코뮌이 함락되자 모든 사회주의자들에게 국제적 비난이 쏟아졌다. 인터내셔널은 당연히 이런 비난 공세의 주요 표적 가운데 하나가 됐다. 언론은 무명의 마르크스를 악명 높은 존재로 끌어올렸다. 그는 "빨갱이 박사", 코뮌을 꼭두각시처럼 조종한 자가 됐고, 더 충격적인 어떤 설명에 따르면 비스마르크의 첩자까지 됐다. 《프랑스 내전》은 8000부가 팔리는 대중적 성공을 거뒀다. 그 결과로, 당시 비교적 특권적인 숙련직 노동자들을 대표하던 영국 노동조합들이 인터내셔널에 대한 지지를 철회했다. 중앙집행위원회의 영국 위원인 오저와 루크라프트는 《프랑스 내전》이 출판되자 [인터내셔널은 정치에 개입하지 말아야 한다며] 사퇴했다.

제1인터내셔널이 받은 두 번째, 더 심각한 타격은 미하일 바쿠닌의 활동 탓이었다. 러시아 귀족 출신인 바쿠닌은 1830년대 말과 1840년대 초에 정통 헤겔주의에서 좌파 헤겔주의로 전환했고 1842년에는 "파괴하려는 욕구가 곧 창조적 욕구"라는 결론을 내렸다. 이후 평생 동안 그는 근본적으로 아나키즘적인 이 견해를 고수했다. 1848년 이후 바쿠닌은 러시아 제정 당국에 체포돼 무시무시한 페트로파블롭스크 요새에 수감됐다. 거기서 그는 니콜라이 1세를 자신의 "정신적 아버지"라고 부르는 비밀 "고백서"를 썼다. 1861년에 바쿠닌은 시베리아를 탈출해서 런던에 도착했다.

마르크스는 과거에 바쿠닌과 사이가 좋았고 "늙은 헤겔주의자"인 그에게 《자본론》 1권 한 부를 보내 주기도 했다. 그러나 그들은 거의 상극이었다. 바쿠닌의 동료인 러시아 망명자 알렉산드르 헤르첸은 다음과 같이 썼다. "바쿠닌은 선전·선동·데마고기에 대한 열정이 대단했고, 말하자면 계략과 음모를 꾸미고 조직해서 관계를 확립하는 활동을 끊임없이 했으며, 그런 것들에 엄청난 의미를 부여했을 뿐 아니라, 무엇보다도 자신의 사상을 즉시 실행에 옮기고, 자신의 생명이 위험해지는 것도 마다하지 않고, 무모할 정도로 그 모든 결과를 받아들이는 그런 사람이었다." 나폴레옹 3세가 몰락하자마자 리옹으로 달려간 바쿠닌은 시청 밖에서 국가가 폐지됐다고 선포했다가 경찰에 잡혀갔다. 또 그는 사악한 네차예프의 영향도 받았는데, 네차예프가 [비밀결사의 동료를] 살해한 행위는 도스토옙스키의 소설 《악령》의 창작 동기가 된 것으로 유명하다.

1868년 바쿠닌은 제1인터내셔널에 가입했다. 그와 동시에 사회민주주의동맹을 설립했는데 이 조직은 곧 인터내셔널 안에서 엥겔스의 표현을 빌리면 "국가 안의 국가" 구실을 했다. 아나키스트들이 특히 강력한 곳은 인터내셔널의 스위스·이탈리아·스페인 지부였다. 마르크스와 바쿠닌의 차이는 특히 파리코뮌의 패배 후에 뚜렷해졌다. 어떤 의미에서 그것은 1848년 이후 공산주의자동맹이 분열한 것의 반복이었다. 마르크스는 혁명의 가능성이 희미해지고 있다고 주장한 반면, 바쿠닌 추종자들은 당장 모든 곳에서 봉기해야 한다고 강력히 촉구했다. 마르크스는 전에 중앙집행위원회의 대들보 구실을 하던 영국 노조들이 사실상 철수해 버려서 더는 자신의 주장을 관철하기가 힘들게 됐다는 것을 깨닫고 인터내셔널을 해산하기로 결정했다. 이 일은 1872년 9월 헤이그에서 열린 인터내셔널 대회에서 일어났는데 얄궂게도 그것은 마르크스가 참석한 유일한 대회였다. 마르크스 지지자들은 중앙집행위원회에 대한 [바쿠닌파의] 공격을 물리치고 바쿠닌을 인터내셔널에서 제명하고 인터내셔널 본부를 뉴욕으로 옮기는 데 성공했다. 이후 사실상 유명무실해진 인터내셔널은 1876년에 공식적으로 해산했다.

말년

제1인터내셔널이 붕괴한 뒤 마르크스는 적극적 정치 활동을 거의 중단했다. 재정적으로는 마르크스 가족의 삶이 그 어느 때보다 나아졌다. 1869년 엥겔스는 갖고 있던 회사 지분을 에르멘에게 팔았다. 그래서 '장군'은 상당한 자금을 손에 쥐게 됐고 그 돈으로 자신과 마르크스 가족을 편안하게 부양할 수 있었다. 이듬해 엥겔스는 런던으로 와, 마르크스 집에서 걸어서 10분도 안 걸리는 리전트파크 로드에 있는 큰 저택을 구입했다. 이 집은 그 뒤 25년 동안, 마르크스가 죽고 나서 한참 후까지도 국제 노동계급 운동의 중심이 됐다.

마르크스는 이제 인터내셔널 일을 관두고 자유롭게 됐으니 《자본론》 2권과 3권을 완성해야 했다. 분명히 마르크스가 게으르지는 않았다. 그는 《자본론》 1권의 프랑스어 번역을 꼼꼼히 감수했고 독일어 초판의 원고를 수정해서 1873년에 2판을 펴냈으며 3권에 나오는 지대 분석을 위해 러시아의 농업 문제를 자세히 연구하기 시작했다.(《자본론》 1권의 러시아어 초판은 1872년에 출판됐다. 검열관들은 "그 책을 읽을 사람들이 적을 것이고, 이해할 수 있는 사람은 훨씬 더 적을 것"이라고 생각해서 검열에서 통과시켰다. 그러나 《자본론》은 러시아의 급진적 지식인들 사이에서 엄청난 성공을 거뒀다.)

엥겔스는 마르크스가 1870년 이후 "농업경제학, 미국과 특히 러시아 농업의 실상, 화폐시장과 금융, 마지막으로 지질학과 생리학 같은 자연과학"을 연구했다고 말했다. "또 이 시기의 수많은 발췌 노트에서는 독자적 수학 연구도 두드러지게 눈에 띈다."[21] 그러나 마르크스는 《자본론》 2권과 3권의 원고를 손보는 일은 거의 하지 않았다. "비참한 부르주아"의 시기가 남긴 피해는 컸다. 마르크스는 항상 두통과 불면증에 시달렸고 1874~1876년에는 해마다 카를로비바리를[*] 찾는 등 정기적으로 치료를 받아야 했다. 데이비드 매클렐런[마르크스 전기 작가]이 썼듯이 "그는 이제 심신이 지칠 대로 지쳤다. 한마디로, 그의 공적 활동이 끝난 것이다."

지칠 대로 지친 마르크스는 정신의 강인함을 잃을 만도 했지만 결

---

* 체코의 유명한 온천 도시.

코 그러지 않았다. 그런 강인한 정신 덕분에 그는 1840년대 이후 유럽의 급진파들 사이에서 경외의 대상이 됐다. 전에 보수당원이었다가 영국에서 마르크스의 사상을 옹호(하고 속류화)한 주요 인사들 가운데 한 명이 된 H M 하인드먼은 마르크스에 대해 다음과 같이 회상했다 "언젠가 마르크스와 이야기하다가 나는 나이가 들면서 더 관대해졌다는 생각이 든다고 말했더니 그가 '그래요? 당신은 정말 그래요?' 하고 반문했다. 마르크스가 그렇지 않았다는 것은 틀림없다." 이 시기에 마르크스가 가장 중요하게 개입한 일은 1875년에 독일의 두 노동자 정당이 통합해서 독일 사회민주당SPD을 만들었을 때였다. 마르크스와 엥겔스는 고타에서 열린 신당 창당 대회에서 채택된 강령이 라살파에게 너무 많이 양보한 것이라고 생각했다. 마르크스는 《고타 강령 비판》을 써서 지지자들에게 주의하라고 촉구했고, 그 글에서 자본주의가 공산주의로 전환[이행]하는 과정에 대한 아주 중요한 논의를 했다(사회민주당 지도자들인 베벨과 리프크네히트는 《고타 강령 비판》의 출판을 [새로운 에르푸르트 강령이 채택된] 1891년까지 금지했다).

마르크스와 엥겔스는 흔히 독일 사회주의자들과 충돌했다. 엥겔스는 1877년에 《반뒤링론》을 써서 학술적 사회주의자 오이겐 뒤링을 비판하고 자신들의 사상을 옹호해야 했다. 뒤링이 사회민주당 안에서 어느 정도 영향력을 확대하고 있었기 때문이다. 1879년에 마르크스와 엥겔스는 뒤링의 영향을 받은 일부 사회민주당 지도자들(그 중에는 장차 '수정주의'의 아버지가 되는 에두아르트 베른슈타인도 있었다)을 비난하는 돌림편지를 썼다. 그 지도자들이 생각하는 사회주의는 자유민주주의와 별로 다르지 않았기 때문이다. 바로 이 시기에 마르크스는 "내가 아는 것은 나는 마르크스주의자가 아니라는 것뿐이오" 하고 선언했다.

말년의 평온은 마르크스에게 괜찮았다. 마르크스와 알고 지낸 어떤 사람은 이 시기의 그를 다음과 같이 묘사했다.

[마르크스는] 매우 교양 있는 독일계 영국 신사였다. 하이네와 친밀하게 지낸 덕분에 그는 쾌활한 성격과 재치 있는 풍자 능력을 얻게 됐다. 이제 개인적 삶의 조건이 최고로 좋아졌다는 사실 덕분에 그는 행복한 사람이었다.

1865년에 마르크스는 딸들과 문답 놀이를 하면서, 설문지에 자신이 가장 좋아하는 일은 "책에 파묻히기"라고 썼다. 마르크스의 독서 범위는 정말 놀라울 정도다. 옥스퍼드대학교의 독일어 교수 S S 프라워는 최근 연구 결과에서 마르크스가 엄청나게 다양한 유럽 문학을 알고 있고 그것에 의지한다는 것을 보여 줬다.

마르크스는 고대 그리스·로마 문학, 중세부터 괴테 시대까지의 독일 문학, 단테·보이아르도·타소·세르반테스·셰익스피어의 세계, 18~19세기의 프랑스와 영국 산문 소설을 아주 잘 알았다. 또 전통적 권위에 대한 존중을 약화시키고 미래의 더 정의로운 사회에 대한 희망을 불러일으키는 데 도움이 될 수 있는 현대시(분명히 하이네의 시가 그랬을 것이다)에도 관심을 보였다. 그러나 대체로 그의 시선은 현재보다는 과거로, 동시대인의 작품보다는 아이스킬로스·단테·셰익스피어의 작품으로 향했다.

그리스·로마 문학은 마르크스가 특히 좋아했다. 정신적·육체적 통증이 매우 심할 때 마르크스는 "로마 내전을 다룬 아피아노스의 저서를 그리스 원어로" 읽었다. "스파르타쿠스는 고대사 전체를 통틀어 가장 훌륭한 친구일세. 고결한 성품을 지닌 위대한 장군, … 고대 프롤레타리아의 진정한 대변자라네. [그에 비하면] 폼페이우스[스파르타쿠스가 이끈 노예 반란을 진압한 로마 장군 — 지은이]는 더러운 놈일세."

《정치경제학 비판 요강》의 유명한 구절에서 마르크스는 "그리스 미술과 서사시는 특정한 사회 발전 형태와 결부돼 있지만" 왜 "아직도 우리에게 예술적 즐거움을 주고 … [예술의] 표준이자 도달 불가능한 모범으로 여겨지는지"[22] 궁금하다고 썼다. 또 마르크스는 발자크가 혁명 후 프랑스 사회의 계급 관계를 사실적으로 묘사했다며 매우 칭찬했다. 마르크스가 실현하지 못한 많은 계획 가운데 하나가 발자크 연구였다.

마르크스의 둘째 딸 라우라는 1868년에 폴 라파르그와 결혼했고 큰딸 예니는 1872년에 샤를 롱게와 결혼했다. 마르크스는 그다지 편한 장인은 아니었다. 특히 라파르그는 마르크스에게 결혼 승낙을 받기 전에 자세한 심문을 받아야 했다. 그러나 가장 완강한 반대에 부딪힌 것은 막내딸 엘레아노르였다. 가족들 사이에서 별명이 투시였던 엘레아노르는 마르크스를 가장 많이 닮았는데(언젠가 마르크스는 "투시는 나다" 하고 말했다) 파리코뮌의 역사를 처음으로 기록한 젊은 프랑스 언론인 리사가레와 사랑에 빠졌으나 아버지의 반대에 부딪혔다(1871년 이후 런던에는 프랑스 망명자들로 넘쳐났다). 이 의견 대립으로 몇 년 동안 아버지와 딸의 사이가 틀어졌다.

세익스피어 읽기 모임이 메이틀랜드로드에서 자주 열렸다. 그 모임 참석자 한 명은 마르크스를 다음과 같이 묘사했다.

[우리가 세익스피어의 희곡을 암송하면] 그는 비판하지 않고 매우 즐거워했다. 재미있는 장면이라도 나오면 항상 그 분위기에 몰입했고, 특별히 우스꽝스러운 대목에서는 뺨에 눈물이 흘러내릴 때까지 웃었다. 그는 가장 나이가 많았지만 마음만은 우리만큼 젊었다.

1881년은 전환점이었다. 롱게 가족이 파리로 이사했다. 마르크스는 손주 셋을 매우 그리워했다. 이때쯤 예니 마르크스가 불치병인 간암에 걸렸다는 진단을 받았다. 마르크스 자신도 기관지염을 앓고 있었다. 엘레아노르는 다음과 같이 회상했다.

당시는 끔찍한 때였다. 사랑하는 어머니는 큰 거실에 누워 있었고 무어(가족들이 붙인 마르크스의 별명 — 지은이)는 작은 뒷방에 있었다. 서로 그토록 익숙하고 친밀했던 두 분이 같은 방에 함께 있지도 못했다. … 아버지가 기력을 회복해서 어머니 방으로 건너간 그날 아침을 나는 결코 잊지 못할 것이다. 그때 두 사람은 다시 젊어졌다. 병으로 피폐해진 늙은이와 늙어 죽어가는 노파가 영원히 이별하는 것이 아니라, 사랑하는 젊은 남녀가 인생의 출발점에 서 있는 그런 모습이었다.

1881년 12월 2일 예니 마르크스가 죽었다. 엥겔스는 엘레아노르에게 "무어도 곧 죽는다"고 말했다. 마르크스는 한동안 알제리에서 시간을 보내다가 파리의 롱게 가족을 방문해서 "아이들의 소란에서, 즉 '거시 세계'보다 더 재미있는 이 '미시 세계'"에서 위안을 찾았다. 그런 다음 라우라와 함께 스위스의 브베로 갔다. 그 뒤 영국으로 돌아와 와이트섬에서 감기에 걸렸을 때 큰딸 예니가 38살의 나이로 죽었다는 소식을 들었다. 1883년 3월 14일 메이틀랜드로드를 방문한 엥겔스는 "가족들이 울고 있는" 것을 봤다. "최후가 가까운 듯했다." 엥겔스와 헬레네 데무트가 2층으로 올라갔을 때 마르크스는 잠든 듯 조용히 죽어 있었다. 엥겔스는 프리드리히 조르게에게* 다음과 같이 전했다. "인류는 머리 하나만큼 키가 줄었습니다. 그것도 우리 시대에 가장 뛰어난 머리 하나만큼."

---

* 1869년 미국에서 국제노동자협회 뉴욕 지부를 창설한 독일 태생 사회주의자다. 1860년대부터 마르크스가 죽을 때까지 마르크스와 정기적으로 서신을 교환하던 사이였다.

마르크스 이전의 사회주의

마르크스는 19세기의 세 가지 주요 이데올로기 경향을 계승하고 완성한 천재였다. 그 세 가지는 당시까지 인류의 최고 선진국 세 나라의 대표적 이 데올로기, 즉 독일의 고전철학, 영국의 고전 정치경제학, 프랑스 혁명의 원 칙들과 결합한 프랑스 사회주의였다.

레닌은 1914년에 위와 같이 썼다. 마르크스는 최초의 사회주의자 가 결코 아니었다. 고대 그리스·로마 시대부터 사람들은 빈곤·착취· 억압이 없는 사회를 바라고 꿈꿨다. 그러나 19세기 전반이 돼서야, 특히 프랑스에서 사회주의는 대중의 지지를 받는 일관된 사상 체계 로 발전했다. 마르크스의 사상을 이해하려면 그의 선구자들과 그들 이 나타난 지적·사회적·정치적 맥락을 어느 정도 알아야 한다.

1789~1848년은 이른바 '이중 혁명'의 시대였다. 정치적으로는 1789년의 프랑스 혁명이 있었고 경제적으로는 산업혁명이 있었다.

산업혁명으로 '공장'이 출현했다. 공장은 점차 증기력 같은 인공적 동력원으로 가동되는 단일한 작업장이었다. 이 근본적으로 새로운 형태의 경제조직은 영국 섬유산업에서 시작돼 다른 경제 부문과 다른 나라들로 급속히 확산됐다. 산업화는 1830년대 유럽에서 철도 건설과 함께 가속도가 붙었고 1848년 혁명들이 패배한 뒤 대호황기에 다시 촉진됐다.

그 결과 맨체스터나 리옹 같은 거대한 산업 중심지와 크고 작은 도시들로 이뤄진 새로운 세계가 형성됐다. 그런 곳에 모여든 산업 노동계급이라는 새로운 계급을 마르크스는 프롤레타리아라고 불렀다. 이 산업 노동자들이 생활하고 노동하는 비참한 조건은 1840년대에 교양 있는 계급들 사이에서 점차 관심사가 됐는데, 그들의 관심은 박애 정신뿐 아니라 두려움에서 나온 것이기도 했다. 1831년에 리옹 직공들이 19세기에 처음으로 대규모 노동계급 반란을 일으킨 뒤에 한 프랑스 언론인은 다음과 같이 경고했다.

모든 제조업자는 마치 식민지의 대농장주가 100명의 노예를 거느리고 사는 것처럼 자기 공장에서 살고 있다. … 사회를 위협하는 야만인들은 캅카스나 타타르의 대초원에 있는 것이 아니라 우리의 산업 도시 주변에 있다.

산업 노동계급은 새로운 지배계급의 권력을 위협하는 요소였다. '이중 혁명'으로 확립된 부르주아지의 정치적 지배, 즉 산업과 상업의 부를 소유한 자들의 권력을 위협했던 것이다. 1789년까지 영국, 네덜란드 공화국, 스위스의 여러 주를 제외하면 유럽을 지배한 것은 절대왕정이었다. 인구의 압도 다수를 차지하는 농민은 억압적 국가권력의 지원을 받는 영주에게 경제적·정치적으로 종속돼 있었다.

1789년 프랑스에서 시작한 혁명은 이 체제를 파탄냈다. 혁명이 아직 끝나기도 전에 프랑스 국왕은 처형됐고 공화국이 선포됐고 자유·평등·우애가 모든 프랑스인의 권리로 선언됐고(비록 프랑스인 중에서 여성은 제외됐지만) 혁명군은 유럽의 이쪽 끝에서 저쪽 끝으로 이 공화국의 소식을 전파했다. 혁명이 나폴레옹 1세의 제국으로 변질되고, 1815년 나폴레옹의 최종 패배 후 오스트리아·러시아·프로이센이 신성동맹을 체결해서 역사의 시계 바늘을 거꾸로 돌리려고 애썼지만, 결코 1789년 프랑스대혁명의 영향을 완전히 없애지는 못했다. 19세기의 정치는 대부분 프랑스에서는 공화국을 복원하려는 노력과, 유럽의 다른 나라들에서는 프랑스 혁명의 성과를 모방하려는 노력과 관련 있었다.

[프랑스] 혁명은 제3신분, 즉 봉건제의 양대 신분인 귀족과 성직자 어디에도 속하지 않는 모든 사람들이 나랏일의 주요 결정권을 가져야 한다는 요구로 시작됐다. 그러나 혁명의 주된 수혜자는 [제3신분 가운데] 특정한 일부였다. 비록 파리의 평범한 사람들, 즉 상점 주인과 장인, 노동자 등이 혁명의 추진력을 제공했고 농민들이 공화국과 제국 군대의 병사가 됐지만, 1789~1815년의 격변에서 가장 강력한 세력으로 떠오른 것은 프랑스 부르주아지였다. 혁명은 그때까지 사회를 짓누르고 있던, 또 효율적 이윤 추구를 방해하던 봉건잔재들을 쓸어버렸다. 그리고 자본이 요구하는 서비스를 제공할 수 있고 아래로부터의 위협을 모두 분쇄할 수 있는 강력한 중앙집권적 관료제 국가를 만들어 냈다.

따라서 '이중 혁명'의 결과는 역설적이었다. 한편으로, 모든 사회 성원은 지위가 아무리 낮더라도 평등한 시민권을 누린다는 원칙이 확립됐다.(물론 완전히 실현되지는 않았다. 1인 1표 원칙이 확립된 것은 19세기가 아니라 20세기에 들어와서였다.) 다른 한편으로, 부와 경제력의 차이는 여전히 엄청났다. 산업혁명은 사회적·경제적 불평등의 형태만 바꿔 놨을 뿐이다. 영주와 농민에 자본가와 노동자가 추가된 것이다. 본질은 여전히 똑같았다.

그래서 정치적 평등이라는 외형과 경제적·사회적 불평등이라는 현실이 공존한 것이었다. 프랑스 혁명가들의 목표, 즉 모든 사람, 인류 전체를 해방한다는 목표는 달성되지 않았다. 일류 호텔에서 저녁 식사를 할 수 있는 권리가 있다 하더라도 그 밥값을 낼 돈이 없다면 무슨 소용이겠는가? 또는 아예 밥을 못 먹고 산다면? '이중 혁명'의 정치적 측면과 경제적 측면 사이의(자유·평등·우애의 약속과 산업자본주의의 실질적 불평등·착취 사이의) 이 모순에서 현대 사회주의 운동이 발전했다.

계몽주의

'이중 혁명' 전의 수십년은 봉건 질서의 옹호자들과 신흥 자본주의 사회의 지지자들이 격렬한 사상투쟁을 벌인 시기였다. 이 투쟁의 중심에는 이른바 계몽주의 운동이 있었다.

봉건제 시대의 유럽을 지배한 사상 체계 또는 이데올로기는 가톨릭교회의 철학자들이 만들었다. 그들은 가장 위대한 그리스 사상가 중 한 명인 아리스토텔레스의 사상을 기독교에 알맞도록 수정했다. 그 결과는 봉건영주와 국왕의 권력을 전혀 문제 삼지 않으면서도 많은 것을 자세히 설명할 수 있는 세계관이었다.

아리스토텔레스는 삼라만상에 **목적**이 있다고 생각했다. 그 목적에 따라 삼라만상은 세계 속에서 위치가 정해졌다. 그래서 예컨대 물체는 정지해 있는 것이 자연스럽다고 그는 주장했다. 즉, 운동과 변화는 물체를 건드려서 자연적 위치가 흔들렸을 때 나타나는 비정상적 현상이고 건드려진 물체는 본래 위치로 돌아가서 다시 정지해 있으려고 한다는 것이다.

개별적 존재의 목적과 그 자연적 위치는 서로 딱 들어맞아서 함께 우주의 질서를 형성한다고 아리스토텔레스는 주장했다.

이런 세계관은 두 가지 목적에 도움이 됐다. 첫째, 그것은 기독교의 신화, 즉 삼라만상을 신이 창조했다는 믿음의 세련된 버전을 제공했다. 모든 것에 목적이 있다는 생각은, 모든 것이 하나의 계획, 즉 어떤 특별한 목적이 있는 전지전능한 신의 계획에 꼭 들어맞는다는 것을 함의하기 때문이다. 둘째, 그런 세계관은 봉건사회의 구조와 잘 맞았다. 봉건사회에서는 귀족이든 길드 조합원이든 농노든 모든 사람은 저마다 정해진 지위가 있고 그 지위는 타고난 것이며 대대손손 이어졌다. 봉건 체제의 꼭대기에 왕이 있는 것은 우주의 중심에 신이 있는 것과 마찬가지였다. 이런 사상 체계에 따르면 모든 사람의 지위가 정해져 있는 안정되고 조화로운 봉건 질서는 신이 만든 우주의 안정과 조화를 반영했다.

그러나 두 가지 새로운 사건으로 말미암아 이런 사상 체계는 도전받기 시작했다. 그것은 과학의 발전과 새로운 계급의 성장이었다. 새로운 상인과 제조업자들, 즉 신흥 부르주아지의 권력은 그들이 통솔할 수 있는 무장 집단이나 그들이 소유한 토지에서 나오는 것이 아니라 화폐, 즉 '자본'을 통제하고 이윤을 창출할 수 있는 능력에서 나왔다. 그래서 그들은 자신들을 제약하는 봉건제가 못마땅했다. 그것은 마치 새로운 과학자들이 자신들이 관찰할 수 있는 세계와 봉건적 세계관이 점차 충돌하자 봉건적 세계관을 못마땅하게 여긴 것과 마찬가지였다.

갈릴레오·케플러·데카르트·보일·하위헌스·뉴턴과 관련해 17세기에 일어난 위대한 과학혁명을 이런 이데올로기 투쟁으로 환원할 수는 없다. 그러나 그것이 봉건 이데올로기에 매우 파괴적 영향을 미쳤다는 것은 분명하다. 이미 15세기 말에 코페르니쿠스는 아리스토텔레스의 생각과 달리 지구는 우주의 안정적 중심이 아니라 태양 주위를 돌고 있다고 주장했다. 갈릴레오는 훨씬 더 나아가서 관성의 법칙을 내놓았다. 관성의 법칙에 따르면 모든 물체는 자연 상태에서 정지해 있는 것이 아니라 운동하고 있다. 글을 아는 소수의 유럽인들은 모든 것이 운동하고 있고 지구는 단지 무한한 우주에서 작고 하찮은 행성에 불과하다는, 이상하고 새로운 세계로 갑자기 떠밀려 들어갔다. 17세기에 가톨릭교를 가장 세련되게 옹호한 사람 가운데 한 명인 블레즈 파스칼은 "이 무한한 우주의 침묵은 나를 두려움에 떨게 한다" 하고 썼다.

봉건 이데올로기의 아성인 종교재판소는 새로운 과학을 억압하고 분쇄하려 했다. 조르다노 브루노는 코페르니쿠스의 견해를 지지했다는 이유로 1600년에 화형당했고 갈릴레오는 브루노와 똑같은 꼴을 당할 것이라는 위협을 받은 뒤에 침묵했다. 그렇지만 100년이 지나자 브루노와 갈릴레오의 추종자들이 결국 승리했다. 아이작 뉴턴 경이 지은 《자연철학의 수학적 원리》는 20세기 초까지 유지된 물리학의 토대를 놓았다. 뉴턴의 물리학이 받아들여진 것은, 부르주아지가 뉴턴 물리학의 장점을 인정한 것만큼이나 그들이 1640년과 1688년 혁명의 결과로 영국에서 이데올로기적·정치적 우위를 획득한 것을 반영했다.

앞서 말했듯이 아리스토텔레스의 물리학은 목적의 관점에서 모든 것을 설명했다. 즉, 모든 물체는 신이 정해 놓은 올바른 위치가 있고, 이 자연적 위치가 건드려질 때만 운동하고, 다시 그 자연적 위치로 돌아오면 정지하게 된다는 것이다. 반면에 갈릴레오와 뉴턴의 물리학은 물체의 운동을 기계적으로 설명했다. 다시 말해 물체의 운동은 외부 힘의 작용에 달려 있다는 것이다. 그 전형적 사례는 갈릴레오의 자유낙하 법칙이다. 이 법칙에 따르면 자유낙하하는 물체는 무겁든 가볍든 1초당 9.8미터의 가속도로 떨어진다. 그 이유는 중력, 즉 훨씬 더 큰 물체인 지구가 끌어당기는 힘 때문이다.

새로운 과학은 유물론적이었다. 그 이론에는 목적도 없고 계획도 없고 신도 없었다. 다양한 물체들의 상호작용을 고려하기만 하면 세계를 이해할 수 있었다. 존재하는 것은 모두 물체뿐이라고 말하는 것은 자연스러운 추론이었다. 영혼, 천사, 악마, 신 자체(육체가 없는 모든 것, 즉 순수한 '정신적' 존재)는 결코 존재하지 않았다. 갈릴레오와 뉴턴을 비롯해 17세기의 위대한 과학자들은 대체로 그런 추론을 하지 않았지만 머지않아 다른 사람들은 그런 추론을 했다. 그래서 나폴레옹 1세가 어떤 프랑스 물리학자에게 "당신의 이론에서 신은 어떤 구실을 하는가?" 하고 물었을 때 그 물리학자는 "폐하, 저에게는 그런 가설이 전혀 필요하지 않습니다" 하고 대답했다.

분명히, 새로운 과학은 물리학에서 신과 목적을 쫓아내서 지배 이데올로기에 결정타를 날렸다. 그러나 논리적으로 다음 단계가 있었다. 그것은 새로운 과학의 방법을 자연 연구에서 사회 연구로 확장하는 것이었다. 그리고 실제로 1640~1660년의 영국 혁명 기간에 가장 위대한 부르주아 정치철학자인 토머스 홉스가 바로 그 단계로 나아갔다. 그의 유물론 때문에 홉스는 예수회한테서 "맘스버리[홉스가 태어나 자란 쾨의 악마"라는 욕을 먹었고 그를 계승한 사람들 어느 누구도 홉스만큼 멀리 나아가지는 못했다. 그러나 과학적 사회 연구는 바로 홉스의 걸작 《리바이어던》(1651)에서 시작했다.

그 출발점은 자연 연구에서 관성의 원리(에 따르면 자연 상태에서 모든 물체는 운동하고 있다)와 비슷한 어떤 기본적 원리를 찾는 것이었다. 이런 구실을 할 만한 후보로 그들이 내놓은 것은 인간의 열정이었다. 홉스와 계몽주의자들이 보기에 모든 사회 연구의 출발점은 인간 본성의 연구였다. 그리고 인간 본성은 변하지 않는 것으로 여겨졌다. 사람들의 열정, 즉 사람들을 행동하게 만드는 욕망과 성향은 모든 사회, 모든 역사 시대에 똑같았다는 것이다. 변하는 것은 오직 사회·정치 제도들이 그런 욕망이나 성향 추구를 더 쉽게 하거나 더 어렵게 하는 정도뿐이었다.

그 전의 정치 이론과 견주면 계몽사상은 엄청난 진보였다. 17세기에 로버트 필머 경은 왕이 아담과 이브의 정당한 계승자라는 사실에서 왕의 권력이 유래한다고 주장했다! 분명히, 인간 본성을 이해하려는 진지한 노력에서 출발하는 사회 연구는 그 따위 터무니없는 생각보다 한없이 더 우월했다. 더욱이, 사회가 사람들의 욕망과 성향에 얼마나 적합한지를 기준으로 그 사회를 판단해야 한다는 생각은, 모든 사람의 지위가 태어나기 전부터 미리 정해져 있는 봉건 질서를 전복하는 것이나 마찬가지였다.

그러나 계몽주의에는 세 가지 심각한 결함이 있었다. 가장 기본적인 것은 인간 본성을 변하지 않는 것으로 취급했다는 점이다. 더 나아가 계몽주의 철학자들은 인간 본성을 자본주의 사회에 사는 사람들의 특징인 이기적 행동으로 해석했다. 심지어 다양한 사회의 차이를 아주 잘 아는 사상가 집단인 스코틀랜드 역사학파의 지도자 애덤 퍼거슨조차 그렇게 생각했다.

퍼거슨은 중요한 책 《시민사회의 역사》(1767)에서 "본능적 욕망"은 "개인의 보존을 추구하는" 성향이 있다며 다음과 같이 썼다.

[이런 욕망 때문에] 개인은 소유의 대상을 파악하게 되고 그가 자기 이익이라고 부르며 돌보는 그 대상에 익숙해지게 된다. … 그는 재산을 마련하는 것에서 … 자신의 가장 큰 배려 대상과 자기 정신의 주요 우상을 발견한다. … 이런 영향 때문에, 시민사회의 법률로 억제하지 않는다면 [사람들은 — 지은이] 폭력과 비열한 짓이 난무하는 곳에서 살게 될 것이다. 그리되면 인류는 지구상에 사는 다른 어떤 동물보다 더 끔찍하고 혐오스럽거나 더 비열하고 경멸할 만한 처지에 있게 될 것이다.

둘째, 계몽주의의 인간 본성론은 대체로 인간의 정신에 관한 연구였다. 사람들의 경제적·사회적 지위보다 그들의 열정과 생각을 더 중요한 것으로 취급했다. 따라서 인간의 역사에 대한 계몽주의 철학자들의 견해는 관념론적이었다. 그것은 새로운 과학의 물질적 세계보다는 사상에 집중됐다. 다시 말해 옛사상을 버리고 새로운 사상을 받아들인 결과로 변화가 일어난다고 봤다.

이런 견해는 콩도르세의 책 《인간 정신의 진보에 관한 역사적 개요》에 잘 요약돼 있다. 책 제목이 모든 것을 말해 주듯이 콩도르세는 역사란 바로 "인간 정신의 진보"이고 사회는 지식이 확대되면서 개선된다고 봤다. 그는 이런 진보가 앞으로 한없이 계속될 수 있다고 믿었다.

이런 역사관은 계몽주의 철학자들의 정치 전략의 바탕에 깔려 있었다. 정치적 변화, 즉 절대왕정의 개혁이나 폐지는 사상투쟁의 결과로 일어날 것이다. 그것은 계몽의 결과다. 다시 말해 이성이 미신에,

과학이 신앙에 승리한 결과일 것이다. 계몽주의 철학자들은 사상의 구실을 강조하면서 조직적 종교를 진보의 주된 장애물로 봤다. 돌바크는 "전제정치는 미신의 작품"이라고 썼다. 따라서 이성의 힘만으로도 종교를 해체할 수 있고 그러면 절대왕정을 얼마든지 약화시킬 수 있을 것이다. 돌바크는 다음과 같이 말했다. "인간이 스스로 생각하기만 하면 사제의 제국은 무너지고 말 것이다."

이성의 무한한 힘에 대한 이런 믿음은 그 철학자들의 [사회적] 지위에서 비롯한 자연스러운 결과였다. 그들은 글자도 모르고 미신을 믿는(다고 그들이 생각한) 다수의 노동에 의지해 살아가는 극소수의 교양 있는 사람들이었다. 그들의 사회적 지위를 보면 계몽주의의 셋째 결함, 즉 엘리트주의를 이해할 수 있다. 볼테르는 엘베티우스에게 다음과 같이 썼다. "우리의 재단사와 구두 수선공이 [사제들의 — 지은이] 통치를 받는다 한들 그게 무슨 상관입니까? 중요한 점은 당신과 함께 사는 그 사람들이 철학자 앞에서는 눈을 아래로 깔아야만 한다는 것입니다. 철학자들이 사회를 운영하는 것이 국왕에게, 즉 국가에 이롭습니다."

계몽주의 철학자들은 결코 혁명가가 아니었다. 대다수는 프로이센의 프리드리히 대왕 같은 18세기의 '계몽 전제군주'에게 조언자 구실을 하는 데 만족했다. 그들이 원한 것은 기껏해야 영국 같은 입헌군주제였다. 그들이 1790년대까지 살아 있었다면 자신들의 활동이 봉건 이데올로기를 무너뜨린 것을 보고 몸서리쳤을 것이다. 그중 한 명인 콩도르세는 실제로 프랑스 혁명 때까지 살아남았는데 혁명의 와중에 단두대에서 죽었다.

이런 결함들에도 불구하고 계몽사상은 초기 사회주의자들에게 지적 틀을 제공하는 데서 필수적 구실을 했다.

공상적 사회주의

현대의 사회주의는 주로 프랑스에서 1789년 혁명의 여파로 나타났다. 현대 사회주의의 양대 흐름, 즉 콩트 드 생시몽, 샤를 푸리에, 로버트 오언의 공상적 사회주의와 그라쿠스 바뵈프, 오귀스트 블랑키의 혁명적 공산주의는 주로 혁명에 대한 태도 차이로 구별된다. 전자는 혁명을 거부했고 후자는 혁명을 완성하려 했다.

생시몽과 푸리에는 모두 프랑스 혁명을 경험했고 혁명의 결과로 많은 고통을 겪었다. 생시몽은 공포정치 기간에 투옥됐고 푸리에는 1793년 리옹 포위 때 파산했다.* 그래서 그들은 혁명이 폭력과 파괴를 부른다는 이유로 혁명적 행동을 거부했다. 더욱이, 혁명으로 오히려 빈부 격차가 확대됐기 때문에 그들이 내린 결론은 인간의 조건을 개선하는 수단으로서 정치적 행동은 가망 없다는 것이었다. 오직 평화적 선전만이 진짜 건설적인 변화를 달성할 수 있는 희망을 제공한

---

* 1793년 푸리에는 아버지의 유산으로 리옹에서 상사를 차렸는데, 리옹의 왕당파와 온건 공화파가 파리의 혁명정부에 맞서 반란을 일으키자 혁명정부는 군대를 보내 리옹을 두 달 동안 포위한 끝에 반혁명 세력을 철저하게 탄압했다.

다는 것이었다.

자유·평등·우애라는 혁명의 주장과 혁명 후 프랑스 사회의 자본주의적 현실 사이의 격차가 공상적 사회주의자들의 출발점이었다. 그들은 그때까지만 해도 자본주의의 경제적 무질서와 인간 욕구 억압에 대해 가장 강력한 비판을 전개했고 인간의 욕구가 실현되는 새로운 사회를 건설하려 했다.

공상적 사회주의가 계몽주의에 진 빚을 가장 분명히 보여 주는 사람이 푸리에다. 푸리에도 인간 본성 개념에서 출발했다. 그러나 계몽주의 철학자들은 이기심이 인간의 가장 기본적 본능이라고 주장한 반면에 푸리에는 그 범위를 크게 넓혔다. 그는 인간의 기본 열정이 12가지라고 보고, 인간은 물질적 만족뿐 아니라 사랑과 우정도 갈망하고, 다른 사람과 경쟁에서 이기는 것도 원하지만 아주 다양한 일이나 취미도 즐기고 싶어 한다고 설명했다. 이런 주장의 함의는, 계몽사상가들의 생각과 달리 자본주의는 인간 사회의 가장 자연스러운 형태가 아니라 가장 중요한 인간의 필요와 욕망 가운데 일부를 부정하기 때문에 가장 **부자연스러운** 형태라는 것이었다. 그래서 계몽주의는 전제정치와 미신을 비판한 반면, 푸리에는 '문명' 전체를 공격하기 시작했다(푸리에가 말한 문명은 계급사회였다).

공상적 사회주의자들은 당대 사회를 "사회적 지옥"이라고 비난하면서 그 대안으로 미래 사회의 비전을 제시했다. 그들의 견해를 단적으로 보여 준 것이 "인류의 황금시대는 우리의 뒤가 아니라 앞에 있다"는 생시몽의 말이었다. 푸리에도 미래의 사회주의 사회가 어떤 모습일지 매우 설득력 있게 설명했다(약간 모자란 소리처럼 들리는 부분도 있지만 말이다). 그는 새로운 사회를 '조화'라고 불렀는데, 이 사회의 기본 단위는 정확히 1620명이 함께 먹고 노동하고 생활하는, 주로 농업 공동체인 팔랑스테르였다. 푸리에의 멋진 노동 이론에 따르면 사람들은 각각 다양성과 모방에 대한 욕망을 충족시키기 위해 4시간마다 직업을 바꾸고 동료 노동자들과 집단적으로 경쟁할 것이다. 그러면 인간의 열정은 모두 실현될 것이다.

공상적 사회주의의 더 환상적인 견해들을 비웃는 것은 쉬운 일이다(푸리에는 '조화' 사회에서는 바닷물이 레모네이드로 바뀔 것이라고 믿었다). 그러나 중요한 점은 공상적 사회주의자들이 사회주의의 해방적 측면을 강조했다는 것이다. 계급사회가 사람들의 욕망과 능력을 억누르는 다양한 방식, 즉 경제적·정치적 억압뿐 아니라 문화적·성적 억압도 모두 그들의 새로운 사회에서는 사라질 터였다. 푸리에는 부르주아 가족을 가장 매섭게 비판한 사람이었고 여성해방의 옹호자였다. '페미니즘'이라는 말을 만들어 낸 사람도 푸리에였다.

물론 어떻게 문명에서 조화로 나아갈 수 있는지가 문제였다. 여기서도 계몽주의의 영향은 결정적이었다. 생시몽과 그 추종자들은 공상적 사회주의자들 중에서도 역사에 관심이 가장 많았는데, 콩도르세를 따라서 사회 변화는 "인간의 정신이 진보한" 결과라고 믿었다. 생시몽은 계급투쟁이 역사에서 하는 구실을 알고 있었다. 그래서 그는 당대 프랑스 사회를 기업인들과 무위도식하는 무리로, 즉 일하는 사람들과 그들의 노동에 기생하는 부자들로 나눴다. 그러나 생시몽은 변화가 새로운 과학적 발견의 결과로 일어난다고 믿었다. 생시몽의 추종자들은 모든 사람이 똑같은 신념을 공유하는 '통합'의 시대와 그러지 못해서 사회가 분열한 '위기'의 시대를 구분했다. 따라서 사상이 역사적 변화의 원동력이었다.

공상적 사회주의자들은 계몽 과정의 결과로 이성이 승리할 것이라고 믿었다. 교육, 즉 사회주의 사상의 점진적 확산을 통해 세계는 변혁될 것이라고 말이다. 그리고 공상적 사회주의자들은 특히 자본가들에게 호소했다. 푸리에와 생시몽은 모두 계급을 폐지하는 데 반대했다. 예컨대 푸리에는 계몽된 자본가들이 팔랑스테르에 돈을 대 주기를 바랐다. 그러면 그 자본가들은 문명의 해악을 제거할 뿐 아니라 상당한 투자 수익도 얻게 될 것이라고 푸리에는 믿었다. 일단 팔랑스테르가 몇 개 세워지면 그것들이 모범 사례로 널리 전파돼서 마침내 전 세계가 '조화'로 바뀔 것이라고 푸리에는 예상했다. 그는 심지어 투자자를 찾는다는 신문 광고까지 냈다. 즉, 자신이 매주 똑같은 시간에 특정 카페에 있을 테니 자신의 사업 계획에 관심이 있는 자본가는 찾아오시라는 내용의 광고였다(아무도 찾아오지 않았다).

1830~1840년대에 프랑스 노동계급 운동이 발전하기 시작하자, 새로운 사회에 자본을 위한 자리가 있을 것이라는 생각은 점차 비판을 받게 됐다. 생시몽의 추종자들은 사회주의의 분배 원칙은 "각자 능력에 따라 일하고 노동에 따라 받는다"일 것이라고 주장했다. 이것의 함의는 평균 이상의 재능과 기술을 가진 사람들은 남들보다 더 많이 받는다는 것이었다. 루이 블랑은 "각자 능력에 따라 일하고 필요에

따라 받는다"는 평등주의적 구호를 만들어 냈다.

에티엔 카베가 《이카리아 여행》(1840)이라는 소설에서 묘사한 매우 엄격한 유토피아에는 자본을 위한 자리가 전혀 없었다. 그렇게 해서 프랑스 공산주의가 생겨났고 카베의 지도 하에서 공산주의는 노동계급 대중의 지지를 받게 됐다. 카베는 비록 평등을 신봉했지만 결코 혁명가는 아니었다. 그는 다음과 같이 단언했다. "만약 내가 손에 혁명을 쥐고 있다면 꼭 붙잡아서 빠져나가지 못하게 할 것이다. 설사 그 때문에 내가 추방당해 죽게 되더라도 그럴 것이다." 이 점은 카베와 대립한 피에르 조제프 프루동도 마찬가지였다. 프루동은 공산주의자들이 생각한 중앙집중적 미래 사회, 즉 모든 것을 공동으로 소유하고 관리하는 사회를 거부했다. 프루동의 유토피아는 소농과 장인의 낙원이었다. 거기서 은행과 대자본은 폐지되지만 사유재산은 남아 있다. 그러나 카베와 마찬가지로 프루동도 사회주의는 평화적 선전의 결과로 도입될 수 있다고 믿었다.

말보다 행동을 더 좋아한 사람들도 있었다. 블랑키는 다음과 같이 말했다. "공산주의[카베의 사상을 뜻한다 — 지은이]와 프루동주의는 강둑에 서서 건너편에 있는 것이 옥수수밭인지 밀밭인지 논쟁한다. 우리가 건너가서 직접 확인해 보자."

마르크스 전에는 블랑키가 가장 위대한 대표자였던 혁명적 공산주의 전통은 프랑스 혁명 당시의 급진 공화주의 극좌파에서 유래했다. 프랑스 혁명이 절정에 이른 1793~1794년에 자코뱅이 단행한 중앙집권적 독재는 국내외의 적들에 맞서 프랑스를 구하고, 단두대를 사용해 내부의 반대파를 진압하고, 가격통제 같은 조처들로 시장의 자유로운 작동을 규제하다가 마침내 온건파에게 전복됐다. 1797년에 바뵈프와 '평등파의 음모' 동지들은 그런 혁명적 독재의 복원을 모의했다는 이유로 처형됐다. 이때 그들은 자코뱅보다 훨씬 더 멀리 나아가, 사유재산을 폐지하고 절대적 평등을 시행해서 자유·평등·우애의 이상을 실현하고자 했다.

블랑키는 공상적 사회주의자들을 따라서 자본주의를 매섭게 비판하고 스스로 공산주의라고 부른 미래 사회를 기대했다.

그러나 그는 또 바뵈프를 따라서 공산주의는 오직 기존 국가를 무력으로 전복하고 혁명적 독재를 수립해야만 달성할 수 있다고 믿었다. '프롤레타리아 독재'라는 표현을 만들어 낸 사람이 바로 블랑키였다. 그러나 그가 말한 프롤레타리아 독재는 프롤레타리아에 대한 독재였다. 블랑키는 지배 이데올로기, 특히 종교의 영향력 때문에 대중이 혁명을 능동적으로 지지할 수는 없을 것이라고 믿었기 때문이다. 권력은 노동계급이 스스로 장악하는 것이 아니라 노동계급을 대신해서 다른 사람들이 장악해야 했다. [프롤레타리아] 독재의 "첫째 의무"는 "인류의 암살자"인 모든 종교를 쓸어버리는 것이었다. 오직 이 임무가 달성된 뒤에야 노동자들은 공산주의를 받아들일 준비가 될 터였다.

블랑키의 전략은 분명히 사회주의가 출현하는 방식에 대한 그의 개념에서 나온 것이었다. 무장봉기를 조직하려면 직업 혁명가들의 비밀결사가 필요했다. 다시 말해 자본주의는 계몽된 소수의 행동으로 전복될 터였다. 블랑키와 생각이 같았던 독일의 빌헬름 바이틀링은 그 이유를 다음과 같이 설명했다.

사람들이 보통 제안하듯이, 모든 사람이 충분히 계몽될 때까지 기다리는 것은 그 문제를 완전히 포기한다는 뜻이다. 왜냐하면 모든 사람이 똑같이 계몽되지는 않을 것이기 때문이다. 적어도 사회적 불평등과 사적 이해관계 다툼이 계속 존재하는 한은 그럴 것이다.

블랑키는 자신의 신념에 따라 매우 일관되고 용감하게 행동했다. 1830년대에 그가 관여한 두 건의 음모는 1839년 5월의 무장봉기로 이어졌지만 그 봉기는 국가의 무력으로 쉽게 진압되고 말았다. 블랑키의 생애는 짧은 혁명적 활동 시기에 이어서 장기간의 투옥이나 망명이 되풀이되는 삶이었다. 1815~1880년 프랑스를 통치한 모든 정권이 블랑키를 투옥했다.

공상적 사회주의자들과 블랑키주의자들은 차이가 있었지만 계몽주의에서 물려받은 공통점도 있었다. 그들은 모두 역사적 변화가 사상투쟁의 결과라고 믿었다. 사회주의의 실현은 대중의 계몽에 달려 있을 터였다. 이런 생각은 자연히 엘리트주의로 이어졌다. 대다수 노동자와 농민은 분명히 계몽되지 않았으므로 사회적 변화는 오직 진실을 파악한 소수의 행동으로만 시작될 수 있었기 때문이다. 그 행동이 팔랑스테르를 세우는 형태를 취할지 아니면 무장봉기를 조직하는 형태를 취할지보다 더 중요한 사실은, 노동자들이 자신들의 해방을 수동적으로 지켜보기만 할 것이라고 생각했다는 점이다.

마르크스는 공상적 사회주의자들에 관해 다음과 같이 썼다.

계획을 세울 때 그들은 가장 고통받는 계급인 노동계급의 이익에 주로 관심을 기울이려고 노력한다. 그들에게 프롤레타리아는 오직 가장 고통받는 계급이라는 관점에서만 존재한다. 그런 종류의 사회주의자들은 자신들의 환경뿐 아니라 계급투쟁의 미발전 상태 때문에, 스스로 모든 계급 적대를 초월했다고 여긴다. 그들이 원하는 것은 모든 사회 성원의 조건을 개선하는 것이다. 심지어 가장 형편이 좋은 사람들의 조건조차 개선하고 싶어 한다. 따라서 그들은 계급을 구별하지 않고 습관적으로 사회 전체에 호소한다. 아니, 지배계급에게 먼저 호소한다. 일단 사람들이 그들[공상적 사회주의자들]의 체계를 이해하기만 하면, 그것이 실현 가능한 최상의 사회 상태를 만들 실현 가능한 최상의 계획임을 어찌 모를 수 있겠는가? [하고 그들은 생각한다.][1]

블랑키는 계급 협력을 신봉하는 사람이 결코 아니었다. 직업을 묻는 질문에 그는 "프롤레타리아"라고 대답했다. 그는 노동계급 대중의 지지를 받았다. 그러나 공상적 사회주의자들과 마찬가지로 그의 전략도 "계급투쟁의 미발전 상태"를 반영했다. 19세기의 [프랑스] 정권들이 대부분 매우 억압적이었고, 프랑스 산업의 발전이 더뎌, 여전히 소규모 작업장이 대세였기 때문에, 노동계급의 집단적인 경제적 힘에 바탕을 둔 공개 조직이 불가능하지는 않더라도 힘들었고 지하활동이 필수적이었다. 그러나 그 결과 노동자들을 대하는 [블랑키의] 태도는 공상적 사회주의자들과 놀라울 만큼 비슷했다. 혁명적 공산주의자들이든 평화적인 공상적 사회주의자들이든 모두 노동계급을 변화의 주체가 아니라 객체로 본 것이다.

3

리카도, 헤겔, 포이어바흐

공상적 사회주의자들은 자본주의 '문명'을 탁월하게 비판했고 '조화'라는 미래의 공산주의 사회에 대한 약간 놀라운 예측을 했다. 그러나 그들에겐 약점도 있었는데 전자에서 후자로, 즉 자본주의에서 공산주의로 어떻게 나아갈지를 현실적으로 이해하지 못했다는 것이다.

프랑스 사회주의자들은 여전히 계몽주의의 포로였다. 그들의 유물론은 사회로 확장되지는 않았다. 그들은 여전히 역사를 "인간 정신의 진보"로 봤다. 더욱이, 블랑키든 공상적 사회주의자들이든 자본주의 자체를 과학적으로 분석하지는 못했다. 그들이 더 나아가려면 두 가지 방법이 필요했다. 첫째는 계몽주의보다 우월한 새로운 과학적 방법이었고 둘째는 자본주의를 더 잘 이해하는 것이었다. 이런 요소들을 제공한 것은 마르크스주의의 다른 두 가지 원천, 즉 독일 고전철학과 영국 정치경제학이었다. 여기서는 영국 정치경제학부터, 특히 그중에 가장 위대한 대표자인 데이비드 리카도부터 다루고자 한다.

시민사회 해부

계몽사상가들은 국가와 시민사회를 구별했다. 그리고 국가는 모든 시민의 공동 이익을 대표한다고 주장했다. 반면에 시민사회는 국가 밖의 영역이고 여기서 개인들은 저마다 사적인 경제적 이익을 추구한다는 것이었다. 국가가 없으면 사회는 붕괴해서 혼란에 빠질 것이라는 데 모두 동의했다. 그들은 인간이 본래 공격적이고 탐욕스럽고 이기적이고 폭력적이라고 가정했다. 만약 국가가 나서서 인간을 규제하지 않고 가만히 내버려 둔다면 그 결과는 홉스가 《리바이어던》에서 "만인에 대한 만인의 투쟁"이라고 묘사한 끔찍한 모습이 될 것이라고 봤다.

당시 경제학의 정설은 [경제적] 번영이 국가의 개입에 달려 있다고 주장했다. 예컨대 제임스 스튜어트 경은 가격이 생산비보다 더 높은 수준에서 고정되도록 정부가 개입해야만 자본가들은 투자에서 이윤을 얻을 수 있을 것이라는 점을 입증하고자 했다. 이 이론은 17~18세기에 국가가 국민들의 경제활동을 엄격히 통제한 방식과 딱 들어맞았다.

고전 정치경제학자들로 알려진 사상가들은 인간 본성이 경쟁적이고 이기적이라는 가정을 다른 경제학자들과 공유했다. 그러나 그들은 국가가 개입하지 않고 개인들이 저마다 자기 이익을 추구할 수 있어야 경제가 가장 잘 돌아갈 것이라고 주장했다.

애덤 스미스는 스코틀랜드 역사학파의 가장 위대한 인물이었고

1776년에 쓴 《국부론》에서 국가가 경제에 개입하는 것은 해로울 뿐이라고 주장했다. 개인들이 저마다 사적 이익을 추구하도록 내버려 둔다면 사회의 모든 자원이 완전히 사용되는 경제적 균형이 이뤄진다는 것이었다.

애덤 스미스는 산업혁명의 주요 중심지 가운데 하나인 글래스고의 대학 교수였고 글래스고의 산업·상업 부르주아지와 아주 가까운 사이였다. 그는 국가의 간섭을 불필요한 것으로 여겨 참지 못하게 된, 혁신적이고 자신감 넘치는 자본주의의 대변자로서 《국부론》을 썼다.(그러나 스미스는 영국 자본가들이 식민지 무역을 독점할 수 있게 해 준 항해조례 같은 정부 정책에는 반대하지 않았다. 왜냐하면 이런 정책들은 자신이 대변하는 계급에게 이롭다고 여겼기 때문이었다.)

'시장' 개념은 애덤 스미스의 사상에서 핵심이었다. 그가 말한 부는 사고팔리는 생산물, 즉 상품의 엄청난 집적이었기 때문이다. 그러므로 이런 생산물이 사고팔리는 가격을 규제하는 요인들을 규명하려고 노력하는 것, 즉 이런 생산물의 가치를 규명하려고 노력하는 것은 당연한 일이었다. 스미스는 수요와 공급이 그런 요인이라고 봤다. 특정한 생산물이 그것을 원하는 사람들보다 더 많다면 가격은 떨어질 것이고 그러면 사려는 사람이 늘어날 것이라고 스미스는 말했다. 반면에 생산물의 양보다 그것을 사려는 사람들이 더 많다면 가격은 오를 것이고 그러면 일부는 구매를 포기할 것이다.

스미스의 가치론은 모든 상품에 '자연' 가격이 있다는 생각에 바탕을 두고 있었다. 자연 가격은 수요와 공급이 균형을 이룰 때 상품이 팔리는 가격이다. 그렇다면 사회의 3대 계급, 즉 자본가·노동자·지주는 이 가격에서 그 '자연적' 비율에 따라 자신들의 소득(각각 이윤·임금·지대)을 얻게 될 것이다.

스미스의 자연 가격 개념에는 매우 중요한 세 가지 함의가 있었다. 첫째, 자본주의 경제는 저절로 균형을 이루는 경향이 있다는 생각이다. 즉, 수요와 공급의 힘은 균형을 이루는 경향이 있어서 상품은 그 '자연' 가격대로 팔리게 된다는 것이다. 스미스의 추종자 중 한 명인 장바티스트 세는 심지어 수요와 공급은 항상 서로 일치할 것이므로 상품이 팔리지 않아서 경제 위기가 일어나는 일은 불가능하다는 것을 증명하려고까지 했다.

둘째, 스미스의 가치론은 **자본주의 경제의 비밀**을 드러냈다. 이전의 경제학자들은 자본가, 장인, 노동자를 구별하지 않았다. 스미스의 독창성은 자본가를 별개의 계급으로 취급했다는 점이다. 즉, 자본가는 토지 지대나 노동 임금과는 완전히 다른 소득 형태인 이윤을 얻는 독립적 계급이라는 것이었다.

셋째, 스미스가 보기에 자본주의는 **자연스러운 것**이었다. 18세기의 저술가들에게 자연스럽다는 것은 '좋다'는 뜻이었다. 많은 계몽사상가들은 기존 사회가 인위적이고 인간 본성에 맞지 않는다는 근거로 사회를 비판했다. 그중에서 가장 중요한 사람은 장자크 루소였다. 그는 초기 단계의 사회에서는 사람들이 작고 목가적인 농촌공동체에서 살았던 반면에(루소는 그렇게 생각했다), 분업과 화폐·상업의 출현 이후부터 '자연스럽지 않은' 빈부 격차가 나타났다고 주장했다.

그러나 정치경제학자들이 보기에 자연스러운 사회는 역사의 초기에 존재한 것이 아니라 산업혁명으로 출현한 자본주의였다. 스미스는 분업이 "인간 본성의 특정 경향", 즉 "이것과 저것을 거래하고 맞바꾸고 교환하려는 경향"에서 유래한다고 주장했다. 시장·화폐·상업은 루소의 주장처럼 인간 본성에 어긋나는 것이 아니라 인간 본성에서 비롯하는 것이라고 스미스는 말했다.

토머스 로버트 맬서스는 이런 경향을 훨씬 더 멀리 밀고 나아갔다. 맬서스가 악명 높은 책 《인구론》(1798)을 쓴 것은 콩도르세를 비롯한 계몽사상가들을 논박하기 위해서였다. 인류가 스스로 상황을 한없이 개선할 수 있다는 계몽사상가들의 낙관적 신념이 프랑스혁명에 영감을 줬기 때문이다(맬서스는 영국국교회의 성직자였고 그의 경제 저작들은 영국 지주 귀족의 이익을 옹호하는 데 기여했다).

맬서스의 인구 원리(는 극도로 빈약한 사실들을 근거로 삼고 있다)에 따르면, 인구는 기하급수적으로 증가하는 반면 식량 생산은 산술급수적으로 증가한다는 것이 자연법칙이므로 사회는 자연히 그 자원의 한계를 넘어설 수밖에 없다. 맬서스는 만약 대중의 생활 수준이 생존 수준보다 높아지면 사람들은 아이를 더 많이 낳을 것이고 그러다가 인구와 식량 생산 사이의 불균형 때문에 생활 수준이 생존 수준 이하로 떨어지고 기아와 질병이 확산되면 과잉인구가 제거돼서 다시 균형이 회복될 것이라고 주장했다.

따라서 맬서스는 대중의 생활 수준을 개선하려는 노력은 모두 '자

연법칙' 때문에 실패할 수밖에 없다고 봤다. 자유·평등·우애에 바탕을 둔 사회를 만들려는 노력은 모두

지금까지 알려진 모든 국가에서 유행한 계획과 본질적으로 다르지 않은 계획에 따라 건설된 사회(소유자 계급과 노동자 계급으로 분열되고, 거대한 기계에 집착하는 사회)로 순식간에 변질되고 말 것이다. 그것은 인간의 제도에 문제가 있기 때문이 아니라 필연적 자연법칙 때문이다.

따라서 자본주의는 자연스럽다. 자본주의를 폐지하려는 시도는 모두 순전한 망상에 바탕을 두고 있[다고 맬서스는 주장했]다. 19세기의 자본가들과 자본주의 옹호자들이 맬서스의 인구론을 들먹이며 노동자들에게 겨우 입에 풀칠할 수준의 임금을 지급하는 것을 정당화한 것도 당연하다.

정치경제학이 비록 자본주의의 존재를 정당화하는 데 기여하기는 했지만, 그래도 마르크스가 말했듯이 "계급을 경제적으로 해부하는"[1] 작업을 처음으로 진지하게 시작한 것은 사실이다. 특히 데이비드 리카도가 그랬다. 그의 책 《정치경제학[과 과세]의 원리》(1817)는 두 가지 결정적 측면에서 애덤 스미스를 뛰어넘었다. 첫째, 리카도는 "한 상품의 가치, 즉 그것과 교환되는 다른 상품의 양은 그 상품을 생산하는 데 필요한 상대적 노동량에 달려 있다"고 주장했다. 사실상 이 노동가치론을 토대로 마르크스는 자본주의를 분석하게 된다.

스미스는 상품의 '자연' 가격이 그 구성 요소인 임금·이윤·지대의 '자연적' 비율에 따라 결정된다고 여기는 경향이 있었다. 반면에 리카도는 가치, 즉 자연 가격이 그 상품을 생산하는 데 필요한 노동에 따라 결정된다고 생각했다. 따라서 자본가·노동자·지주는 이 가치의 분배를 놓고 서로 싸울 수밖에 없다.

둘째, 이런 노동가치론의 분명한 결론으로 노동자·자본가·지주의 이해관계는 적대적이라는 점을 지적했다. 리카도는 "이윤의 하락 없이 노동의 가치가 상승할 수는 없다"고 주장했다. 따라서 임금과 이윤은 반비례 관계이므로 자본의 이익은 노동의 손실이고 그 반대도 마찬가지다. 더욱이, 지대는 상품의 가치에서 공제되는 것이므로 "지주의 이해관계는 항상 다른 모든 사회 계급의 이해관계와 반대된다."

이런 가치·이윤 이론은 계급투쟁, 특히 사회적 생산물의 분배("국민 전체가 만든 파이"를 누가 얼마나 가져갈 것인지)를 둘러싼 투쟁을 자본주의 사회의 핵심에 놓았다는 점에서 중요하다.

정치경제학의 이런 재구성은 어느 정도는, 성공한 국회의원이자 금융업자인 리카도가 19세기 초 영국 자본주의의 실천적 문제들을 검토할 틀을 찾으려는 노력으로 봐야 한다. 당시는 계급투쟁이 격렬한 때였다. 장인들이 새로운 기계를 섬유산업에 도입하자 직공들은 기계를 파괴하는 러다이트운동으로 저항했다. 그와 동시에 영국 지주들을 대외 경쟁에서 보호하려는 곡물법 때문에 식량 가격이 높게 유지되자 노동자와 공장 소유자가 힘을 합쳐 곡물법 반대 투쟁을 벌이기도 했다. 1815년에 처음 출판한 주요 논문에서 리카도는 식량 가격이 떨어지면 임금도 낮아지고 따라서 이윤은 증가한다는 것을 증명하려 했다. 그의 정치경제학은 당시 정치적 지배 세력인 지주 귀족의 이익에 맞서 산업 부르주아지의 이익을 옹호했다(반면에 그의 친구인 맬서스는 지주 귀족의 이익을 옹호했다).

그렇지만 마르크스가 나중에 지적했듯이 "리카도의 개념이 대체로 산업 부르주아지에게 이로운 것은 오직 산업 부르주아지의 이익이 생산의 이익이나 인간 노동의 생산적 발전과 일치하기 때문이고, 그런 한에서만이다. 부르주아지가 이것과 충돌하면, 리카도는 다른 때 프롤레타리아나 귀족을 가차 없이 비판한 것과 마찬가지로 부르주아지도 가차 없이 비판한다."[2] 예컨대 1821년에 출판된 《정치경제학(과 과세)의 원리》 3판에서 리카도는 기계를 다룬 장을 하나 추가해서, 기술 진보로 말미암아 실업이 일어날 수 있다는 것을 보여 줬다. 그의 제자 J R 매컬럭은 겁에 질려서 "선생님의 추론이 … 충분한 근거가 있다면 러다이트를 금지한 법률은 법령집의 수치가 될 것입니다" 하고 항의했다. 이것은 마르크스가 리카도의 "가차 없는 과학적 태도"로[3] 묘사한 사례인데, 바로 이런 태도 때문에 리카도 추종자들은 점차 그의 가치·이윤 이론을 포기하게 됐을지 모른다.

그렇지만 리카도는 다른 정치경제학자들과 기본적 가정들을 공유했다. 그는 계급투쟁이 사회적 생산물의 분배를 둘러싸고 벌어진다고 생각했다. 사회가 생산수단(공장과 기계)을 소유한 자본가계급과 오직 노동력(힘과 기술)만을 소유한 노동자 계급으로 나뉘는 것을 리카도는 자연스럽다고 생각했다.

마찬가지로 리카도도 이후의 마르크스처럼 이윤율이 저하하는 경향이 있다고 생각했지만 그 이유를 사회의 밖에서 찾았다. 그는 맬서스를 좇아서, 인구가 식량 생산보다 더 빠르게 증가하기 때문에 농업의 노동생산성은 시간이 흐르면 하락한다고 주장했다(이른바 '수확 체감의 법칙'). 그 결과로 노동자들이 생존하는 데 필요한 생존 임금이 오를 것이고 그러면 이윤이 감소해서 마침내 사회의 생산이 더는 성장하지 않는 '정지 상태'에 이를 것이[라고 리카도는 생각했]다. 그래서 마르크스는 리카도가 "경제학에서 유기화학으로 도피한다"고[4] 썼다.

이런 약점의 근원은 고전 경제학자들이 여전히 계몽사상가들과 공유한 역사관이었다. 고전 경제학자들이 역사적 변화를 모르지는 않았다. 오히려, 스코틀랜드 역사학자들과 프랑스 경제학자 튀르고는 인류의 발전을 4단계로, 즉 수렵·목축·농업·상업 단계로 구분하고 각 단계는 전보다 더 진보한 것이라고 생각했다. 그러나 그들은 '상업'이 인류 역사의 마지막 단계라고 봤다(그들이 말한 상업은 자본주의였다). 자본주의는 "거래하고 맞바꾸려는" 욕구를 타고난 인간의 본성과 일치하므로 '자연스러운' 것이고 따라서 이제 더는 [역사적] 변화는 없을 것이라고 그들은 말했다.

마르크스는 이런 태도를 다음과 같이 요약했다.

경제학자들에게는 단 하나의 방법만 있다. 그들이 아는 제도는 오직 두 가지, 즉 인위적 제도 아니면 자연적 제도뿐이라는 것이다. 봉건제의 제도들은 인위적인 것이고, 부르주아지의 제도들은 자연적인 것이다. … 경제학자들이 오늘날의 [사회]관계, 즉 부르주아 생산관계는 자연적인 것이라고 말할 때, 그들은 부르주아 생산관계에서는 부가 자연법칙에 따라 창출된다는 의미로 그렇게 말하는 것이다. 그러므로 이 관계는 시간의 영향을 받지 않는 그야말로 자연법칙이다. 그것은 사회를 항상 지배해야 하는 영원한 법칙이다. 따라서 지금까지는 역사가 있었지만 이제는 없을 것이다.[5]

헤겔과 변증법

고전 정치경제학이 처한 상황은 독특했다. 고전 정치경제학자들은 '이중 혁명'으로 나타난 사회의 핵심에 있는 모순, 즉 자본과 노동 사이의 근본적 이해관계 충돌을 들춰냈다. 그러나 이 사실을 발견하고 나서는 역사적 과정을 중단시키고 싶어 했다.

이런 관점에는 분명한 정치적·이데올로기적 이유가 있었다. 그러나 그것은 계몽주의의 주된 지적 약점을 반영하는 것이기도 했다. 그 약점이란 역사적 변화가 왜, 어떻게 일어나는지를 설명할 수 있는 개념이 전혀 없었다는 것이다. 앞서 봤듯이 계몽사상가들은 역사를 인간의 이성이 전개된 것이라고 생각했다.

이런 약점은 계몽사상의 바탕에 있는 기계적 유물론의 한계에서 비롯했다. 갈릴레오와 뉴턴의 물리학은 물체의 운동을 외부의 힘, 예컨대 중력이 작용한 결과로 설명했다. 그러나 그런 이론은 살아 있는 유기체에 적용하면 별로 만족스럽지 않다. 도토리가 커서 떡갈나무가 될 때 겪는 변화는 외부의 힘이 작용한 결과로 보이지 않는다. 살아 있는 것은 발전 과정을 겪는다. 생겨나고 자라고 늙어서 죽는다. 이 과정은 유기체가 외부에서 받는 압력 때문이 아니라 유기체 고유의 본성에서 비롯한 것처럼 보인다.

기계적 유물론이 발전과 변화를 설명하지 못했기 때문에 18세기 말에는 특히 독일에서 이른바 '자연철학'이 등장했다. 이 학파는 자연에 존재하는 것은 모두 상호작용하는 물체라는 사상에 도전했다. 그들의 실제 이론은 보통 신비주의적이고, 반동적이거나 퇴영적이었고, 세계는 어쨌든 신이 계획한 것이라고 암시하는 목적 개념을 들먹이는 것이었다. 나중에 과학이 발전한 덕분에(다윈의 진화론, 세포의 발견, 멘델의 유전학) 우리는 이제 살아 있는 유기체가 어떻게 작용하는지를 신에 의지하지 않고도 설명할 수 있다.

그러나 자연철학의 등장이 중요한 이유는 사람들로 하여금 사회 자체를 서서히 변화·발전하는 유기체로 보도록 권장했기 때문이다. 기계적 유물론이 암시한 사회의 모습은 고립된 개인들이 저마다 다른 사람과 무관하게 자신의 이익을 추구하면서 모여 있는 그런 곳이었다. 그러나 사회를 유기체로 본다는 것은 두 가지를 의미했다. 첫째, 개인들은 사회 밖에서 살 수 없다. 즉, 인간은 고립된 개인이 아니라 사회적 동물이다. 둘째, 생명체가 성장하고 쇠퇴하는 것이 자연스럽듯이 사회에 역사가 있는 것도 자연스럽다. 즉, 사회는 오직 역사적으로만 이해할 수 있다.

게오르크 빌헬름 프리드리히 헤겔은 이런 사회관을 가장 웅장한 철학 체계의 토대로 삼았다. 그리고 헤겔의 철학 체계의 핵심에는 변증법이 있었다. 변증법은 역사적 과정을 이해하는 데 토대가 되는 사고방식이었다.

변증법의 바탕에는 두 가지 가정이 있었다. 첫째, "모든 것은 그 자체로 모순된다." 둘째, "모순은 모든 운동과 생명의 뿌리에 있고, 어떤 것이 운동하고 추진력과 활기를 갖고 있는 것은 오직 모순을 내포하는 한에서다."

헤겔이 말한 모순을 이해하기 위해 도토리와 떡갈나무 이야기로 돌아가 보자. 도토리는 떡갈나무가 되면 더는 도토리가 아니다. 떡갈나무는 도토리와 다르다. 떡갈나무는 그 도토리가 아니다. 헤겔의 표현을 빌리면 떡갈나무는 도토리의 부정이다.

그러나 도토리 안에는 떡갈나무가 될 수 있는 잠재력이나 가능성이 들어 있다. 도토리는 그 안에 자신의 부정을 포함하고 있고 따라서 모순된다. 오직 이 모순 때문에 도토리는 자랄 수 있다고 헤겔은 말했다. 사실 이런 모순은 모든 사물에 존재한다. 현실은 사물들 안에 있는 부정이 계속해서 겉으로 드러나고 사물을 변화시키는 과정이다. 현실은 변화다.

헤겔은 여기서 한 걸음 더 나아간다. 어떤 것이 자신을 부정하면 그 대립물로 바뀐다고 그는 말한다. 이 과정의 유명한 예는 헤겔이 양질 전환이라고 부른 것이다. 이것이 뜻하는 바는, 작은 [양적] 변화가 계속되더라도 어느 지점까지는 사물의 기본 성격이 바뀌지 않지만 그 지점을 넘어서게 되면 완전히 변한다는 것이다. 예컨대 물의 온도를 서서히 낮추면 처음에는 이렇다 할 변화가 일어나지 않다가 섭씨 0도에 이르면 물이 얼게 되고 그러면 액체가 고체로 바뀐다. 얼음을 녹여서 물의 온도를 서서히 높여 보라. 다시 처음에는 이렇다 할 변화가 없다가 섭씨 100도에 이르면 물이 증발하고 그러면 액체가 기체로 바뀐다. 이렇게 물의 온도에서 일어난 양적 변화가 질적 변화로 이어지는 것이다. 헤겔의 표현을 빌리면 양이 그 대립물인 질로 바뀌는 것이다.

그러나 헤겔은 이런 외관상의 대립 밑에는 근본적 통일성이 있다고 말한다. "전자도 후자도 진리가 아니다. 진리는 그것들의 운동이다."

헤겔이 말하려 한 것을 이해하기 위해 도토리와 떡갈나무 이야기로 돌아가 보자. 도토리와 떡갈나무는 분명히 다르고 서로 구별된다. 그런 의미에서 둘은 서로 대립물이다. 그렇지만 떡갈나무는 도토리에서 발전해 나온 것이다. 떡갈나무는 한때는 도토리였다. 도토리와 떡갈나무는 똑같은 과정의 시작과 끝이다.

더 분명히 하기 위해 다른 예를 들어 보자. 70세의 노인은 생후 1주일 된 갓난아이였을 때의 그와 분명히 다르다. 그러나 둘은 사실 똑같은 한 사람이다. 노인은 한때 그 갓난아이였고 70년을 살면서 많은 변화를 겪었지만 둘 사이에는 근본적 동일성이 있다.

그래서 헤겔은 더 일반적으로 주장하기를, 우리가 개별 사물들에만 집중하면 그것들의 차이만 보게 된다고 했다. 그러나 우리가 변증법의 관점에서 사물들을 바라보게 되면 그것들이 모두 똑같은 과정의 일부라는 사실을 알게 된다는 것이다. "진리는 전체다." 우리가 사물을 변화 과정의 계기로 볼 때만 그 진정한 의미를 파악할 수 있다.

헤겔의 새로운 철학적 방법, 즉 사물을 보는 새로운 방식인 변증법에는 세 단계가 있다. 첫째, '단순한 통일성'은 대상에 어떤 변화도 일어나기 전에 우리가 보는 대상 그 자체다. 둘째, '부정'은 대상이 그 대립물로 바뀐 단계다. 셋째, '부정의 부정'은 이 대립물들이 더 발전된 통일성 속에서 조화를 이룬 단계다.

지금까지 나는 헤겔의 변증법을 간단히 설명하기 위해 약간 진부한 사례들을 들었다. 그러나 헤겔 자신은 오직 사상과 사회만이 참으로 변증법적이라고 생각했다. 헤겔 자신의 목적은 모든 자연현상과 인류 역사의 단계가 단지 그가 말한 '절대정신'의 여러 측면일 뿐이라는 것을 보여 주는 것이었다. 이 '절대정신'은 사실 '신'을 다르게 부른 것일 뿐이다.

헤겔은 모든 것이 신의 무한한 정신 속에 존재한다고 믿었다. 헤겔 철학 체계의 원대한 계획은, 변증법의 첫 단계에서 '단순한 통일성'이었던 신이 둘째 단계에서 그 부정인 자연으로 바뀌고 셋째 단계에서는 인간의 의식과 지성의 발전을 통해(그 절정이 헤겔 자신의 철학이다) 신과 자연이 통일된다는 것을 보여 주는 것이었다.

헤겔은 인간의 의식도 비슷하게 설명했다. 인간의 정신은 처음에 자연과 분리돼 있다고, 즉 자신의 것이 아닌 세계 속에서 고립돼 길을 잃고 헤매고 있다고 생각한다. 이것을 두고 헤겔은 소외라고 불렀다. 이 소외는 인간의 의식이 성장하면서 극복된다. 인간의 의식과 자연이 모두 더 넓은 통일성(헤겔이 말한 절대정신, 즉 신)의 여러 측면에 불과하다는 것을 깨달으면서 극복된다는 것이다. 헤겔은 사실 역사를 "인간 정신의 진보"로 보는 계몽주의 역사관에 여전히 얽매여 있었다. 단지 이것을 신의 정신, 즉 절대정신의 진보로 끌어올렸을 뿐이다. 그래서 헤겔은 "역사는 사건들이라는 형식으로 치장한 정신"이라고 썼다. 그리고 그 토대 위에 엄청난 철학 체계를 구축했고 그 체계의 개요를 몇 권의 두꺼운 책에서 서술했다. 헤겔 자신의 결론은 대부분 근본적으로 퇴영적이었고 따라서 여기서 그것들을 다룰 필요는 없다. 그의 **방법**, 즉 세계를 보는 새로운 변증법적 방법이야말로 그가 이룩한 진보였다.

헤겔의 변증법은 모든 것 속에 모순이 있다는 점을 강조했다. 그 사실이 뜻하는 바는 그가 자기를 둘러싼 사회에서 모순을 실제로 봤다는 것이다. 그러나 그가 제안한 해결책은 반동적이고 퇴영적이었다. 헤겔은 《법철학》(1821)에서 시장경제를 규제하지 않고 그대로 놔두면 빈곤, 정체, 사회적 불안을 낳을 것이라고 주장했다. 부르주아 사회질서의 적대감을 극복할 수 있는 것은 오직 그 사회질서에서 독립적인 국가, 프로이센 왕정의 관료적·반#봉건적 구조를 가진 국가뿐이라고 그는 말했다.

결국, 헤겔은 대립물이 '절대자' 속에서 조화를 이룬다고 믿었기 때문에 현상 유지를 설파하게 됐다. 그의 '변증법'에서 혁명적 결론을 끌어내는 일은 다른 사람들의 몫으로 남았다.

포이어바흐가 헤겔을 똑바로 세우다

헤겔의 사상에 따르면 모순은 "모든 운동과 생명의 뿌리에 있고" 변화와 운동만이 유일한 현실이다. 이것을 사회에 적용하면 매우 체제 전복적인 사상이 된다. 그 의미를 엥겔스는 다음과 같이 설명했다.

역사에서 잇따라 나타난 사회제도들은 모두 인간 사회가 낮은 단계에서 높은 단계로 발전하는 끝없는 과정의 일시적 단계일 뿐이다. 각 단계는 필연적이고, 따라서 그 단계를 발생시킨 시대와 상황에서는 정당하다. 그러나 그 내부에서 새롭고 더 높은 단계의 조건들이 출현해 발전하면, 기존 단계는 타당성과 정당성을 상실한다. 그것은 더 높은 단계로 대체돼야 하고, 이 높은 단계도 다시 쇠퇴하고 소멸하게 된다.[6]

이것이 뜻하는 바는 자본주의가 역사의 마지막 단계일 수 없고 그저 하나의 단계일 뿐이며 그 안에 자기모순이 들어 있다는 것이다. 바로 이 점을 염두에 두고 19세기의 러시아 혁명가 알렉산드르 헤르첸은 "헤겔 철학은 혁명의 대수학이다" 하고 썼다.

그러나 헤겔은 모든 것을 거꾸로 세워 놨다. 그는 자연과 역사에서 변증법적 과정이 전개되는 것을 발견했다. 그는 이 모든 것의 공통점을 분리해 내려고 했다. 그런 다음 이 공통의 특징들을 자기 논리학의 토대로 삼았다. 결국 그는 이런 논리적 범주들 자체가 현실 세계의 생명과 운동의 원인이라고 주장했다. 변증법은 세계를 이해하는 방법, 즉 사고방식에서 [현실을] 지배하는 요인 자체로 격상됐다. 기독교 성경에서 신이 세계를 창조했듯이 사고가 현실을 창조한다고 헤겔은 말했다.

그래서 마르크스는 다음과 같이 썼다. "헤겔은 현실적인 것을 사고의 산물로 생각하는 환상에 빠졌다. … 그러나 현실의 대상은 두뇌 밖에 자립적으로 존재한다."[7] 또 마르크스는 다음과 같이 말했다. "헤겔의 변증법은 거꾸로 서 있다. 신비한 껍질 속에 들어 있는 합리적 핵심을 찾아내려면 그의 변증법을 바로 세워야 한다."[8]

다른 모든 사고의 산물과 마찬가지로 변증법의 범주들도 단지 현실의 물질 세계를 반영할 뿐이다. 그것들은 물질 세계를 이해하는 도구가 될 수 있지만 그러려면 먼저 그것들을 싸고 있는 "신비한 껍질"을 깨뜨려야 한다. 그리고 물구나무 서 있는 헤겔의 사상을 바로 세운 사람이 루트비히 포이어바흐였다.

헤겔은 최초의 '단순한 통일성'을 신, '절대이념'이라고 말했다. 둘째 단계인 '부정', 즉 물질 세계는 신과 대립하고 신에서 소외돼 있고, 그다음 변증법의 셋째 단계에서는 인간의 의식이 성장해서 신과 물질 세계를 절대정신 안에서 조화시킬 것이라고 했다. 포이어바흐는 헤겔이 인간의 속성에 불과한 사고 능력을, 존재를 지배하는 원리로 둔갑시켰다고 주장했다. 인간을 물질 세계의 일부로, 사고를 인간이 물질 세계를 반영하는 방법으로 보지 않고 오히려 헤겔은 인간과 자연을 모두 전능한 절대이념의 반영에 불과한 것으로 바꿔 버렸다는 것이다.

이것은 모든 종교의 바탕에 있는 것이라고 포이어바흐는 말했다.

종교는 인간의 능력, 즉 생각하고 행동하고 세계를 변화시키는 능력 등을 상상 속의 존재인 신에게 넘겨준다. 따라서 인간은 자신의 능력을 자신에게 생경한 어떤 것으로 바꿔 놓는다. 그래서 인간 사고의 이 산물, 즉 신은 전지전능한 존재가 되는 반면에, 인간 자신은 가치가 떨어져서 죄 많고 약하고 어리석은 피조물, 즉 자신이 발명한 것의 꼭두각시로 전락한다.

포이어바흐의 종교 분석과 그 분석의 바탕에 있는 유물론 철학은 1840년대의 헤겔 좌파에게 엄청난 영향을 미쳤다. 엥겔스는 [포이어바흐의 책]《기독교의 본질》(1841)에 관해 다음과 같이 썼다.

> 그 책은 유물론을 다시 왕좌에 앉혔다. 자연은 모든 철학과 무관하게 존재한다. 바로 이 토대 위에서 우리 인간이 성장해 나왔고, 우리 자신이 자연의 산물이다. 자연과 인간 외에는 아무것도 존재하지 않는다. 우리의 종교적 환상이 만들어 낸 더 고상한 존재들은 우리 자신의 본질이 환상 속에 반영된 것일 뿐이다. … 이 책의 해방적 효과는 그것을 체험한 사람이 아니면 결코 이해하지 못할 것이다. 누구나 다 [이 책에] 열광했고, 우리는 모두 순식간에 포이어바흐주의자가 됐다.[9]

포이어바흐의 업적은 계몽주의의 유물론을 복원했다는 것이다. 그의 가장 기본적 개념은 그가 '유적 존재'라고 부른 인간 본성 개념이었다. 그러나 포이어바흐는 단순히 계몽주의로 돌아간 것이 아니었다. 푸리에나 그 밖의 공상적 사회주의자들과 마찬가지로 포이어바흐도 인간 본성 개념을 확대해서 단순한 사적 이익 추구 이상의 것으로 만들었다. 그는 "인간의 본질은 오직 공동체 속에, 인간과 인간의 통합 속에 들어 있다"고 썼다.

그러나 계몽주의 철학자들과 마찬가지로 포이어바흐도 인간 본성을 변하지 않는 것으로 여겼다. 필요한 것은 사람들이 자신의 진정한 본성을 깨닫게 만드는 것이라고 그는 주장했다. 이것은 오직 교육과정을 통해서만 이뤄질 수 있고 그 교육의 목표는 종교가 사람들의 정신에 미치는 영향을 파괴하는 것이어야 한다고 포이어바흐는 생각했다.

마르크스는 포이어바흐의 견해를 다음과 같이 적절하게 요약했다. "포이어바흐가 유물론자인 한 그는 역사를 다루지 않고, 그가 역사를 고찰하는 한 그는 유물론자가 아니다."[10]

그렇지만 포이어바흐의 헤겔 비판은 마르크스 자신의 독특한 견해를 위한 출발점이 됐다. 유물론, 즉 사고는 세계를 반영하는 것이지 창조하는 것이 아니라는 신념은 마르크스의 역사관 밑바탕에 놓여 있다. "인간의 의식이 그들의 존재를 결정하는 것이 아니라, 오히려 인간의 사회적 존재가 그들의 의식을 결정한다."[11]

《신성 가족》에서 마르크스는 청년헤겔학파를 비판하면서 17세기 과학혁명과 18세기 계몽주의의 유물론을 옹호했다. 그는 《독일 이데올로기》 서문에서 사고가 세계를 지배한다는 청년헤겔학파의 신념을 다음과 같이 풍자했다.

옛날에 어떤 용감한 친구는 사람들이 물에 빠지는 이유가 중력의 관념에 사로잡혀 있기 때문이라고 생각했다. 그래서 만약 사람들이 이 관념을 미신이나 종교적 관념일 뿐이라고 공언하면서 머릿속에서 지워 버린다면 물에 빠지는 위험에서 완전히 초연할 수 있을 것이라고 여겼다. 그는 일생 동안 중력의 환상에 맞서 싸웠다. 모든 통계가 그에게 중력의 해로운 결과들을 보여 주는 새롭고 다양한 증거가 됐기 때문이다. 이 용감한 친구야말로 독일의 새로운 혁명적 철학자의 전형이었다.[12]

헤겔 좌파는 사람들이 자유로워지기 위해 할 일은 오직 스스로 자유롭다고 생각하고 '부자유의 환상'에서 벗어나는 것뿐이라고 생각했다. 《독일 이데올로기》의 주요 비판 대상이었던 막스 슈티르너는 국가라는 물질적 기구와 그 억압적 권력을 모두 우리 자신의 상상이 만들어 낸 '도깨비', 유령으로 여겨 일축했다. 마르크스는 포이어바흐가 충분히 멀리 나아가지 않았다고 비판했다. 자연뿐 아니라 역사도 유물론적으로 이해해야 했던 것이다.

4

마르크스의 방법

언젠가 시간이 난다면, 나는 헤겔이 발견했을 뿐 아니라 신비하게 만들어 버린 그 방법[변증법]의 합리적 측면을 인쇄 전지* 2~3장에 써서 평범한 독자들에게 알려 주고 싶네.[1]

마르크스는 1858년 1월 엥겔스에게 보낸 이 편지에서 얘기한 소원을 이룰 시간이 없었다. 그래서 '변증법' 문제는 후대의 마르크스주의자들을 계속 괴롭혔다. 4장에서는 이를 해결하려 하기보다는 마르크스가 사회를 이해하는 방법의 주요 특징을 개괄하려고만 한다.

노동과 소외

사회주의를 반대하는 가장 오래된 주장, 즉 사회주의는 인간 본성을 거스르는 것이라는 주장은 가장 널리 퍼져 있는 것이기도 하다.

---

* 인쇄 전지 1장은 대개 16쪽이 인쇄된다.

사람들은 흔히 말하기를 사회주의는 훌륭한 사상이지만 인간 본성은 바뀔 수 없기 때문에 결코 실현될 수 없다고 한다. 빈곤·착취·폭력이 없는 사회를 건설하려는 노력은 모두 인간 본성이 이기적이고 탐욕스럽고 공격적이라는 사실과 충돌할 수밖에 없다는 것이다.

이런 주장은 아마 기독교의 오래된 원죄 개념까지 거슬러 올라갈 것 같다. 인간(man, 사람들은 인간 본성을 이야기할 때 여성을 완전히 망각하는 경향이 있다)은 이마에 카인의 낙인이 찍힌 채 태어난 타락한 동물이므로 오직 내세에서 신의 은총으로만 구원될 수 있다는 것이다. 애덤 스미스는 이 주장을 세속적으로 변용해서 왜 18세기 영국에서 발흥하는 자본주의 사회가 자연스럽고 불가피한 것인지를 설명했다. 그는 시장경제의 기원을 "거래하고 맞바꾸고 교환하려는 … 인간 본성의 경향"에서 찾았다.

이런 생각들은 오늘날에도 살아 있다. 스미스의 자유 시장 경제학은 통화주의 속에 살아 있다. 온갖 종류의 '과학적' 이론들이 경쟁과 전쟁은 인간 본성에 내재한다는 것을 증명하려고 애쓴다. 사회생물학으로 알려진 사이비 과학은 인간이 사실은 땅뙈기를 차지하려고 다투는 동물이라고 주장한다. 이런 종류의 생각은 끝없이 이어진다. 그것은 여성이 선천적으로 남성보다 열등하므로 여성이 요리하고 잠자리를 펴고 아이를 돌보는 것은 생물학적으로 결정돼 있다는 것을 '증명하는' 데 이용된다.

마르크스는 포이어바흐에 관한 여섯째 테제에서 불변의 인간 본성이라는 생각 자체를 비판했다. "포이어바흐는 종교의 본질을 인간의 본질 안에서 해소한다. 그러나 인간의 본질은 낱낱의 개인에 내재한 추상이 아니다. 사실 그것은 사회관계 전체다."[2] 다시 말해, 추상적 '인간 본성' 따위는 없다는 것이다. 오히려, 사회가 변화하면 남녀 인간의 신념·욕망·능력도 변화한다. 사람들이 어떤 존재인지는 그들이 어떤 사회에 살고 있는지와 분리할 수 없다. 따라서 사람들이 어떻게 행동하는지를 이해하려면 먼저 역사적으로 변화해 온 "사회관계 전체"를 분석해야 한다. 마르크스는 생애 말년에 다음과 같이 썼다. "내 분석 방법은 인간에서 출발하는 것이 아니라, 특정한 경제적 사회 단계에서 출발한다."[3]

이와 같이 마르크스는 불변의 인간 본성 개념을 거부했지만 매우 상이한 사회에 사는 인간들 사이에도 어떤 공통점은 있다고 생각했다. 사실 왜 인간 사회가 변화하고 그와 함께 그 사회를 구성하는 사람들의 신념·욕망·능력도 변화하는지를 설명해 주는 것은 바로 이런 [인간의] 공통 속성이다.

마르크스는 이 문제에 관한 자신의 생각을 《1844년 경제학·철학 원고》에서 자세히 설명했다. 여기서 그는 포이어바흐의 '유적 존재' 개념을 받아들이면서도 그것에 근본적으로 다른 내용을 부여한다. "포이어바흐에 관한 테제"를 다시 인용하면, "그[포이어바흐 — 지은이]는 인간의 본질을 오직 '유'로서만, 많은 개인들을 그저 **자연적으로** 결합시켜 주는 무언의 내적 보편성으로만 파악한다."[4] 포이어바흐가 보기에 사람들을 사회로 결속시키는 것은 사랑, 즉 개인들을 서로 끌어당기게 만드는 불변의 자연적 감정이다.

그러나 마르크스가 보기에는 "노동이 인간의 **본질**"이고[5] 사회의 토대다. 인간은 노동하는 동물이다. "인간은 객관적 세계를 상대로 노동하는 과정에서 비로소 자신이 유적 존재임을 입증한다. 이 생산은 인간의 능동적인 유적 생활이다. 이 생산을 통해 자연은 인간의 작품으로, 인간의 현실로 나타난다."[6]

다른 동물들과 마찬가지로 인간도 자연의 일부이고, 다른 동물들과 마찬가지로 인간도 생존하고 자신을 재생산하려는 욕구에 따라 움직인다. 그러나 인간과 다른 동물들의 차이점은 인간이 자신의 욕구를 충족하는 방식은 매우 다양하다는 것이다. 이것이 가능한 이유는 인간이 의식적·자의식적 생물이기 때문이다.

> 동물은 자신의 생명 활동과 직접적으로 일치한다. 동물은 자신의 생명 활동과 구별되지 않는다. 동물은 **자신의 생명 활동**이다. 인간은 자신의 생명 활동 자체를 자신의 의지와 의식의 대상으로 삼는다. 인간의 생명 활동은 의식적이다. … 의식적 생명 활동은 동물과 인간의 직접적 차이점이다.[7]

마르크스 자신이 여러 번 사용한 비유를 보면 그의 주장을 더 분명히 알 수 있을 것이다. 벌집에서 이뤄지는 분업은 매우 조직적이다. 벌들은 저마다 벌집 경제에서 수행해야 할 임무가 있다. 그러나 벌이 하는 일은 반복적이다. 수백만 년 동안 바뀌지 않았다. 벌 한 마리가 할 수 있는 일은 매우 협소한 행동으로 제한돼 있고 그것은 유전자 구조에 따라 미리 정해져 있다.

인간은 그런 한계에 얽매이지 않는다. 인간은 생산방법을 바꾸고 개선할 수 있다. 인간이 그럴 수 있는 이유는 정신적 능력이 뛰어나기 때문이다. 인간은 반성하는 능력이 있다. 다시 말해 인간은 자신이 하고 있는 일을 잠시 멈추고 똑같은 목표를 달성할 수 있는 다른 방법들과 비교해 볼 수 있다. 따라서 인간은 자신이 하고 있는 일을 비판하고 개선할 수 있다. 심지어 새로운 목표를 생각해 낼 수도 있다.

이런 이유로 인간에게는 역사가 있다. 자연의 역사는 어떤 종류의 동물들이 존재하는지를 발견하는 것이나 동물들의 행동을 연구하는 것과 관련 있다. 자연 세계에서는 새로운 종이 출현할 때만 변화가 일어난다. 반면에 인간의 역사는 같은 종[인간]이 욕구를 충족하기 위해 [사회를] 조직하는 방식의 변화와 관련 있다.

그러나 마르크스는 의식을 인간이 참여하는 생산 활동과 분리할 수는 없다고 조심스럽게 강조했다. 그는 《독일 이데올로기》에서 다음과 같이 분명히 말했다. "인간은 의식, 종교, 기타 등등에 따라 동물과 구별될 수 있다. 인간이 동물과 자신을 구별하기 시작하는 것은 생계 수단을 **생산하기** 시작하면서부터인데, 처음에 생계 수단의 생산은 인간의 신체 조직에 따른 제약을 받는다."[8]

남녀 인간은 무엇보다 생산자라는 주장은 이전의 거의 모든 사상가들이 받아들였던 기본적 사회관에 근본적으로 도전했다. 아리스토텔레스는 인간을 이성적 동물이라고 규정했다. 이 정의는 생각하고 추론하는 능력을 다른 모든 활동과 분리한다. 특히, 역사적으로 대다수 사람들의 운명이었던 일상의 고된 육체노동과 분리한다.

아리스토텔레스의 사상는 노예제사회의 산물이었다. 고대 세계의 지배계급은 육체노동을 오직 노예에게만 맞는 활동이라며 경멸했다 (로마법에서 노예의 정의는 '말하는 도구'였다). 아리스토텔레스가 생각하는 훌륭한 사람이란 생계를 위해 노동할 필요가 없고 더 고상한 정신적 활동을 추구할 수 있는 노예 소유자였다. 이렇게 정신노동과 육체노동을 분리하는 것 자체가 그들이 사는 계급사회를 반영하는 것이었는데 이 점은 데카르트부터 헤겔까지 모든 위대한 부르주아 철학자들도 마찬가지였다. 그들은 모두 정신적 생활만을 인간에게 중요한 것으로 취급했고, 그들이 진리를 추구하는 데 필요한 의식주 같은 더러운 물질적 재화를 그들에게 제공하기 위해 노동하는 것은 다른 누군가의 몫이라고 생각했다. 마르크스가 썼듯이 "헤겔이 알고 인정한 노동은 오직 **추상적 정신노동**뿐이다."[9]

마르크스는 생산적 노동을 인간의 본질에 근본적인 것으로 취급함으로써 이런 생각을 뒤집었다. 그는 노동이 인간과 자연을 결속한다고 봤다. "인간이 자연에 의지해 살아간다는 것은 자연이 인간의 몸이라는 뜻이다. 즉, 인간은 죽지 않으려면 자연이라는 몸과 끊임없이 주고받아야 하는 것이다."[10] 그리고 인간과 자연이 이렇게 "끊임없이 주고받는" 과정은 쌍방향으로 이루어진다.

인간의 노동은 자연을 변화시킨다. 마르크스는 불변의 인간 본성 개념을 비웃었듯이 인간이 영원한 '유적 존재'라는 생각도 비웃었다. 그래서 포이어바흐에 관해 다음과 같이 썼다.

그는 자신을 둘러싸고 있는 감각적 세계가 까마득한 옛날에 생겨나 변함 없이 똑같은 상태로 유지된 것이 아니라, 산업과 사회 상황의 산물이라는 사실을 보지 못한다. 그런 의미에서 감각적 세계는 역사적 산물이고, 여러 세대의 활동이 누적된 결과이며, 각 세대가 앞선 세대를 딛고 [산업과 교통을] 발전시킨 결과 … 라는 사실을 그는 이해하지 못한다. 가장 단순한 '감각적 확신'의 대상조차 오직 사회의 발전, 산업, 상업적 교류를 통해서만 그에게 주어진다. 다들 알다시피 거의 모든 과일나무와 마찬가지로, 벚나무도 겨우 몇 백 년 전에야 **상업**에 의해 우리가 사는 지역에 옮겨 심어진 것이다. 그러므로 이렇게 특정 시대의 특정한 사회적 행동을 **통해서**만 벚나무는 포이어바흐에게 '감각적 확신'의 대상이 된 것이다.[11]

그러나 인간의 노동은 자연을 변화시킬 뿐 아니라 인간 자신도 변화시킨다. 마르크스가 보기에 생산은 사회적 활동이다. 그는 노동이 한편으로는 자연적 관계, 다른 한편으로는 사회적 관계라는 "이중의 관계"로 나타난다고 말한다. "사회적이라는 것은 생산이 어떤 조건에서, 어떤 방식으로, 어떤 목적에 따라 이뤄지든 간에 여러 개인들의 협업이라는 의미에서다."[12]

따라서 인간은 근본적으로 사회적 생물이다. 사회 밖에 존재하는 사람들을 생각하는 것 자체가 말이 안 된다. 여기서 마르크스는 정치경제학자들에게 도전하고 있다. 그들은 사회에서 고립된 개인이라는 개념을 바탕으로 이론을 구축했고 자본주의 시장의 작동을 이 '자연인'의 욕망에서 비롯한 것으로 설명했기 때문이다. 인간을 고립된 개인으로 보는 이런 견해는 홉스가 말한 "만인에 대한 만인의 투쟁", 즉 권력과 부를 위한 끊임없는 투쟁에 바탕을 둔 자본주의 사회를 정당화하는 데 기여하기 쉬웠다.

마르크스는 이런 환상을 '로빈슨주의'라고 불렀다. 그 정치경제학자들은 인간을 무인도의 로빈슨 크루소 같은 존재로 봤기 때문이다. "이 자유경쟁 사회에서 개인은 이전의 역사적 시기에는 그를 뚜렷이 제한된 인간 집단의 부속물로 만들었던 자연적 속박 등에서 벗어난 것처럼 보인다."[13]

그러나 이것은 겉모습일 뿐이다.

인간은 문자 그대로의 의미에서 정치적 동물[zoon politikon, 공동체 속에서 사는 동물 — 지은이]이다. 즉, 무리 지어 사는 동물일 뿐 아니라 오직 사회 속에서만 자신의 개성을 드러낼 수 있는 동물이다. 사회 밖에서 고립된 개인이 생산한다는 것은 … 인간이 함께 생활하면서 서로 대화하지 않는데도 언어가 발전한다는 것만큼이나 터무니없는 일이다.[14]

생산이 가장 근본적인 인간 활동이라면, 여기서 나오는 결론은 우리가 사회를 분석할 때 생산이 조직되는 방식에 가장 주의를 기울여야 한다는 것이다. 그래서 마르크스는 '사회적 생산관계', 즉 영주와 농노, 자본가와 노동자 사이의 착취 관계에 주의를 집중한다.

생산이 사회적 활동이라면, 생산조직의 변화는 사회의 변화를 불러일으킬 것이고, "인간의 본질은 사회관계 전체"이기 때문에 사람들의 신념·욕망·행동의 변화도 불러일으킬 것이다. 이것이 마르크스의 유물론적 역사관의 핵심이다. 그것의 성숙한 버전은 다음 장에서 살펴볼 것이다. 여기서는 마르크스가 처음으로 역사유물론의 개요를 제시한 《1844년 경제학·철학 원고》[이하 《1844년 원고》로 줄임]를 간략히 살펴보겠다. 왜냐하면 그것은 마르크스가 헤겔과 포이어바흐를 비판한 내용과 밀접한 관련이 있고, 따라서 마르크스가 자신의 분석 방법을 어떻게 이해했는지와도 관련되기 때문이다.

헤겔과 포이어바흐는 모두 소외가 순전히 정신적 현상이라고, 즉 세계를 잘못된 방식으로 바라본 결과라고 생각했다. 그러나 마르크스는 소외가 물질적·사회적 과정이라고 생각했다. 자본주의 사회에서 노동자는 자신의 힘과 기술을 자본가에게 팔아야만 먹고살 수 있다. 그 결과 노동자는 자신의 노동 생산물도 노동 자체도 통제할 수 없게 된다. 노동자의 '생명 활동'이어야 하는 것이(그 생명 활동을 통해 노동자는 자신이 인간임을, 즉 '유적 존재'임을 확인한다) 어떤 목적을 이루기 위한 수단에 불과한 것이 돼 버린다. 그리고 이렇게 해서 자신의 인간 본성에서 소외된 노동자는 자연에서도 소외된다. 바로 노동을 통해서 그는 자연을 변화시키고 자연을 인간화하기 때문이다. 또 노동자는 다른 인간들한테서도 소외된다. 이 소외된 노동의 조건에서 노동자와 자본가의 관계가 형성되고, 여기서 노동하지 않는 사람이 다른 사람들의 노동을 통제하고 그들의 노동에서 이윤을 얻는다.

마르크스가 보기에 자본주의는 노동자가 자기 노동의 생산물에 지배당하는 세계다. 이 생산물은 자본이라는 생경한 존재의 모습으로 나타난다. 《1844년 원고》에서 매우 강력하게 나타난 이런 견해는 《자본론》을 포함한 마르크스의 후기 저작들에서도 찾아볼 수 있다. 그러나 소외된 노동에 대한 마르크스의 분석에는 여전히 철학적 과거의 흔적이 남아 있다.

먼저, 모든 것이 인간 본성은 어떻다(타락하고 왜곡되고 소외됐다)는 것[존재]과 어떠해야 한다는 것[당위] 사이의 대조를 중심으로 구성돼 있다. 《1844년 원고》에서 자본주의는 여전히 주로 부자연스러운 사회, "사회적 지옥"이다. 푸리에와 그 밖의 공상적 사회주의자들도 자본주의가 인간의 진정한 욕구를 충족시키는 데 실패했다며 그렇게 비난한 바 있다.

자본주의 사회의 약점을 주로 도덕적으로 진단하는 그런 견해는 모든 사회주의 이론의 필수적 부분이다. 그러나 마르크스의 후기 저작들과 이전 사회주의자들의 저작을 구별시켜 주는 것은, 마르크스는 자본주의가 스스로 전복될 수 있는 물질적·사회적 조건들을 어떻게 만들어 내는지 분석했다는 점이다. 《1844년 원고》에서는 아직 자신이 나중에 《자본론》에서 말한 "현대사회의 경제적 운동 법칙"에[15] 사실상 관심이 없었고 주로 자본주의가 어떻게 인간 본성을 부정하는지를 보여 주는 데 관심이 있었다.

또 여기서 처음으로 마르크스가 계급투쟁을 진지하게 고찰한다는 것은 사실이다. 《1844년 원고》를 처음 시작하면서 마르크스는 다음과 같이 말한다. "임금은 자본가와 노동자 사이의 적대적 투쟁을 통해 결정된다."[16] 그렇지만 어떻게 계급투쟁이 자본주의의 발전과 전복에서 모두 결정적 구실을 하는지에 관한 실질적 논의는 전혀 없다. 《1844년 원고》에서 공산주의는 여전히 철학적 범주로 나타난다. 즉, 역사는 공산주의라는 목표를 향해 나아갈 때만 의미가 있다는 것이다. 마르크스는 공산주의를 "역사의 수수께끼가 해결된 것"이라고[17] 말한다. 헤겔의 순환적 변증법(모순들이 절대정신 속에서 조화를 이루게 되는 역사의 결과가 이미 처음부터 결정돼 있다는 사고방식)의 영향력이 아직 강하게 남아 있는 것이다.

이런 철학적 흔적들은 정치적 효과도 냈다. 소외된 노동의 분석에 담긴 함의 하나는 자본가들 자신도 소외되고 그래서 비인간적이고 타락한 존재가 되고 만다는 것이다. 이런 식의 주장은 공상적 사회주의자들이 자본가들도 부르주아 사회의 전복에서 혜택을 받게 된다고 주장하면서 노동자들뿐 아니라 자본가들에게도 호소하는 것을 정당화하는 데 이용됐다.

엥겔스가 1892년에 자신의 초기 저작을* 두고 한 말은 마르크스의 《1844년 경제학·철학 원고》에도 적용된다.

현대의 국제 사회주의는 … 1844년에는 존재하지 않았다. 내 책은 현대 사회주의의 맹아적 발전 단계 하나를 나타낸다. 그리고 인간 배아가 발생 초기에 인간의 조상인 어류의 아가미활을 여전히 만들어 내듯이, 이 책도

---

* 1844년에 쓴 《영국 노동계급의 상황》을 말한다.

현대 사회주의가 그 선조들 가운데 하나인 독일철학에서 물려받은 유전의 흔적들을 도처에서 드러낸다. 그래서 공산주의는 단지 노동계급의 당파적 원칙이 아니라, 자본가계급을 포함한 사회 전체를 현재의 협소한 조건들에서 해방하려는 이론이라는 것을 크게 강조하고 있다. 이것은 추상적으로는 충분히 맞는 말이지만, 실천적으로는 완전히 쓸모없거나 때로는 해롭기까지 하다. 부유한 계급들이 어떤 해방도 필요하지 않다고 느낄 뿐 아니라, 노동계급의 자력 해방도 완강하게 반대하는 한, 오직 노동계급만이 사회혁명을 준비하고 끝까지 싸워야 할 것이다.[18]

그 뒤의 저작들, 즉 《독일 이데올로기》, 《철학의 빈곤》, 《자본론》과 그 원고들에서 마르크스는 자신의 역사 이론을 완전히 발전시켰고, 자본주의적 착취 때문에 노동자들은 자본주의를 전복하려고 집단적으로 조직할 수밖에 없다는 것을 보여 줬다. 《1844년 원고》에 나오는 소외된 노동 분석은 엥겔스의 말처럼 성숙한 후기 이론의 맹아다.

《자본론》의 논리(학)

"마르크스는 (대문자로 시작하는) '논리학'을 남기지는 않았지만, 《자본론》의 논리학을 남겼다"고 레닌은 썼다. 레닌의 이 말은 비록 마르크스가 헤겔 변증법의 "합리적 핵심"을 뽑아내서 "인쇄 전지 2~3장"

분량의 글을 쓰지는 않았지만 《자본론》을 보면 마르크스의 방법이 어떻게 적용되는지를 알 수 있다는 뜻이다. 그러므로 《자본론》을 연구하면 마르크스의 변증법 바탕에 있는 원칙들을 이해할 수 있다.

마르크스의 출발점은 헤겔과 달랐다.

나의 변증법적 방법은 근본에서 헤겔의 방법과 다를 뿐 아니라 정반대이기도 하다. 헤겔에게는 그가 '이념'이라는 이름 아래 자립적 주체로까지 바꿔 버린 사고 과정이 실재 세계의 창조자이고, 실재 세계는 이념이 외부로 나타난 것일 뿐이다. 나에게는 그 반대가 진실이다. 즉, 관념적인 것은 물질적인 것이 인간의 두뇌에 반영돼 사고 형태로 바뀐 것일 뿐이다.[19]

다시 말해 마르크스의 방법은 유물론적이었다.

우리가 출발점으로 삼은 전제들은 독단적 신념이나 학설이 아니라, 오직 상상 속에서만 도외시할 수 있는 현실의 전제들이다. 그것은 현실의 개인들과 그들의 활동이고, 또 이미 존재하는 것과 인간의 활동으로 생산한 것을 모두 포함하는 그들의 물질적 생활 조건이다. 따라서 이런 전제들은 순전히 경험적 방법으로만 확인할 수 있다.[20]

그렇다고 해서 "현실의 개인들과 그들의 활동 … 그들의 물질적 생활 조건"을 그저 관찰하고 기록한다고 해서 그것들을 이해할 수 있게 된다는 말은 아니다. 그 이유는 현상이 때로는 기만적이기 때문이다. 사물이 항상 보이는 그대로인 것은 아니다. 예컨대 우리 자신의 관찰로만 판단하면 지구는 가만히 있고 태양이 지구 주위를 돌고 있다. 그러나 사실은 완전히 정반대다.

마르크스 자신도 《자본론》에서 이런 사례를 들고 있다. "천체의 외관상의 운동은 천체의 진정한 운동(감각적으로 직접 인식할 수는 없다)을 잘 아는 사람만이 이해할 수 있다."[21] 그래서 그는 대상의 작용을 연구할 때 숨어 있는 실재와, 사람들을 오해하게 만드는 겉모습을 구분했다. 이 구분, 즉 마르크스가 말한 사물의 본질(내적 구조)과 현상(겉모습) 사이의 구분은 《자본론》 전체에서 나타난다. 실제로 그는 [《자본론》에서] "사물의 겉모습과 본질이 일치한다면 모든 과학은 필요 없을 것이다"[22] 하고 말했다.

현상과 실재가 다른 일반적 이유가 무엇이든 간에 마르크스는 특히 자본주의에서는 분명히 그렇다고 생각할 만한 근거가 있었다. 왜냐하면 자본주의라는 계급사회는 자본주의가 어떻게 작동하는지에 대한 우리의 인식을 체계적으로 왜곡하는 이데올로기를 이용하기 때문이다.

현상의 이면을 뚫고 들어가기 위해 마르크스가 의지한 것은 그가 "추상력"이라고[23] 부른 것이었다. 이 말은 우리가 이해하려고 하는 실재의 가장 기본적이고 일반적인 특징들을 포착하는 한편 부차적이고 상관없는 다른 모든 사정들은 제거해 버린 개념들을 구성해야 한다는 것이다. 예컨대 물리학은 어떤 물체의 질량을 다룰 때 색깔이나 화학적 구성, 그것이 유기물로 이뤄졌는지 무기물로 이뤄졌는지 등의 문제들을 제쳐 둔다. 이런 질량 개념을 바탕으로 과학자들은 모든 물체에 적용될 수 있는 관성의 원리, 중력의 법칙, 자유낙하 법칙 같은 이론들을 정식화할 수 있었다.

마르크스는 리카도가 노동가치론을 정식화할 때 바로 이와 비슷한 추상의 재주를 보여 줬다고 생각했다. "마침내 리카도가 나타나서 과학을 향해 '멈춰라!' 하고 외친다. 부르주아 체제의 생리학(그 내적인 유기적 연관과 생활 과정을 이해하는 것)의 토대이자 출발점은 **노동시간이 가치를 결정한다는 사실이다.**"[24]

문제는 그런 추상이 보통은 현상과 모순된다는 것이다(사실, 그러지 않는다면 마르크스 말처럼 과학이 필요 없을 것이다). 예컨대 모든 물체가 1초에 9.8미터의 가속도로 떨어진다는 자유낙하 법칙은 오직 진공 상태에서만 참이다. 현실에서는 공기 저항에 따른 마찰 때문에 돌과 깃털이 동시에 땅에 떨어지지는 않는다. 또 리카도와 마르크스가 모두 알고 있었듯이 상품이 실제로는 그것을 생산하는 데 필요한 노동시간에 따라 교환되는 것은 아니다.

이것이 뜻하는 바는 추상이란 모든 과학적 분석의 **출발점**일 뿐이라는 것이다. 추상을 통해 우리는 기본적 특징들을 구분해 낼 수 있다. 그런 다음에는 이 특징들이 우리가 눈으로 볼 수 있는 것과 어떤 관련이 있는지를 설명해야 한다. 리카도는 스스로 정식화한 추상적 개념(노동가치론)과 자신이 설명하고자 한 당대의 현실을 그저 나란히 놓기만 했다고 마르크스는 강하게 비판했다. 둘은 서로 아무 관련 없이 나란히 놓여 있을 뿐이라는 것이다. 그러나 마르크스에게 추상은 그야말로 목적 달성을 위한 수단, 즉 세계를 더 잘 이해하기 위한 우회로였다.

마르크스는 일반적 이윤율을 예로 드는데, 이것은 나중에 보게 되겠지만 겉보기에는 노동가치론과 모순된다. 리카도는 일반적 이윤율의 존재를 그냥 받아들였을 뿐, (마르크스처럼) 노동가치론을 이용해 그것을 설명하지 않았다.

리카도는 이 일반적 이윤율을 미리 전제하지 말고 오히려 그 존재가 노동시간에 따른 가치 결정과 실제로 어느 정도나 일치하는지를 검토했어야 한다. 그랬다면 일반적 이윤율이 이 가치 규정과 일치하지 않고 언뜻 봐도 서로 모순된다는 것, 따라서 일반적 이윤율의 존재는 많은 중간 단계를 통해 더 해명돼야 한다는 것, 그 해명은 일반적 이윤율을 단순히 가치법칙에 포괄하는 것과는 매우 다르다는 점을 발견했을 것이다.[25]

이렇게 추상에서 출발해 "많은 중간 단계를 통해" 현상을 설명하는 과정을 두고 마르크스는 "추상에서 구체로 상승하는 방법"이라고[26] 불렀다. 여기서 마르크스가 말한 "구체"는 우리가 보고 있는 그대로 실제로 존재하는 세계다. 그는 다음과 같이 썼다.

실재적이고 구체적인 것에서 … 시작하는 것, 따라서 예컨대 경제학에서는 모든 사회적 생산 행위의 기초이자 주체인 인구에서 시작하는 것이 올바른 방법처럼 보인다. 그러나 더 자세히 살펴보면 이것은 틀렸음이 드러난다. 예컨대 인구를 구성하는 계급들을 무시한다면 인구는 하나의 추상일 뿐이다. 그런데 이 계급들도 그 토대가 되는 요소들을 알지 못한다면 공문구일 뿐이다. 예컨대 임금노동·자본 등이 그런 요소들이다. 그리고 이 요소들은 다시 교환·분업·가격 등을 전제한다. 예컨대 자본은 임금노동이 없다면, 가치·화폐·가격 등이 없다면, 아무것도 아니다. 따라서 내가 인구에서 시작한다면 이것은 전체에 관한 혼란스런 표상일 것이고, 그렇다면 나는 더 자세한 규정을 통해 분석상 훨씬 더 단순한 개념으로 나아갈 것이다. 상상된 구체에서 점점 더 미세한 추상으로 나아가서 마침내 가장 단순한 규정들에 이를 것이다. 거기서부터 여행은 지나온 길을 되돌아가서 결국 인구에 다시 도달할 것이다. 그러나 이번에는 전체에 관한 혼란스런 개념인 인구가 아니라, 많은 규정과 관계의 풍부한 전체인 인구일 것이다.[27]

따라서 이것이 마르크스의 분석 방법이다. 먼저 우리는 현실이 많은 다양한 요소들로 이뤄져서 복잡하다는 것을 인식해야 한다. 마르크스가 썼듯이, "구체적인 것은 많은 규정의 통합, 따라서 다양한 것들의 통일이다."[28] 그러므로 이 현실을 이해하려면, 우리는 "추상력"을 사용해 현실을 파고들어 가서 이 "가장 단순한 규정들"에 도달해야 한다. 그리고 이 규정들을 구분해 내고 나면 우리는 그것들을 이용해서 "이번에는 … 많은 규정과 관계의 풍부한 전체"로서 구체적 현실을 재구성할 수 있게 된다.

따라서 우리는 처음에는 구체에서 추상으로 나아가, 구체적인 것을 그 "가장 단순한 규정들"로 나눈다. 그 다음에는 추상에서 구체로 나아가, 이 단순한 규정들을 이용해 전체를 재구성한다. 우리는 마르크스가 《자본론》에서 자본주의 사회를 분석할 때 이 방법이 적용되는 것을 보게 될 것이다.

마르크스는 구체적 현실이 비록 복잡하지만 그것을 하나의 "전체", "다양한 것들의 통일"이라고 불렀다. 사회가 하나의 전체를 이룬다는 생각은 마르크스의 방법에서 핵심적이다. 사회의 다양한 측면들은 전체의 일부로서만 이해할 수 있다. 그것들을 서로 분리시켜서는 결코 이해할 수 없다. 전체를 그 "가장 단순한 규정들"로 분해하는 것은 그것들을 "많은 규정과 관계의 풍부한 전체"로 재구성하기 위한 준비 작업일 뿐이다. 마르크스는 정치경제학자들이 사회를 고립된 개인들이 서로 현실적 관계를 맺지 않은 채 모여 있는 곳으로 취급하는 경향이 있어서 "사회체제의 각 부분들이 제자리를 벗어나 뒤죽박죽되게 만든다"고[29] 비판했다.

일단 사회를 하나의 전체로 보게 되면 시간이 흐름에 따라 사회가 변화한다는 생각을 이해하기가 쉬워진다. 마르크스가 정치경제학자들을 비판한 또 다른 문제는 그들이 스스로 밝혀 낸 자본주의의 법칙들을 모든 사회 형태에 적용할 수 있는 것으로 취급했다는 점이다. "경제학자들은 부르주아적 생산관계를 … 고정불변의 영원한 범주로 표현한다." 그 결과 그들은 "앞서 말한 [생산 — 지은이]관계 속에서 어떻게 생산이 이뤄지는지를 설명하지만, 이 관계 자체는 어떻게 만들어지는지, 즉 그런 관계를 탄생시킨 역사적 운동은 설명하지 못한다."[30]

반면에 마르크스의 방법은 항상 역사적이다. 자본주의 생산관계는 역사적으로 독특하고 일시적인 사회형태다. "경제적 범주는 사회적 생산관계의 추상일 뿐"이므로[31] 사회가 변화하면 경제적 범주도 변화한다고 마르크스는 말했다.

마르크스가 이런 역사적 관점을 얻을 수 있었던 것은 헤겔 덕분이었다. 헤겔은 사회형태를 포함해서 "모든 것은 그 자체로 모순된다"고 말했다. 그러나 헤겔은 사회의 적대 관계를 결국 절대자 속으로 해소해 버린 반면, 마르크스는 모순에 끝이 없다고 생각했다. 변화를 낳는 것이 바로 모순이다.(봉건사회의 모순이 자본주의 사회로 이행하는 변화를 낳았듯이 말이다. 그리고 자본주의는 또 다른 변화를 낳을 자체 모순을 포함하고 있다.)

그래서 변증법은 헤겔의 주장처럼 신이나 절대정신의 자서전 같은 것이 아니라 역사 발전의 이론이 된다. 각각의 사회조직 형태는 그 안에 변화의 잠재력을 제공하는 모순을 포함하고 있다. 그것은 "대립물의 통일"이고, 역사 발전은 이 대립물의 투쟁이다.

우리가 계급사회는 모두 대립물의 통일이라고, 즉 한 계급이 자신과 대립하는 다른 계급을 착취하는 사회라고 말한다면, 이 말에는 몇 가지 중요한 사실이 담겨 있다. 첫째, 각 계급은 다른 계급과 적대 관계 속에서만 존재한다. 착취자와 피착취자는 서로 의존한다. 따라서 자본은 임금노동과 분리될 수 없다. 자본의 혈액인 이윤을 창출하는 것이 바로 임금노동이기 때문이다. 반면에 "임금노동은 … 자본을 생산하는 노동"이라고[32] 마르크스는 말한다.

그래서 마르크스의 계급 개념은 사회학자들의 개념과 매우 다르다. 사회학자들이 계급을 정의하는 기준은 분업에서 수행하는 기술적 기능이다(화이트칼라 노동자, 육체 노동자, 관리자, 전문직 종사자 등). 마르크스가 보기에 계급은 오직 상호 적대적 관계를 통해서만 나타난다. 어떤 의미에서는 계급투쟁이 계급보다 앞선다. 왜냐하면 사회집단들이 계급으로서 행동하기 시작하는 것은 오직 그들이 상충하는 이해관계를 감지하고 서로 충돌할 때뿐이기 때문이다.

대립물의 통일 개념의 또 다른 중요한 함의는 계급으로 분열된 사회에는 계급투쟁이 내재한다는 것이다. 많은 사회학자와 역사가들은 '사회적 갈등과 충돌'이 존재한다는 것을 기꺼이 인정하고 그것을 연구한다. 그러나 이런 갈등과 충돌은 우연적인 것, 비정상적이고 일시적인 긴장의 산물이므로, 기존 질서의 틀을 깨뜨리지 않고도 노련한 '사회공학'으로 얼마든지 제거할 수 있다고 생각한다. 대다수 비마르크스주의 사상가들이 보기에 사회는 근본적으로 조화로운 것이다.

이와 반대로 마르크스는 사회를 대립물의 통일로 봤다. 그래서 계급투쟁이 사회의 본질적 부분이고, 이 계급투쟁은 [사회의] 근본적 모순, 즉 사회의 핵심에 있는 착취적 사회관계가 제거되기 전까지는 계속될 것이라고 생각했다.

이것은 헤겔의 관점과 완전히 다르다. 헤겔 변증법의 셋째 단계는 대립물이 서로 화해하고 조화를 이루는 단계다. 즉, 서로 대립하는 모순된 요소들이 근본적으로 둘 다 '절대정신'의 똑같은 일부라는 사실을 알게 돼서 상대방 속으로 해소되는 것이다. 반면에 마르크스가 보기에 모순은 오직 **투쟁**을 통해서만, 그리고 대립물의 한편이 상대편을 이겨야만 극복될 수 있다. 임금노동과 자본의 적대 관계는 단지 환상이 아니다. 그것은 어떤 정신적 변화나 관점의 변화를 통해서 폐지될 수 있는 것이 아니라 오직 혁명적 사회 변화를 통해서만 폐지될 수 있다.

그러므로 마르크스의 방법은 사회를 하나의 전체로서 보는 것에 그치지 않는다. 즉, 사회의 서로 다른 모든 측면이 서로 연결돼 있다고 볼 뿐만 아니라 사회를 대립물의 통일로 보는 것이기도 하다. 사실 마르크스는 사회를 그렇게 모순된 것들의 통일로 봐야만 하나의 전체로 이해할 수 있다고 생각했다. 마르크스는 프루동의 '변증법적' 방법이 모든 것을 좋은 측면과 나쁜 측면으로 나누고 역사의 진보는 나쁜 측면을 제거하기만 하면 된다고 주장했다며 다음과 같이 비웃었다. "변증법적 운동은 두 모순된 측면의 공존, 둘의 충돌, 그리고 둘이 융합돼서 새로운 범주로 이행하는 것으로 이뤄진다.[33] … 투쟁을 제공해서, 역사를 만드는 운동을 일으키는 것은 바로 나쁜 측면이다."[34]

마르크스는 폭력·착취·투쟁 같은 '나쁜 측면'이 없다면 역사적 운동과 발전도 없을 것이라고 생각했다. 영국이 인도를 지배한 것이 어떤 결과를 낳았는지를 논하면서, 마르크스는 식민지 개척자들의 탐욕과 파괴적 성격, 그 결과로 "부지런하고 가부장적이며 남에게 해를 끼치지 않는" 농촌공동체가 해체된 것을 냉혹하게 묘사했다. 그러나 그는 영국의 식민주의가 역사적으로 진보적 구실을 했다고 주장했다. 즉, "동양 전제정치의 굳건한 토대"였던 "목가적 농촌공동체"를 쓸어버리고, 계급 없는 사회의 물질적 기초를 제공할 수 있는 자본주의 사회관계를 대신 심어 놓았다는 것이다.

영국이 인도 북부 지방에서 사회혁명을 불러일으키는 행동을 하게 된 동기가 오직 부도덕한 이익이었을 뿐이고, 그 이익을 달성하는 방법도 어리석었다는 것은 사실이다. 그러나 그것이 문제는 아니다. 문제는 과연 인류가 아시아 사회 상태의 근본적 혁명 없이도 그 사명을 다할 수 있을지다. 그렇다면 영국이 [인도에서] 저지른 범죄가 무엇이든 간에, 그런 혁명을 불러일으킴으로써 영국은 역사의 무의식적 도구 노릇을 한 셈이다.[35]

따라서 자본주의의 특징인 폭력과 착취는 공산주의의 발전에 꼭 필요한 조건이다. 그것은 불가피하다.

미래에 위대한 사회혁명이 일어나 부르주아 시대의 성과인 세계시장과 현대적 생산력을 장악하고, 가장 선진적인 사람들이 그것을 공동으로 통제하게 될 때에만, 비로소 인류의 진보는 피살자의 두개골에서 나오는 것이 아니라면 아무리 좋은 술이라도 마시려 하지 않는 저 흉측한 이교도의 우상을 더는 닮지 않게 될 것이다.[36]

실천의 철학

마르크스와 헤겔은 다른 차이들에도 불구하고 역사를 객관적 과정으로 봤다는 공통점이 있었다. 즉, 역사는 그 속에서 살아가는 인간들의 의식이나 의지에 의존하지 않고 독립적으로 진행되는 과정이라고 본 것이다. 둘 다 참된 사상가의 태도는 "웃지도 말고 울지도 말고 증오하지도 말고 다만 이해하려고 노력하는" 것이라는 스피노자의 말에 동의했을 것이다.

또 마르크스는 그저 도덕적 비판만 하지 않았다는 것도 헤겔과 공통점이었다. 이와 다르게 순전히 도덕적 비판만 하는 태도를 보인 이들은 헤겔 좌파와 공상적 사회주의자들이 대표적이었는데, 그들은 기존의 상태와 뭔가 더 나은 이상적 상태 사이, 즉 사회가 '어떻다'는 것[존재]과 '어떠해야 한다'는 것[당위] 사이의 모순을 단지 대조하기만 했을 뿐이다. 그러나 그들에게 이 모순은 정신과 현실 사이의 모순이었다. 그것은 현실 자체의 모순이 아니고 따라서 결코 극복할 수 없는 모순이었다.

그러나 현실을 **변증법적**으로 이해하게 되면, 기존의 상태 안에서 변화의 가능성을 찾아낼 수 있고, 현재의 상황 안에서 그것의 변화를 불러일으키는 경향들을 발견할 수 있다. 정치적 행동은 객관적으로 가능한 것에 바탕을 둬야지, 사상가의 머릿속에서 나온 환상과 선한 의도에 바탕을 둬서는 안 된다.

그렇다고 해서 마르크스가 인간의 의식적 행동은 역사의 변화와 무관하다고 생각했다는 말은 아니다. 오히려 마르크스주의는 (위대한 이탈리아 혁명가 안토니오 그람시의 표현을 빌리면) "실천의 철학"으로 이해하는 것이 가장 좋다. "포이어바흐에 관한 테제"에서 마르크스는 헤겔과 그 추종자들, 계몽사상가들, 공상적 사회주의자들이 모두 공유한 견해, 즉 사상은 사회적 실천과 분리될 수 있고 따라서 역사는 본질적으로 관념의 역사, 세계관의 변천사라는 견해를 결정적으로 거부했다. 마르크스에 따르면 사상은 오직 사회생활의 일부로서만 이해할 수 있지, 사회생활과 무관하게 발전하는 것으로 봐서는 안 된다.

> 인간은 표상·관념 등의 생산자다. 그러나 현실에서 활동하는 인간은 생산력 발전과 그에 상응하는 교류 형태[생산관계]의 발전 수준에 제약을 받는다. 의식은 의식된 존재 이외의 다른 어떤 것도 아니고, 인간의 존재는 인간의 실제 생활 과정이다.[37]

따라서 인간의 사상은 "현실적 생활 과정", 즉 사람들이 살아가는 물질적·사회적 상황에서 제기된 문제들에 대한 반응이다. 그것은 "이 생활 과정의 이데올로기적 반영과 반향"으로[38] 이뤄진다. 여기서 나오는 결론은 인간이 새로운 세계관을 채택하는 것이 변화의 원천은 아니라는 것이다. 오히려 이 새로운 세계관은 물질적·사회적 상황이 변화한 결과다.

인간은 자신의 물질적 생산과 물질적 교류를 발전시키면서 그와 함께 이 현실적 세계도 변화시키고, 또 자신의 사고와 그 사고의 산물도 변화시킨다. 의식이 삶을 결정하는 것이 아니라, 삶이 의식을 결정한다.[39]

포이어바흐에 관한 열한째 테제에서 마르크스는 다음과 같이 선언했다. "지금까지 철학자들은 세계를 여러 가지로 해석하기만 했다. 그러나 중요한 것은 세계를 변화시키는 것이다."[40] 이것은 청년헤겔학파를 직접 비판하는 말이다. 그들은 "자신들이 독립적 존재로 만들어 버린 의식의 산물이 모두 인간을 실제로 얽어매는 사슬이라고 생각한다. … 의식을 변화시키라는 [그들의 — 지은이] 요구는 현존하는 세계를 다른 방식으로 해석하라는, 즉 세계를 다른 해석 방식으로 인식하라는 요구나 다름없다."[41] 다시 말해 사상의 변화가 현실을 변화시킬 것이라는 믿음은 현실을 바라보는 새로운 방식을 만들어 낼 뿐이고 현실 자체는 여전히 변하지 않는다. 따라서 관념론이 극도로 보수적 관점인 이유는, 사상이 물질적·사회적 상황을 반영하는 것인데도 사상투쟁이 그 물질적·사회적 상황을 변화시키려는 투쟁을 대체할 수 있다고 생각하도록 만들기 때문이다.

그와 동시에 마르크스는 인간을 단지 사회의 피해자로만 여기는 것도 마찬가지로 심각한 잘못이라고 주장했다. 자본주의를 비판하는 사람들은 흔히 노동자들이 착취에 시달리느라 기형적 존재가 돼서 독자적으로 생각하고 행동하지 못한다고 여기는 경향이 있다. 예컨대 오늘날 많은 사회주의자들은 선진 공업국의 노동계급이 인종차별·성차별 이데올로기나 사용자·정부한테서 얻어 낸 경제적 양보 때문에 사실상 부패했다고 믿는다.

마르크스는 그런 견해(당대의 공상적 사회주의자들 사이에 널리 퍼져 있었다)가 극도로 엘리트주의적이라고 생각했다. 그래서 포이어바흐에 관한 셋째 테제에서 다음과 같이 선언했다.

인간은 환경과 교육의 산물이므로, 변화한 인간은 환경과 교육이 변화한 결과라는 유물론적 학설은, 환경을 변화시키는 것이 바로 인간이고 교육자 자신도 교육받아야 한다는 사실을 잊고 있다. 따라서 이 학설은 사회를 두 부분으로 나누고, 한 부분이 다른 부분보다 더 우월하다고 생각할 수밖에 없다.[42]

마르크스의 말은 이런 뜻이다. 그가 비판하는 견해에 따르면, 노동자들은 너무 타락하고 부패해서 자본주의에 대해 할 수 있는 일이 전혀 없다. 이런 상황은 오직 사회주의에서만 바뀔 것이다. 사회주의는 새로운 종류의 인간, 즉 자본주의의 인간적 결함이 더는 없는 인간 유형을 만들어 낼 것이기 때문이다. 그러나 이것은 절망적 충고처럼 들린다. 자본주의를 폐지하는 것이 대중에게 이롭다는 사실을 대중이 깨닫지 못하도록 자본주의가 막을 수 있다면, 사회주의가 어떻게 가능하겠는가? 어떻게든 자본주의의 제약 조건에서 벗어난 소수의 계몽된 사회주의자들이 대중을 대신해서 사회를 변화시킬 때만 사회주의는 가능할 것이다.

언뜻 보면 매우 유물론적인 이 견해는 결국 관념론으로 전락하고 만다. 부르주아 사회의 압력을 초월한, 따라서 계급투쟁도 초월한 사람들이 있다고 가정하기 때문이다. 여기서 우리는 다시 공상적 사회주의자들과 블랑키의 엘리트주의로 돌아가게 된다. 그들은 모두 노동자들을 [사회] 변화의 주체가 아니라 객체로 취급했다.

마르크스는 이런 분석이 모두 근본적으로 잘못됐다고 주장한다. 왜냐하면 인간과 사회를 모두 변화시키는 데서 투쟁이 하는 구실을 파악하지 못하기 때문이다. 포이어바흐에 관한 셋째 테제의 결론은 다음과 같다. "환경의 변화와 인간 활동의 변화, 즉 인간 자신의 변화가 일치하는 것은 오직 **혁명적** 실천뿐이라고 봐야 하고, 그래야만 합리적으로 이해할 수 있다."[43]

다시 말해, 노동자들은 사회에 의해 수동적으로 만들어지기만 하는 존재가 아니다. 자본주의는 착취에, 즉 자본과 노동 사이의 모순에 바탕을 둔 사회형태이기 때문에 계급투쟁이 일어날 수밖에 없다. 이 투쟁의 결과로 노동계급은 변화한다. 사용자에 맞서 싸워야 하는 압력 때문에 노동자들은 집단적으로 조직하게 되고, 사회를 변화시키는 것이 자신들에게 이롭다는 사실을 의식하는 하나의 계급으로서 점차 행동하게 된다. 투쟁을 경험하면서 노동자들은 자신들의 이해관계가 자본가들과 다르다는 것을 깨닫게 된다. 투쟁의 쟁점이 아무리 사소해 보이더라도 노동자들이 투쟁에서 승리하면, 부르주아지한테서 권력을 빼앗아 오는 데 필요한 정치 운동에 참여할 자신감을 얻게 된다.

또 계급투쟁은 사회주의를 건설하는 데서도 결정적이다. 마르크스는 자본주의가 자기모순 때문에 붕괴할 것이라고 생각하지 않았다. 노동계급의 승리는 결코 필연적이지 않았다. 헤겔과 달리 마르크스의 변증법에서는 결과가 미리 정해져 있지 않았다. 모든 것은 결국 노동계급의 의식과 조직과 자신감에 달려 있었다.

요컨대, 마르크스 사상의 핵심적 주장은 "사회주의란 노동계급의 자력 해방이다"고 말할 수 있다. 노동자들은 오직 그들 자신의 노력을 통해서만 자본주의에서 해방될 수 있다. 노동자들을 해방해 주는 것은 그들 자신 뿐이다. 다른 어느 누구도 노동자들을 위해서 사회주의를 성취해 줄 수 없다. 선한 의도를 가진 공상적 개혁가들의 노력도 블랑키주의자들의 음모도 사회주의를 가져다줄 수 없다. 마르크스가 작성한 국제노동자협회(제1인터내셔널) 규약은 다음과 같은 말로 시작한다. "노동계급의 해방은 노동계급 스스로 쟁취해야 한다."[44]

그러므로 마르크스의 역사관이 '결정론적'이라는 말보다 더 틀린 말은 없을 것이다. 만약 이 말이 사회주의는 필연적이라고 마르크스가 생각했다는 뜻이라면 말이다. 오히려, 계급투쟁이라는 "혁명적 실천" 형태의 인간 활동이 자본주의의 운명을 좌우하는 데서 결정적일 것이다.

물론 이런 활동은 진공 속에서 일어나지 않는다. 이 점은 마르크스가 《루이 보나파르트의 브뤼메르 18일》 서두에서 다음과 같이 썼을 때 분명히 드러난다. "인간은 자신의 역사를 만들지만 자기 마음대로 만드는 것은 아니다. 인간은 스스로 선택한 상황에서 역사를 만드는 것이 아니라, 과거부터 형성되고 물려받고 이미 존재하는 상황에서 역사를 만든다."[45] 특정한 역사적 시기에 인간의 활동이 이룰 수 있는 것은 그 시기에 지배적인 물질적·사회적 조건에 달려 있다. 이런 조건을 분석하는 것이 마르크스의 역사 이론의 핵심이다.

5

역사와 계급투쟁

가장 널리 받아들여지는 역사관은 가장 유치한 역사관이기도 하다. 그것은 역사를 위대한 남성들(과 가끔은 위대한 여성들), 즉 왕과 정치인, 장군과 성직자, 예술가와 스타 영화배우의 행동이나 업적을 다루는 것으로 보는 역사관이다. 그런 역사관은 중세의 연대기 저자들까지 거슬러 올라갈 수 있다. 그들은 왕과 귀족의 행동, 축제와 전쟁, 간통 사건 따위를 기록했다. 지금도 텔레비전 방송과 선정적 일간지는 첨단 기술을 사용해서, 똑같은 역사관을 우리에게 제시한다.

이런 피상적 역사관에 불만을 품은 사람들은 항상 있었다. 그들은 더 근본적인 어떤 패턴이 사건들의 이면에서 작용하고 있다고 믿었다. 중세에는 교회가 이데올로기적 권력을 행사했기 때문에 이런 패턴은 주로 종교적 용어들로 설명됐다. 그래서 남녀 인간의 행동이 신의 섭리에 따른 것으로 해석됐다. 인간은 자신의 욕망과 이익을 추구하는 과정에서 무의식적으로 신의 뜻을 실행한다는 것이었다. 헤겔은 최후의 위대한 기독교 철학자였다. 그는 절대정신이 자기의식에 이르게 되는 과정이 곧 역사라고 봤다.

17세기의 과학혁명 덕분에 세속적 역사관이 나타났다. 이 역사관에서 신은 아무런 구실도 하지 않았다. 그러나 계몽주의도 역사에는 어떤 패턴이 있다고 봤다. 그것은 "인간 정신의 진보"라는 패턴이었다. 역사는 이성의 힘이 증대해 온 이야기였다. 즉, 이성이 끊임없이 미신과 싸워서, 필연적으로 그러나 점진적으로 승리한다는 것이었다. 그런 역사관은 관념이나 사상을 역사적 변화의 원동력으로 봤다는 점에서 관념론적이었고 사람들이 갈수록 계몽되면 사회가 꾸준히 개선될 것이라고 믿었다는 점에서 낙관적이기도 했다.

계몽주의 역사관은 18~19세기에는 상당히 믿을 만했다. 당시에 적어도 서구 세계는 물질적·과학적 진보를 꾸준히 경험했기 때문이다. 오늘날 계몽주의 역사관은 전혀 그럴 듯하게 들리지 않는다. 20세기에는 재앙과 참사가 잇따랐기 때문이다. 즉, 엄청나게 파괴적인 세계 대전이 두 차례나 벌어졌고, 나치의 수용소와 스탈린 치하 소련의 강제 노동 수용소 같은 끔찍한 참상이 있었고, 서구의 풍요와 제3세계의 대규모 기아가 나란히 존재하는 터무니없는 사태가 벌어지고 있다. 기술 진보가 매우 빨라져서 자연환경에 대한 인간의 통제력은 지난 수십 년 동안에만 놀랄 만큼 비약적으로 발전했다. 그러나 이런 진보의 결과는 오히려 인류와 지구 자체의 파멸이 될 수도 있다. 점점 더 많은 자원이 훨씬 더 정교한 핵무기를 만드는 데 쓰이고 있기 때문이다.

역사에 어떤 패턴이 있다는 것을 부정하는 사람들이 많은 것도 결코 놀라운 일은 아니다. 많은 사람들은 역사가 끔찍한 사건들의 의미 없는 혼란일 뿐이라고 생각한다. 그래서 자유주의 정치인 H A L 피셔는 역사를 "비상사태의 연속"이라고 말했다. 제임스 조이스는 "나는 역사라는 악몽에서 깨어나려고 애쓴다"고 썼는데 이것은 많은 사람들의 심정을 대변하는 말이었다. 이 끔찍한 세기[20세기]에는 세계를 변화시키려는 노력을 모두 포기하고 개인적 관계에서 위안을 찾거나 (재능과 경제적 여유가 있는 사람들이라면) 개인적 성취에서 위안을 찾는 것이 구미가 당기는 일이 됐다.

마르크스의 역사 이론은 계몽주의의 안이한 낙관론에 도전할 뿐 아니라, 역사는 단지 혼란일 뿐이라고 여기는 더 현대적인 역사관에도 도전한다. 마르크스는 역사에 어떤 패턴이 있다고 생각했다. 그러나 그것은 "인간 정신의 진보"가 아니었다. 마르크스의 출발점은 사상이 아니라 "현실의 개인들과 그들의 활동이고, 또 이미 존재하는 것과 인간의 활동으로 생산하는 것을 모두 포함하는 물질적 생활 조건이다."[1]

생산과 사회

이미 《1844년 경제학·철학 원고》에서 마르크스는 인간을 무엇보다 생산자로 규정했다. 인간의 생산에는 두 측면이 있는데 물질적 측면과 사회적 측면이다. 첫째, 생산은 인간이 자연을 가공하고 변형해서 인간의 필요를 충족시키려고 하는 활동이다. 이것은 일정한 생산

조직, 적절한 도구의 소유 등을 포함한다. 둘째, 생산은 사람들이 필요한 것들을 협력해서 생산하는 사회적 과정이다. 그것은 항상 생산에 참가하는 사람들 사이의 사회적 관계, 결정적으로 생산과정과 생산물 분배에 대한 통제와 관련한 사회적 관계를 항상 포함한다.

마르크스는 앞의 물질적 측면을 **생산력**, 뒤의 사회적 측면을 **생산관계**라고 불렀다.

특정 사회에서 생산력의 성격은 마르크스가 "노동과정"이라고 부른 것에 달려 있다. 노동과정을 통해 인간은 자연을 가공하고 변형한다. 마르크스는 다음과 같이 썼다. "노동은 무엇보다 인간과 자연 사이의 과정이다. 이 과정에서 인간은 자신의 행동을 통해 인간과 자연 사이의 물질대사를 매개하고 규제하고 통제한다."[2]

인간이 자신의 필요를 충족하는 방법을 간략히 묘사하는 것에서 시작해 보자. 최초의 인간들은 동물을 사냥해서 먹고살았다. 그들이 사냥할 때 필요한 것은 인간의 힘과 사냥 기술, 스스로 발견한 날카로운 막대기와 돌 또는 직접 만든 창과 도끼 따위의 무기였다. 그 후 사람들은 토지를 경작해서 농사를 짓기 시작했다. 다시 그들에게 필요한 것은 인간의 힘과 기술, 더 정교한 도구였다. 그리고 시간이 흐르자 공장 생산이 나타났다. 여기서도 자연은 원료를 제공하고, 인간은 노동을 제공하고, 기계와 컴퓨터 등 훨씬 더 정교한 도구들이 사용됐다.

위의 세 가지 사례 모두에서 세 가지 요소를 확인할 수 있다. 첫째, '자연'이 있다. 즉, 사냥감이 되는 동물, 땅에 뿌리는 씨앗과 경작

되는 토지, 공장에서 가공되는 원료 등이 있다. 둘째, 인간의 노동이 있다. 셋째, 사냥용 창, 쟁기, 컴퓨터 등 도구가 있다.

마르크스는 이런 것들을 크게 두 부류로 나눴다. 노동과정은 두 가지 기본 요소, 즉 인간의 **노동력**과 **생산수단**으로 이뤄진다고 그는 말한다. 그리고 마르크스는 생산수단을 다시 두 부분으로 나눈다. 우리에게 필요한 것으로 변형되는 토지와 원료를 그는 "노동대상"이라고 부른다. 또 우리가 사용하는 도구를 그는 "노동수단"이라고 부른다.

이런 도구들이 노동과정에서 결정적 요소라고 마르크스는 말한다. 인간의 노동이 무엇을 성취할 수 있는지는 노동수단에 달려 있다는 것이다.

노동수단을 만들어 사용한다는 것은, 비록 다른 동물들 사이에서도 맹아적으로 존재하는 현상이긴 하지만, 인간 노동과정의 독특한 특징이다. 그래서 [벤저민 ─ 지은이] 프랭클린은 인간을 "도구를 만드는 동물"로 정의했다. … 경제적 시대를 구별하는 것은 무엇이 생산됐는지가 아니라, 어떤 노동수단으로 어떻게 생산됐는지다.[3]

노동과정은 … 인간의 필요를 충족하기 위해 자연에 존재하는 것을 취득하는 과정이다. 노동과정은 … 인간의 생존을 위한 영원한 자연적 조건이고, 따라서 … 인간 생활의 모든 사회적 형태에 공통된 것이다. 그러므로 우리는 노동자를 다른 노동자들과 맺는 관계로 설명할 필요가 없었다. 한편에는 인간과 그의 노동을, 다른 편에는 자연과 원료를 두는 것만으로도 충분했다. 오트밀을* 맛본다고 해도 누가 그 귀리를 재배했는지 알수 없듯이, 여기서 설명한 노동과정을 봐서는 그것이 어떤 조건에서 이뤄지는지 알 수 없다. 즉, 노예 소유자의 잔인한 채찍질 아래서인지 아니면 자본가의 집요한 감시 하에서인지 알 수 없는 것이다.[4]

다시 말해 노동과정의 조직, 예컨대 분업 자체는 특정 사회의 성격을 결정하지 않는다. '원시' 사회의 화전농법과 현대식 공장의 조립라인 생산 사이에는 천양지차가 있다. 그 차이는 무엇보다 오늘날 인간 노동력의 숙련도가 증대하고 과학 지식이 발전하고 그에 따라 우리가 사용하는 노동수단이 훨씬 더 정교해진 결과다.

이것들은 노동과정에 참여하는 사람들 사이의 사회적 관계가 어떻든 간에 그 노동과정을 물질적으로 제약한다. 예컨대 자동차를 생산하려면 먼저 내연기관을 만드는 데 필요한 전문적 기술과 과학 지식이 있어야 하고, 차체를 만들기 위해 금속을 가공할 수 있어야 하고, 고무나무에서 수액을 뽑아 타이어를 만들 수 있어야 하고, 자동차의 동력원이 될 연료를 추출할 수 있어야 한다. 이 능력들은 인간이 자연을 지배하는 힘의 증대를 나타내는 역사적 성과다. 그것들은 자본주의 사회와 마찬가지로 미래의 공산주의 사회에서도 필요한 것이다.

따라서 노동과정의 성격은 인간 기술의 발전을 반영하고 또 인간

---

* 귀리에 우유나 물을 부어 죽처럼 끓인 음식.

기술의 발전은 우리의 이론적 지식과 실천적 기술에 달려 있다. 노동과정이 개선된다는 것은 더 적은 노동량으로 우리에게 필요한 것을 똑같은 양만큼 생산할 수 있게 된다는 뜻이다. 그러므로 잠재적으로 노동과정이 개선되면 인류가 물질적 생산의 부담을 덜게 된다. 그와 동시에, 변덕스러운 자연환경에 덜 의존할 수 있게 된다. 자연에 대한 인간의 통제력이 증대하게 되는 것이다. 오늘날 풍요와 결핍은 더는 여름 날씨가 좋은지 아닌지에 달려 있지 않다.

마르크스는 이런 생산력 발전이 누적적이라고 생각했다. 다시 말해 한 사회의 기술적·과학적 성취를 바탕으로 해서 미래의 사회들이 건설된다는 것이다. 노동과정에서 일어난 변화들 덕분에 우리는 이전보다 더 효율적으로 생산할 수 있게 되고 그 때문에 자연에 대한 우리의 통제력도 증대될 수 있다. 이런 과정은 인간이 처음으로 농작물의 씨를 뿌리고 가축을 기르기 시작한 신석기 혁명 때부터 18~19세기의 산업혁명 때까지 인류 역사 내내 지속됐다고 마르크스는 주장했다.

생산력의 발전은 우리의 생활이 개선되는 데 꼭 필요한 조건이다. 심지어 미래의 공산주의 사회에서도 노동과정은 "인간의 생존을 위한 영원한 자연적 조건"일 것이다. 그러나 이런 생산력 발전만으로는 역사적 변화와 발전을 모두 설명할 수 없다. 우리의 과학적 지식과 실천적 기술의 발전은 생산력을 사용하기 위해 사회가 조직되는 방식, 즉 사회적 생산관계와 별개로 일어나지 않는다.

마르크스가 말한 생산관계가 무엇인지를 이해하려면 생산이 사회적이라는 말의 두 가지 의미를 구별해야 한다. 첫째, 노동이 필연적으로 사회적 활동인 이유는 공통의 목표를 달성하기 위해 여러 개인들의 협력에 의존하기 때문이다. 여기서 개인들 사이의 관계를 결정하는 것은 특정한 방식으로 생산하는 물질적 제약 조건들이다. 노동과정의 성격과 개인들의 기술에 따라 생산자들 사이에 작업이 할당될 것이다.

그러나 생산에는 다른 사회적 측면도 있다. 여기서는 생산수단, 즉 도구와 원료가 다시 결정적 요소다. 마르크스는 다음과 같이 썼다.

> 생산의 사회적 형태가 어떻든 간에 노동자와 생산수단은 항상 생산요소다. [그러나 그것들이 서로 분리돼 있다면 잠재적 생산요소일 뿐이다.] 생산이 진행되려면 그것들은 결합돼야 한다. 이 결합이 이뤄지는 특수한 형태와 방식에 따라 사회구조의 경제적 시대들이 구별된다.[5]

마르크스는 누가 생산수단을 통제하는지를 살펴보지 않으면 생산의 성격을 이해할 수 없고 따라서 사회의 성격도 이해할 수 없다고 주장했다. 그 이유는 두 가지다. 첫째, 일단 가장 원시적인 농업 방식을 제쳐 두면 어떤 노동과정도 생산수단 없이는 이뤄질 수 없다. 사실 화전농법조차 비교적 자유롭게 토지[라는 생산수단]에 접근할 수 있어야 가능하다. 둘째, 생산수단의 분배는 사회가 여러 계급으로 분열되는 열쇠다. 왜냐하면 노동과정에서는 (실제로 노동을 하는 사람들인) 생산자들이 생산수단, 즉 (그들이 노동할 때 사용하는) 도구와 원료를 반드시 통제해야 한다는 내재적 필연성이 없기 때문이다. '직접 생산자들'이 생산수단과 분리되고 생산수단을 소수가 독점하게 될 때 계급들이 생겨난다.

[직접 생산자들과 생산수단의] 이런 분리는 오직 생산력이 일정 수준까지 발전했을 때에야 일어난다. 마르크스는 계급사회의 노동일을 두 부분으로 구분했다. 첫 부분에서 직접 생산자는 필요노동을 한다. 다시 말해 자신과 부양가족이 살아가는 데 필요한 생계 수단을 생산한다(자본주의에서 노동자는 실제로 생계 수단을 생산하는 것은 아니고 그만한 가치의 다른 상품을 생산하고 그 대가로 임금을 받지만 기본적 관계는 똑같다).

노동일의 둘째 부분에서 생산자는 잉여노동을 한다. 이 노동시간에 생산된 생산물을 가져가는 사람은 실제로 노동을 한 생산자가 아니라 생산수단의 소유자다. 이것은 생산수단 소유자가 노동자에게 그 생산수단을 사용해서 노동을 할 수 있는 특권을 허용한 대가다(노동자는 굶어 죽지 않으려면 자신의 노동 생산물을 빼앗기더라도 노동을 해야만 한다). 마르크스는 다음과 같이 썼다.

사회의 일부 사람들이 생산수단을 독점하고 있는 곳이라면 어디서나 노동자는 (자유로운 노동자든 그렇지 않은 노동자든) 모두 자신[의 생활]을 유지하는 데 필요한 노동시간에다 추가 노동시간을 덧붙여서, 생산수단 소유자에게 필요한 생계 수단도 생산해야만 한다. 그것은 이 생산수단 소유자가 아테네의 귀족이든, 에트루리아의 신정관이든, 로마의 시민이든, 노르망디의 영주든, 미국의 노예 소유자든, 왈라키아의 보야르[러시아와 발칸 반도의 봉건적 대지주]든, 현대의 지주나 자본가든 다 마찬가지다.[6]

그러므로 계급사회는 착취에 의존한다. 즉, 생산수단을 통제하는 소수가 잉여노동을 취득하는 것에 의존한다. 그러나 인류 발전의 초기 단계, 마르크스가 '원시 공산주의'라고 부른 시기에는 생산수단을 공동으로 소유했고 그래서 잉여노동이 거의 없거나 전혀 없었다. 노동일은 거의 전부가 사회의 기본적 필요를 충족하기 위한 필요노동으로 이뤄졌다.

오직 점진적으로만, 생산기술의 향상 덕분에 사람들은 단지 살아가는 데 필요한 것보다 더 많이 생산할 수 있게 됐다. 그러나 이런 잉여생산물은 너무 적어서 모든 사람의 생활수준을 크게 개선할 수는 없었다. 오히려 소수가 잉여생산물을 취득하게 됐는데, 그들이 다른 사람들보다 더 효율적이라거나 정치권력을 쥐고 있다거나 하는 등의 다양한 이유로 생산수단을 통제한 덕분이었다. 그렇게 해서 계급이 생겨났다. 엥겔스는 다음과 같이 썼다.

착취계급과 피착취계급, 지배계급과 피지배계급 사이에 바로 오늘까지도 지속되고 있는 역사적 적대 관계는 모두 이와 같이 인간의 노동생산성이 상대적으로 발전하지 못했기 때문이라고 설명할 수 있다. 실제로 노동하고 있는 사람들이 그들의 필요노동에만 매달려 사회의 공동 업무(노동의 관리, 나랏일, 법률적 사건들, 예술, 과학 등)를 맡을 시간이 없는 한, 현실적 노동에서 해방돼 그런 공동 업무를 전담하는 특별한 계급이 항상 존재할 수밖에 없었다. 그리고 이 계급은 [그 지위를 이용해서] 자신들의 이익을 위해 노동 대중에게 점점 더 많은 일을 하도록 강요했다.[7]

생산수단의 통제(더 정확히 말하면, 실질적 점유)가 법률적 소유와 꼭 일치하는 것은 아니다. 이 점에서 마르크스는 토머스 홉스 같은 유물론적 부르주아 철학자들과 스스로 같은 편에 섰다. 홉스는 "힘을 정의의 기초로 봤다. … 홉스 등이 그랬듯이, 힘을 정의의 기초로 본다면, 권리·법률 등은 국가권력이 의존하고 있는 다른 관계들의 징후·표현일 뿐이다."[8]

생산관계와 법률적 소유 형식을 구별하는 것은 중요하다. 자본주의는 생산수단을 소유하고 통제하는 개인 자본가들의 존재에 의존한다고 생각하는 사람들이 많다. 그래서 그들은 현대의 주식회사에서는 기업을 실제로 운영하는 고위 경영자들이 회사의 피고용인이고 기껏해야 약간의 주식을 소유하고 있을 뿐인데 이런 주식회사가 성장했다는 것은 우리가 더는 자본주의 사회에서 살고 있지 않다는 것을 보여 준다고 주장한다. 이보다 더 틀린 말은 없을 것이다. 계급사회를 규정하는 것은 소수가 생산수단을 실질적으로 점유한다는 사실이지, 그런 권력관계를 포장하고 있는 법률적 형식이 아니다.

생산양식과 계급투쟁

계급사회에서 생산관계는 "개인과 개인의 관계가 아니라, 노동자와 자본가, 농민과 지주 등의 관계다."[9] 마르크스는 착취에 바탕을 둔 이 계급 관계가 사회를 이해하는 열쇠라고 생각했다.

직접 생산자들한테서 무보수 잉여노동을 뽑아내는 특정한 경제형태가 지배자와 피지배자의 관계를 결정한다. … 전체 사회구조의 핵심적 비밀을 드러내 주는 것은 항상 생산 조건 소유자와 직접 생산자 사이의 직접적 관계다. 이 관계는 항상 노동 방식이나 사회적 노동생산성의 일정한 발전 단계와 자연스럽게 상응한다.[10]

바로 이런 생각에서 《공산당 선언》의 저 유명한 구절이 나온 것이다.

지금까지 존재한 모든 사회의 역사는 계급투쟁의 역사다. 자유민과 노예, 귀족과 평민, 영주와 농노, 길드의 장인과 직인, 한마디로 억압자와 피억압자는 끊임없이 대립하면서 때로는 은밀하게, 때로는 공공연하게 싸움을 벌였다. 이 투쟁은 항상 사회 전체가 혁명적으로 개조되거나 그러지 않으면 투쟁하는 계급들이 함께 몰락하는 것으로 끝났다. … 봉건사회가 몰락하고 생겨난 현대 부르주아 사회도 계급 적대를 없애지 못했다. 다만 새로운 계급, 새로운 억압 조건, 새로운 투쟁 형태들이 낡은 것을 대체해 놓았을 뿐이다.[11]

이런 사상은 오늘날 심지어 부르주아 역사가들조차 어느 정도 받아들이기 때문에 그것이 1848년에는 얼마나 혁명적이었는지를 파악하기가 쉽지 않다. 그 전까지 역사는 대체로 사회의 상류층에 관한 것(과 상류층을 위한 것)만을 기록했거나 이성의 숭고한 역사적 행진을 추적했다. 그런데 마르크스는 모든 위대한 역사적 변화에서 노동대중이 결정적 구실을 했음을 밝혀냈다. 오늘날 이른바 '아래로부터' 역사를 쓰는 사람들은 "역사는 계급투쟁의 역사"라고 선언한 마르크스의 영향을 받았다.

마르크스는 계급투쟁을 자신의 가장 중요한 발견이라고 생각하지 않았다. 그래서 1852년 3월 요제프 바이데마이어에게 보낸 유명한 편지에서 다음과 같이 썼다.

그리고 이제 저 자신에 대해 말하자면, 현대사회에도 계급들이 존재한다거나 계급투쟁이 벌어진다는 사실을 발견한 사람은 제가 아닙니다. 저보다 오래전에 부르주아 역사가들이 이런 계급투쟁의 역사적 발전을 서술했고, 부르주아 경제학자들이 계급을 경제적으로 해부했습니다. 제가 한 일 중에 새로운 것은 다음 사실을 증명한 것입니다. (1) **계급들의 존재**는 오직 **역사적으로** 특정한 생산 발전 단계와 결부돼 있다는 것. (2) 계급투쟁은 반드시 **프롤레타리아 독재**로 이어진다는 것. (3) 이 독재 자체도 **모든 계급의 폐지**와 **계급 없는 사회**로 가는 이행기일 뿐이라는 것.[12]

마르크스는 아마 너무 겸손했던 것 같다. 그렇지만 그의 기본적 주장은 유효하다. 계급투쟁은 역사적으로 특정한 생산관계에서 생겨 나고, 그런 생산관계 자체는 "항상 노동 방식이나 사회적 노동생산 성의 일정한 발전 단계와" 다시 말해, 생산력의 특정한 발전 수준과 "자연스럽게 상응한다."

마르크스는 "생산력의 일정한 발전 단계와 일치하는 생산관계"를 생산양식이라고 불렀다. 그는 계급사회의 주요 유형을 네 가지로 구 별했다. "대체로 말해, 경제적 사회구성체가 진보해 가는 단계로서 아시아적 생산양식, 고대적 생산양식, 봉건적 생산양식, 현대 부르주 아 생산양식을 들 수 있다."[13]

다양한 경제적 사회구성체의 차이(예컨대 노예노동에 바탕을 둔 사회와 임금노동에 바탕을 둔 사회의 차이)는 직접 생산자인 노동자한테서 이 잉 여노동을 강탈하는 형태의 차이다.[14]

착취 형태 자체는 생산수단의 분배에 달려 있다. 노예제의 경우에 노예는 생산수단이다. 노예가 일하는 토지와 사용하는 도구가 노예 주인의 재산인 것과 마찬가지로 노예 자신도 주인의 재산이다. 그래 서 사실상 노예의 노동은 모두 잉여노동인 것처럼 보인다. 노예는 자 기 생산물의 일부라도 가질 자격이 전혀 없고 생산물을 전부 주인이 가져가기 때문이다. 그러나 주인이 돈을 주고 노예를 산 것은 귀중 한 투자이기 때문에 주인은 노예를 계속 생존시켜야 하고 따라서 생 산물의 일부를 따로 떼어서 노예를 먹이고 입히고 재워 줘야 한다.

반면에 봉건제의 경우에는 농민이 일부 생산수단(도구, 가축 등)을 실제로 통제할 수 있지만 자신이 일하는 토지를 소유하지는 못한다. 그래서 농민의 노동시간은 자신과 가족을 위한 필요노동과 영주를 위해 일하는 잉여노동으로 나뉠 수밖에 없다. "농민은 필요노동을 자신의 경작지에서 하고, 잉여노동을 영주의 농장에서 한다. 따라서 노동시간의 두 부분은 서로 독립적으로 나란히 존재한다."[15]

이 두 생산양식에서 착취는 뚜렷이 눈에 보이고, 재산 소유자가 직접 생산자를 지배하는 물리적 힘에 의존한다. 노예 소유자는 자신이 원한다면, 게으르거나 반항하는 노예를 가혹하게 괴롭히거나 죽일 수 있다. 봉건영주는 무장한 가신들의 형태로 군사력을 보유했다. 토지 소유자가 농민의 잉여노동을 쥐어짜 낼 수 있는 능력은 그가 무력을 독점한 데서 나왔다. 사실, 언뜻 보면 정말로 중요한 것은 지배자가 피지배자를 억압하는 이런 권력관계이지(피상적 역사관은 그렇다고 암시한다) 그것이 뒷받침하는 경제적 관계가 아닌 것처럼 생각될 수도 있다.

그러나 자본주의에서는 노동자가 법률적으로 자유롭다. 노동자가 자본가에게 매여 있는 방식은 노예가 주인에게, 농노가 영주에게 매여 있는 방식과 다르다. [자본주의의] 착취는 생산자가 재산 소유자에게 물리적으로 종속돼 있는 것에 의존하지 않는다. 오히려 경제적 압력, 무엇보다 노동자가 생산수단을 소유하고 있지 않다는 사실에 의존한다. 마르크스는 다음과 같이 썼다. 노동자는 "이중의 의미에서 자유롭다. 첫째로 낡은 후견 관계나 예속 관계나 노예 관계에서 자유롭고, 둘째로 모든 소유물에서, 모든 물질적 객체 형태의 존재에서, 즉 모든 재산에서 자유롭다."[16]

영국에서 농민은 15~18세기에 다양한 책략과 술수(퇴거 명령, 공유지에 울타리치기[인클로저] 등)에 따라 생계 수단이던 토지에서 분리됐다. 따라서 오직 일할 수 있는 능력, 즉 노동력 말고는 가진 것이 없는 노동계급의 창출을 통해서만 자본주의 생산양식은 발전할 수 있었다.

자본주의 생산양식은 직접 생산자와 생산수단의 분리에 의존한다. 그리고 이 생산수단은 소수의 자본가들이 통제한다. 노동자가 자본가에게 노동력을 판매하지 않는다면 결국은 굶어 죽을 수밖에 없다. 자본가는 생산수단에 대한 통제권을 이용해 사람들이 자본가를 위해 일하도록 강요할 수 있고, 일단 노동자들을 고용하고 나면 그들이 임금을 벌충하는 데 필요한 시간보다 더 오래 일하게 해서 잉여가치를 창출하도록 강요할 수 있다. 이 경우에 착취는 무엇보다 재산 소유자의 경제적 힘에 의존하지 폭력의 독점에 의존하지 않는다. 여기에는 물리적 강요가 전혀 없기 때문에, 또 노동자가 법률적으로 자유롭고 언뜻 보면 노동자가 매우 자발적으로 자본가를 위해 일한다는 데 합의했기 때문에, 착취가 숨겨져 있다. 그러나 여기서도 착취는 실제로 존재한다.

마르크스는 "생산관계가 … 특정한 생산력 발전 단계와 상응한다"고 썼다. 여기서 "상응한다"는 말은 정확히 무슨 의미인가? 일부 평론가들은 마르크스가 생산력을 생산양식이 발흥하고 몰락하는 직접적 원인으로 봤다고 생각한다. 이런 역사관을 때때로 '기술 결정론'이라고 부른다. 왜냐하면 기술 변화가 사회 변화의 원동력이라고 여기기 때문이다.

마르크스의 저작들을 보면 그런 견해를 지지하는 듯한 구절들이 나온다. 예컨대 마르크스는 다음과 같이 썼다.

> 사회적 관계는 생산력과 밀접한 관련이 있다. 새로운 생산력을 획득하면서 인간은 생산양식을 변화시킨다. 또 생산양식을 변화시키고 생계 유지 방식을 변화시키면서 인간은 모든 사회적 관계도 변화시킨다. 맷돌은 봉건영주가 있는 사회를 만들어 내고, 증기 제분소는 산업자본가가 있는 사회를 만들어 낸다.[17]

나중에 일부 마르크스주의자들은 이런 말들을 이용해서 마르크스의 역사 이론을 왜곡하는 것을 정당화했다. 그들은 일단 생산력이 특정한 수준에 도달하면 사회혁명이 필연적으로 일어난다고 말했다. 제2인터내셔널(1889~1914)의 최고 이론가였던 카를 카우츠키는 자본주의는 몰락할 운명이고 "자연적 필연성"에 따라 몰락할 수밖에 없다고 주장했다. 사회주의자들은 그저 가만히 앉아서 이 필연적 사건이 일어나기를 기다리기만 하면 된다는 것이었다.

이런 종류의 게으른 마르크스주의는 제2인터내셔널의 정당들이 1914년에 제1차세계대전이 발발했을 때 대중적 반전 운동을 조직하지 않도록 부추겼다. 오히려 그들은 자국 정부를 지지했고 그래서 노동자들이 전쟁터에서 서로 학살하는 바람에 국제 노동운동은 와해되고 말았다.

숙명론적 마르크스주의는 역사의 결과에 영향을 미치려고 애쓰기보다는 수동적으로 역사를 관찰하는 것이므로 마르크스 자신의 견해를 완전히 왜곡하는 것이다. "사회적 관계는 생산력과 밀접한 관련이 있다"는 말은 사회적 관계가 그저 생산력의 변화에 반응하기만 한다는 말이 아니다. 상응한다는 것은 쌍방향으로 진행된다는 것이다. 서로 상대방을 제한하고 제약하는 것이다.

생산력은 사회적 생산관계를 제한한다. 마르크스와 엥겔스는 모든 상황에서 계급이 폐지될 수 있는 것은 아니라고 강력하게 주장했다. 엥겔스는 《공산당 선언》의 초안에서* 다음과 같이 설명했다.

사회질서의 모든 변화, 소유관계의 모든 혁명은 낡은 소유관계와 더는 일치하지 않게 된 새로운 생산력이 만들어 낸 필연적 결과였다. … 모든 사람에게 풍족할 만큼, 그뿐 아니라 사회적 자본을 늘리고 생산력을 더 발전시키기 위한 잉여생산물까지 남을 만큼 많은 것이 생산되지 않는 동안에는, 사회의 생산력을 관리하는 지배계급과 가난하고 억압받는 계급이 늘 있기 마련이다. 이 계급들의 상태가 어떨지는 생산 발전 단계에 달려 있다. … 지금까지는 모든 사람에게 풍족할 만큼 생산할 수 있을 정도로, 또는 사적 소유가 생산력 [발전]을 가로막는 질곡이자 장애가 될 정도로

---

* 《공산주의의 원칙들》을 말한다.

아직 생산력이 발전하지 못했다는 것은 분명하다. 그러나 이제는 대공업이 발전해서, **첫째로** 자본과 생산력이 전대미문의 규모로 창출됐고 생산력을 단기간에 한없이 증대시킬 수 있는 수단이 존재한다. **둘째로** 이 생산력이 소수 부르주아지의 수중에 집중되는 반면에 수많은 인민대중은 점점 더 프롤레타리아로 전락하고, 부르주아지의 부가 증대할수록 프롤레타리아의 처지는 더 비참하고 견딜 수 없게 됐다. **셋째로** 쉽게 증대될 수 있는 이 강력한 생산력이 너무 크게 성장해서 사적 소유와 부르주아지에 맞지 않게 돼, 번번이 사회질서에 격렬한 동요를 불러일으키고 있다. 그러므로 오늘날에 와서야 사적 소유의 폐지는 가능해졌을 뿐 아니라 완전히 필요해졌다.[18]

따라서 사회주의는 단지 선한 의도를 가진 몽상가들의 머릿속에서 나온 훌륭한 사상이 아니다. 사회주의는 오직 계급이 폐지될 수 있을 만큼 생산력이 발전해야만 가능하다. 그리고 생산력이 그런 수준까지 발전하는 것은 오직 자본주의에서만 가능하다.

그러나 사회적 생산관계가 생산력 발전을 제한한다는 것도 마찬가지로 사실이다. 노동과정이 얼마나 개선될 것인지는 이런 개선이 주요 사회계급들 가운데 적어도 하나에게 이익이 되는지 아닌지에 달려 있다.

중세 유럽을 예로 들어보자. 역사가들이 보여 줬듯이 봉건사회는 끔찍한 위기를 겪었는데, 그때는 토지가 기존 인구를 부양할 수 없어서 사람들의 생활수준이 떨어지다가 전쟁·기아·전염병 때문에 균형이 다시 회복되곤 했다. 서유럽 사람들의 대다수는 풍년이 들어야 간신히 먹고살 수 있는 농민들이었는데 그들은 핵무기에 의한 대량 학살과 거의 비슷한 규모로 죽어 갔다. 프랑스의 마르크스주의 역사가 기 부아는 14세기 중반에 노르망디 동부 지방 인구의 절반이 사라졌고 15세기 초에는 훨씬 더 많은 사람들이 죽었다는 것을 보여 줬다. 그가 계산한 것을 보면 1460년의 인구는 1300년의 3분의 1이 채 안 됐다.

이것은 단순한 자연재해도 아니고 맬서스의 인구법칙 사례도 아니었다. 당시 지배적인 봉건적 생산관계에서 비롯한 것이었다. 농민들은 자기 생산물의 절반이나 봉건영주에게 갖다 바쳐야 했고, 영주들은 그것으로 자기 가신들을 먹여 살리고 무장시켰으며 자신의 사회적 지위도 유지했다. 농민들은 생산방법을 개선하는 데 투자할 동기도 자원도 없었다.

이것이 뜻하는 바는 농업 기술이 중세 후기(1300~1550) 거의 내내 변하지 않았다는 것이다. 인구가 어떤 한계를 넘어서 성장하게 되면 이런 농업 기술로는 모든 사람이 먹고살 수 있을 만큼 토지나 식량이 충분하지 않게 된다. 영주는 자기 소득이 줄어들지 않도록 농민들을 훨씬 더 가혹하게 쥐어짜곤 했다. 심지어 소작농들이 굶어 죽더라도 그렇게 했다. 결국 그 부담을 견디지 못한 농민 경제는 붕괴했다.

비록 과학 지식의 발전 덕분에 우리가 노동생산성을 향상시킬 수 있게 됐다고 하더라도 이런 기회가 실제로 사용될지 아닐지는 지배적인 사회적 생산관계에 달려 있다. 중국은 사회관계가 기술 진보를 중단시킬 수 있음을 보여주는 또 다른 사례다.

송나라(950~1259[*]) 때의 중국은 유럽보다 몇백 년 앞서 있었다. 중국에서 11세기에 세워진 주철 공장은 산업혁명 전까지는 세계 최대 규모였다. 화학 무기, 인쇄 활자, 나침반, 기계식 시계는 모두 유럽보다 수백 년 전에 중국에서 개발됐다. 그러나 이런 돌파구는 현대식 산업 경제의 발전을 촉진하지 못했다. 오히려, 그런 진보에 아무 관심이 없었던 지주와 관료들이 지배하는 사회구조 때문에 정체와 쇠퇴가 지속되다가 결국 19세기에 낡은 중세 왕국은 서구 식민주의자들에게 먹히고 말았다.

따라서 사회적 생산관계(사회의 경제구조)와 생산력(인간의 재주와 기술)은 하나가 다른 하나를 지배하는 것이 아니라 상호작용 하는 것이다. 재주와 기술의 수준은 사회 변화를 제한하기도 하지만 자극할 수도 있다. 반면에 사회구조는 사람들이 얼마나 많이 노동 과정을 바꾸고 신기술을 사용할 수 있는지를 결정한다.

마르크스는 이 둘의 관계를 시간이 흐르면서 변화하는 관계로 본다. 특정한 사회구조는 인간의 재주와 기술 발전의 특정 단계와만 양립할 수 있다. "사회의 물질적 생산력은 특정 단계에서 기존의 생산관계 … 와 충돌한다. … 그동안 생산력 발전의 형식이었던 생산관계가 이제는 생산력을 억제하는 족쇄로 바뀐다."[19] 그러면 사회적 위기

---

* 1279의 오타인 듯하다.

의 시대가 시작하고 그 위기는 새로운 생산관계, 즉 생산력의 발전을 더 촉진할 수 있는 생산관계가 낡은 생산관계를 대체할 때에만 비로소 끝나게 된다.

앞서 말한 유럽 봉건제의 위기는 이런 과정을 보여 주는 사례일 수 있다. 로마 시대 말기에 봉건적 생산관계가 수립되자 상당한 경제적 진보가 뒤따랐다. 10~13세기에 농업 생산이 상당히 증대했고 상당한 규모의 토지가 개간됐고 도시가 확대됐고 인구가 성장했다. 고대 그리스와 로마에서 이룩됐지만 당시의 지배적인 노예제 생산관계 대문에 실제로 적용되기 힘들었던 많은 과학적 발견들이 이제 경제적으로 사용됐다.

그러나 13세기에 이 경제성장은 전에는 그 자극제 구실을 했던 봉건적 [생산]관계 때문에 한계에 봉착했다. 이미 봤듯이 영주도 농민도 급증하는 인구를 먹여 살리는 데 필요한 농업 기술 향상에 별로 관심이 없었다. 그 결과는 오랫동안 지속된 위기였다.

그러므로 사회적 위기는 지배적 생산양식 내부의 모순에서 생겨난다. 그와 동시에 사회적 위기는 새로운 생산양식이 출현할 수 있는 조건을 만들어 낸다. 예컨대 봉건제의 경우에 14세기에 흑사병이 유행한 뒤 노동력이 부족해지자 영국 농민들은 입지가 충분히 강력해져서 비록 1381년의 대규모 반란이 패배했는데도 농노제 폐지를 강요할 수 있었다. 그래서 농민들은 더는 토지에 묶여 있지 않게 됐다. 그러나 프랑스 농민들과 달리 자신이 일하는 땅뙈기의 소유자가 될 수 있을 만큼 충분히 강력하지는 않았다. 영국 지주들은 16세기 이후 농민을 토지에서 몰아내고 공유지에 울타리를 쳐서 농장으로 만들 수 있었다. 그런 다음 그 토지를 자본주의적 차지농에게 임대했고 자본주의적 차지농은 임금노동자를 고용해서 생산한 상품을 시장에 내다 팔았다. 봉건적 생산관계가 서서히 무너지면서 자본주의가 시작한 것이다.

계급투쟁은 이런 모순의 관점에서 이해해야 한다고 마르크스는 주장했다. 하나의 생산양식이 다른 생산양식으로 바뀌는 일은 점진적·평화적으로 일어나지 않는다. 그런 일이 일어나려면 옛 지배계급이 수탈당하고 새로운 지배계급이 그 자리를 대신하는 폭력적 혁명이 필요하다. "생산력과 교류 형태[생산관계] 사이의 모순은 … 번번이 혁명으로 폭발했다. 그와 동시에 다양한 부차적 형태로도 나타났는데, 전면적 충돌인 다양한 계급들 사이의 충돌, 의식의 모순이 빚어내는 사상투쟁, [정치투쟁] 등이 그런 것들이다."[20]

마르크스의 역사 이론은 《정치경제학 비판을 위하여》 서문에 나오는 다음과 같은 유명한 구절에 잘 요약돼 있다.

인간은 자신의 생활을 사회적으로 생산하는 과정에서 자기 의지와 무관하게 일정한 관계를 맺는다. 그것은 물질적 생산력의 발전 단계와 상응하는 생산관계다. 이 생산관계 전체가 사회의 경제구조를 이룬다. 이 경제구조야말로 [사회의] 진정한 토대이고, 그 위에 법률적·정치적 상부구조가 세워진다. 사회적 의식의 일정한 형태도 그 토대에 상응한다. 물질적 생활의 생산양식이 사회적·정치적·지적 생활 과정 전반에 주된 영향을 미친다.

인간의 의식이 인간의 존재를 결정하는 것이 아니라, 인간의 사회적 존재가 인간의 의식을 결정한다. 사회의 물질적 생산력은 특정 단계에서 기존의 생산관계나 (생산관계의 법률적 표현에 불과한) 소유관계와 충돌한다 (그때까지는 생산관계의 틀 안에서 생산력이 발전한다). 그동안 생산력 발전의 형식이었던 생산관계가 이제는 생산력을 억제하는 족쇄로 바뀐 것이다. 그러면 사회혁명의 시대가 시작한다. 경제적 토대가 변화하면 엄청난 상부구조 전체도 거의 순식간에 변화한다.[21]

토대와 상부구조

"지금까지 존재한 모든 사회의 역사는 계급투쟁의 역사다." 그리고 마르크스가 보기에 계급은 근본적으로 **경제적** 관계다. 그는 분명히 레닌의 다음과 같은 유명한 정의를 받아들였을 것이다.

계급이란 역사적으로 결정된 사회적 생산 체제 안에서 차지하는 지위, 생산수단과 맺고 있는 관계(대부분 법률로 확립되고 성문화한다), 사회적 노동조직에서 하는 구실, 그 결과로 사회적 부에서 차지하는 몫과 그것을 얻는 방법의 차이에 따라 구별되는 커다란 사회집단이다. 계급이란 일정한 사회적 경제체제 안에서 차지하는 지위의 차이로 말미암아 어느 한쪽이 다른 쪽의 노동을 수탈할 수 있는 사회집단을 말한다.

이런 역사관은 (처음 정식화됐을 때부터 많은 비판자들이 주장했듯이) 모든 사회생활을 경제적 이해관계의 표현으로 조야하게 환원하는 것 아닌가?

생산력과 생산관계가 사회 전체를 형성하는 방식에 관한 마르크스의 생각은 사실 매우 미묘하고 복잡했다. 많은 평론가들이 지적했듯이 이른바 경제적 '토대'와 이데올로기적·정치적 상부구조 사이의 관계에 관한 마르크스의 가장 중요한 진술은 조심스럽고 제한적이다.

이 생산관계 전체가 사회의 경제구조를 이룬다. 이 경제구조야말로 [사회의] **진정한 토대**이고, 그 위에 법률적·정치적 상부구조가 세워진다. 사회적 의식의 일정한 형태도 그 토대에 **상응**한다. 물질적 생활의 생산양식이 사회적·정치적·지적 생활 과정 전반에 **주된 영향**을 **미친다**. 인간의 의식이 인간의 존재를 결정하는 것이 아니라, 인간의 사회적 존재가 인간의 의식을 **결정한다**.[22]

여기서 묘사된 사회의 모습은 상부구조(정치와 이데올로기)가 그저 경제에서 일어난 일을 수동적으로 반영하는 것이 아니다. 그보다는, 위 인용문에서 내가 강조한 단어들이 암시하듯이 실상은 생산력과 생산관계가 상부구조의 발전을 제한한다. 그렇다면 정치적·이데올로기적 요인들이 자체 흐름에 따라 발전하고 경제에 반작용할 수 있는 상당한 여지가 있다는 이야기다.

어쨌든 엥겔스는 마르크스가 죽고 나서 몇 년 뒤[1890년 9월 21일 블로흐에게] 보낸 편지에서 다음과 같이 주장했다.

유물론적 역사관에 따르면, 역사에서 **궁극적으로** 결정적인 요인은 실제 생활의 생산과 재생산입니다. 마르크스도 나도 이와 다르게 말한 적이 없습니다. 따라서 누가 이 주장의 참뜻을 경제적 요인이 **유일한** 결정 요인이라는 식으로 왜곡한다면, 우리의 명제를 무의미한 추상적 공문구로 바꾸는 셈입니다. 경제적 상황이 토대지만, 상부구조의 다양한 요소들(계급투쟁의 정치적 형태와 그 결과, 예컨대 전투에서 승리한 계급이 제정한 헌법 등의 법률 형태, 심지어 이 모든 실제 투쟁에 참가한 사람들의 머릿속에 반영된 것들, 즉 정치적·법률적·철학적 이론, 종교관 그리고 이것이 더 발전한 교리 체계까지)도 역사적 투쟁의 경로에 영향을 미치며 많은 경우 그런 투쟁의 **형태**를 결정하는 데서 가장 중요한 구실을 합니다. 이 모든 요인들은 상호작용하고, 이런 상호작용 속에서 경제적 운동은 한없이 많은 온갖 우연적 사건들 와중에 … 마침내 필연적인 것으로서 드러나게 됩니다.[23]

따라서 특정 사회에서 어떤 생산관계가 지배적인지를 규명하는 것은 그 사회를 이해하는 출발점일 뿐이다. 사회를 제대로 이해하려면 이데올로기적·정치적 요인들이 경제와 상호작용하는 방식을 파악해야 한다. 그러나 생산관계가 사회의 "진정한 토대"라는 사실을 항상 명심해야 한다.

토대와 상부구조 사이의 관계를 분명히 이해하기 위해 상부구조의 가장 중요한 두 요소, 즉 이데올로기와 국가를 살펴보자.

마르크스는 사회혁명을 이야기하면서 다음과 같이 썼다.

경제적 생산 조건의 물질적 변화와 ⋯ 법률적·정치적·종교적·예술적·철학적
(요컨대, 이데올로기적) 형식들을 구분해야 한다. 이런 이데올로기적 형식
들을 보고 사람들은 그 충돌을 알게 되고 끝까지 싸운다. 한 개인이 어
떤 사람인지를 그가 자신을 어떻게 생각하는지로 판단하지 않듯이, 그런
변혁기를 그 의식으로 판단할 수는 없다. 오히려 이 의식은 물질적 생활의
모순으로, 사회의 생산력과 생산관계의 충돌로 설명해야 한다.[24]

따라서 먼저, 마르크스는 의식이 "물질적 생활의 모순"과 관계없다
는 생각을 거부한다. 사회적 존재가 의식을 결정하지 그 반대가 아
니다. 그러나 "사회적 존재가 의식을 결정한다"는 말은 무슨 뜻인가?
무엇보다, 사람들이 갖고 있는 신념은 그들이 살고 있는 물질적·사회
적 상황의 압력을 받아서 형성된다는 뜻이다. 인간은 어떤 순수이성
의 왕국에서 살아가는, 육체 없는 정신이 아니다. 대다수 인간은 근
근이 생계를 유지하는 상황에서 생존을 위해 분투한다. 그들이 갖고
있는 신념은 자신이 처한 상황을 이해하려는 노력의 결과일 것이고
그들의 일상적 행동에 지침이 될 것이다.

더욱이, 사람들은 원시공산제 사회가 끝난 뒤부터는 계급사회에서
살아 왔다. 이 말은 지배계급이 직접 생산자들을 설득해서 그들 자
신의 처지를 받아들이도록 만드는 것이 중요했다는 뜻이다. 이렇게

직접 생산자들이 자신의 처지를 받아들이는 것은 다양한 형태로 나타날 수 있다. 직접 생산자들은 지배계급이 너무 강해서 도저히 전복할 수 없다는 신념을 바탕으로 그냥 체념해 버릴 수도 있다. 그러나 현재의 사회질서가 정당하고 바람직한 것이라는 긍정적 신념을 갖게 될 수도 있다. 어떤 경우든 직접 생산자들의 신념은 그들이 현재 상황을 받아들이는 데서 결정적 구실을 한다.

따라서 이데올로기, 즉 세계에 관한 체계적 신념은 오직 그것이 계급투쟁에서 하는 구실이라는 관점에서만 제대로 이해할 수 있다. 다시 말해 이데올로기는 지배적 생산관계를 유지하는 데 기여하는지 아니면 약화시키는 데 도움이 되는지 하는 면에서 분석해야 한다.

그런데 이데올로기는 피착취자들이 자신의 사회적 처지를 잘못 알게 만들어서 계급사회를 지탱해 준다고 마르크스는 생각했다. 이데올로기는, 계급사회의 사회적 관계들이 인간의 역사에서 일시적이고 독특한 관계가 아니라 필연적이고 결코 폐지될 수 없는 자연적 관계처럼 보이게 만든다는 것이다. 그 결과로 특정한 계급의 이해관계가 마치 보편적 인간의 이해관계처럼 보이게 된다.

만약 자본주의 생산관계가 인류 발전의 최고 형태라면 자본가가 이윤을 얻는 것은 모든 사람에게 이익이 된다. 자본가는 어느 누구도 착취하지 않는다. 사회적 생산에서 자본가가 하는 구실은 필수적인 것이고 이윤은 그가 기여한 것에 대한 정당한 보상이다.

이런 식으로 이데올로기는 사람들이 사회에 대한 잘못된 견해를 갖도록 설득해서 기존의 생산양식을 유지시켜 준다. 그 결과, 심지어 혁명적 시기에도 역사를 만드는 사람들이 스스로 무슨 구실을 하고 있는지 제대로 이해하지 못하게 된다.

인간은 자신의 역사를 만들지만 자기 마음대로 만드는 것은 아니다. 인간은 스스로 선택한 상황에서 역사를 만드는 것이 아니라, 과거부터 형성되고 물려받고 이미 존재하는 상황에서 역사를 만든다. 모든 죽은 세대들의 전통이 마치 악몽처럼 살아 있는 세대의 머리를 짓누른다. 그리고 살아 있는 세대는 지금까지 존재한 적이 없는 것들을 만들어 내면서 자신과 만물을 혁명적으로 개조하는 일에 몰두하는 것처럼 보일 때조차, 바로 그런 혁명적 위기의 시기에도, 자신들 일에 과거의 망령들을 열심히 불러내고 그 망령들한테서 이름과 투쟁 구호, 복장을 빌려서 이 유서 깊은 분장과 차용한 언어로 세계사의 새로운 장면을 연출한다. 그래서 루터는 사도 바울의 가면을 썼고, 1789~1814년의 혁명은 로마 공화국과 로마 제국의 의상을 번갈아 가며 몸에 걸쳤다.[25]

이런 식의 자기기만이 위대한 부르주아 혁명에 꼭 필요했던 이유는 이 혁명의 지도자들이 자신들과 자기 지지자들에게 부르주아 계급의 승리가 인류 전체의 이익이라고 설득해야만 했기 때문이다.

비록 부르주아 사회가 영웅적이지는 않지만, 그래도 부르주아 사회가 출현하기 위해서는 영웅적 행동과 희생, 공포정치, 내전, 국민들 간의 전투가 필요했다. 그리고 부르주아 사회의 검투사들은 자신들이 벌이는 투쟁의 내용에 부르주아적 한계가 있음을 스스로 외면하고, 위대한 역사적 비극의 숭고한 차원에서 자신들의 열정을 계속 유지하는 데 필요한 이상·예술형식·자기기만책을 로마 공화국의 고전적이고 엄격한 전통에서 발견했다. 마찬가지로, 한 세기 전의 또 다른 발전 단계에서 크롬웰과 영국 국민들은 자신들의 부르주아 혁명에 필요한 말투·열정·환상을 구약성경에서 빌려 왔다.[26]

마르크스는 지배계급의 이데올로기가 대중 사이에서 우세한 것은 지배계급의 경제적·정치적 권력 덕분이라고 생각했다. "모든 시대에 지배계급의 사상이 지배적 사상이다. 즉, 사회의 물질적 힘을 지배하는 계급이 동시에 그 사회의 정신적 힘도 지배한다."[27] 지배계급은 생산수단과 국가를 통제할 수 있는 힘을 이용해서, 사람들의 신념 형성에 이바지하는 다양한 제도와 기관을 만들어 내고 유지한다. 중세에는 그런 제도와 기관 중에서 가장 중요한 것이 교회였다. 오늘날에는 그 밖에도 다양한 제도와 기관들이 생겨났는데 그중에서 가장 중요한 것은 교육제도와 대중매체다.

그러나 분명히 마르크스는 지배계급의 이데올로기적 권력과 경제적·정치적 권력이 결코 분리될 수 없다고 생각했다. 경제적으로 가장 우세한 계급은 지배계급이기도 하다. 즉, 생산수단을 통제하는 계급은 국가도 통제한다. 마르크스가 보기에 국가는 무엇보다도 특정 계급의 지배가 유지될 수 있게 해 주는 수단이었다. 《공산당 선언》의 유명한 표현을 빌리면, "현대 국가의 행정부는 부르주아지 전체의 공동 업무를 관장하는 위원회일 뿐이다.[28] … 본래 정치권력이란 한 계급이 다른 계급을 억압하려고 사용하는 조직된 폭력에 불과하다."[29]

마르크스는 결코 국가 이론을 체계적으로 발전시키려고 시도하지 않았다. 국가 문제에 관한 마르크스의 견해를 알려면 여기저기 흩어져 있는 언급들과 구체적 분석들을 긁어 모아야 한다. 엥겔스와 레닌은 그 문제를 훨씬 더 파고들었다. 그러나 그들이 발전시킨 이론의 주요 윤곽은 이미 마르크스가 잡아 놓은 것이었다.

이미 1843년에 쓴 《헤겔 법철학 비판》에서 마르크스는 현대 국가의 특징이 시민사회와 국가의 분리, 즉 경제적·사회적 생활과 국가가 분리된다는 것이라고 주장했다. 나중에 그와 엥겔스는 이런 분리는 오직 계급 적대 관계의 필연적 결과로서만 이해할 수 있다는 것을 보여 줬다.

엥겔스는 사회가 계급들로 분열한 것과 국가의 출현을 결코 분리할 수 없다고 주장했다.

국가는 … 특정한 발전 단계에 이른 사회의 산물이다. 국가는 사회가 결코 해결할 수 없는 자기모순에 빠졌다는 사실, 자기 힘으로는 도저히 벗어날 수 없는 화해 불가능한 적대 관계로 분열했다는 사실을 스스로 인정한 것이다. 그러나 이런 적대 관계와 계급 간 경제적 이해관계 충돌 때문에 무익한 투쟁이 벌어져서 결국 그 계급들과 사회 전체가 파멸하는 사태를 막으려면, 사회 위에 군림하는 것처럼 보이는 권력이 필요했다. 즉, [계급 간] 충돌을 완화하고 사회를 '질서'라는 테두리 안에서 유지시킬 권력이 필요했던 것이다. 이렇게 사회에서 생겨났지만 사회 위에 군림하면서 점점 더 사회에서 멀어지는 권력이 바로 국가다.[30]

이 권력의 본질은 국가가 강압 수단을 통제한다는 것이고 가장 기본적인 강압 수단은 군대다. 계급 출현 이전 사회에서는 주민 대중과 구별되는 전사들이 필요하지 않았다. 그러나 계급 적대가 나타나자 이런 상황은 끝나 버렸다. 이제 무력의 사용은 소수 전문가들의 전유물이 됐고 그들의 임무는 외부의 적에 맞서 싸우는 것 못지않게 [내부의] 주민 대중을 억압하는 것이 됐다. 따라서 국가와 사회의 분리는 주로 강압 수단과 직접 생산자들의 분리다(지배계급은 직접 생산자들의 잉여노동에 의존한다). 국가의 형성은 "주민 스스로 무장한 조직과 더는 일치하지 않는 **공권력**의 창설"을 수반한다고 엥겔스는 설명했다.

이 독특한 공권력이 필요한 이유는 사회가 계급들로 분열한 뒤에는 주민의 자주적 무장 조직이 불가능해졌기 때문이다. … 이런 공권력은 모든 국가에 존재한다. 그것은 무장한 사람들로만 구성된 것이 아니라 … 물질적 부속물, 즉 감옥과 온갖 종류의 강압 기관으로도 구성돼 있다. … 국가 내부의 계급 적대 관계가 더 첨예해질수록, 또 인접 국가들이 더 커지고 인구가 늘어날수록 … 그런 공권력은 더 강력해진다. 오늘날의 유럽만 보더라도, 계급투쟁과 정복 전쟁으로 말미암아 공권력이 사회 전체, 심지어 국가까지 집어삼킬 지경에 이르렀다는 것을 알 수 있다.[31]

따라서 엥겔스는 국가가 형성되고 진화하는 데 두 가지 주요 요인이 있다고 본다. 하나는 계급 적대 관계가 발전하고 첨예해지는 것이고 다른 하나는 서로 경쟁하는 국가들이 군사적 우위를 차지하려고 싸운다는 것이다. 마르크스는 파리코뮌을 다룬 저작에서 이런 생각을 더 역사적으로 구체화해서 발전시켰는데 그는 현대 자본주의 국가의 기원을 중세 말기의 유럽 절대왕정에서 찾았다.

도처에 널려 있는 복잡한 군사·관료·교회·사법 기관을 거느린 채, 살아 있는 시민사회를 마치 보아 뱀처럼 옭아매고 있는 중앙집권적 국가기구는 절대왕정 시대에 막 생겨난 현대[부르주아]사회가 봉건제에서 해방되고자 투쟁할 때 사용한 무기로서 처음 만들어졌다. 중세의 영주와 도시와 성직자들의 봉건적 특권은 단일한 국가권력의 속성으로 탈바꿈했고, 봉건적 고관대작들은 봉급받는 국가 공무원으로 교체됐고, 중세 영주의 가신들과 도시의 시민 자치체가 갖고 있던 무기들은 상비군에게 넘겨졌고, 서로 싸움만 일삼던 중세 권력들의 복잡하고 변덕스런 혼란은 체계적이고 위계적인 분업이 이뤄지는 국가권력의 조정된 계획으로 대체됐다. 국민적 통일성을 확립하는(국민국가를 건설하는) 것이 그 과제였던 1차 프랑스 혁명은 지역·영역·도시·지방의 독립성을 모두 타파해야 했다. 그러므로 그 혁명은 절대왕정이 시작했던 것, 즉 국가권력을 중앙집중화하고 조직하는 작업을 더 발전시킬 수밖에 없었고, 국가권력의 범위와 속성, 그 도구의 수, 그 독립성, 현실 사회에 대한 그 초자연적 지배력을 확대할 수밖에 없었다.[32]

이와 같이 자본주의가 승리하자 국가기구의 힘과 효율성도 엄청나게 증대했다. 그러나 이런 국가기구는 피착취 계급뿐 아니라 부르주아지한테서도 점점 더 독립적으로 되지 않았는가? 이것은 적어도 프랑스 제1제정과 제2제정 시대의 보나파르티즘 현상이 시사하는 바다. 당시 각각 나폴레옹 1세와 나폴레옹 3세라는 개인적 모험가가 단지 군대에 권력 기반을 두고 국가 통제권을 장악해서 노동자와 농민뿐 아니라 자본가들한테서도 독립해서 통치할 수 있었다. 이 문제는 다음과 같이 더 강력하게 제기할 수도 있다. 마르크스 시대 이후 노동계급에 정치적 기반을 둔 정당들이 통제하는 많은 정부가 선거로 집권한 사실은 국가가 계급 지배의 수단이라는 [마르크스의] 사상과 모순되는 것 아닌가?

이 물음에 답하려면 우리는 먼저 마르크스와 엥겔스가 국가를 계급 적대 관계의 산물로 봤다는 사실, 마르크스의 표현을 빌리면 국가란 "시민사회의 적대 관계가 공식적으로 표현된 것"이라는[33] 사실을 떠올려야 한다. 또 마르크스는 "모든 것은 국가로 집중된다"고[34] 쓰기도 했다. 다시 말해, 사회의 모든 모순은 국가 속에 반영되고 응결된다는 것이다. 지배계급이 계속 지배하려면 다른 계급들과 계속 타협해야 할 수 있고 그것은 국가권력을 조직하는 데 반영될 것이다.

예컨대 1848년 혁명 후 프랑스에서 나폴레옹 3세가 승리한 것은 부르주아지와 프롤레타리아가 몇 년 동안 공공연한 내전을 벌인 뒤에 자본가 권력이 유지될 수 있는 유일한 방법이었다.

제정은 자본과 노동의 계급투쟁이 미치지 않는 곳에 서 있는(서로 싸우는 두 사회 세력에 모두 무관심하고 적대적인) 척하면서, 생산하는 국민의 다수인 농민에게 기반을 두고 있다고 공언하고, 지배계급과 피지배계급을 모두 초월한 힘으로서 국가권력을 행사하고, 두 계급에게 모두 휴전을 강요하고(계급투쟁의 정치적 형태, 따라서 혁명적 형태를 침묵시키고), 유산계급들의 의회 권력, 따라서 직접적 정치권력을 파괴해서 국가권력을 계급 압제의 직접적 형태에서 빼앗았다. 이런 제정이야말로 낡은 사회질서의 생명을 연장해 줄 수 있는 유일하게 가능한 국가형태였다.[35]

얼핏 역설적으로 보이는 그런 상황, 즉 지배계급이 실제로 국가기구를 운영하지 않는다는 의미에서 직접 통치하지 않는 상황이 자본주의에서 가능한 이유는 착취가 직접 생산자들을 날마다 물리적으로 강압하는 데 달려 있지 않기 때문이다. 오히려, 경제적 압력, 궁극적으로는 일할 것인지 아니면 굶어 죽을 것인지의 선택 때문에 노동자들은 착취를 받아들일 수밖에 없다. "경제적 관계라는 말 없는 강제를 통해 자본가는 노동자를 확실히 지배할 수 있게 된다. 물론 직접적인 경제외적 강제도 여전히 사용되지만, 오직 예외적 경우에만 그런다."[36]

그러므로 자본주의 사회에서 경제와 정치가 완전히 분리된 듯이 보이는 것은 흔한 일이다. 그러나 이면의 현실은 다르다. 한편으로 자본가들이 경제를 통제하고 있기 때문에 국가가 할 수 있는 일은 제한된다. 부르주아지는 정부가 하는 일이 마음에 들지 않는다면 예컨대 돈을 다른 나라로 빼돌릴 수 있다. 이런 식의 압력 때문에 영국의 역대 노동당 정부는 급진적 정책들을 누그러뜨리거나 포기할 수밖에 없었다. 다른 한편으로 국가 자체 내에 분업이 있다. 즉, 의회와 내각 같은 선출된 기구들과, 상비군이나 민간인 관료 기구 등 사이에 역할 분담이 있는 것이다. 후자는 자본가계급과 밀접하게 관련돼 있기 때문에, 부르주아 생산관계를 전복하려는 정부의 노력을 방해하거나 심지어 압력을 받으면 그런 정부에 맞서 반란도 일으킬 것이다.

그렇지만 자본주의에서는 경제와 정치의 상대적 분리 때문에 부르주아지가 국가기구를 통제하지 못하는 상황이 벌어질 수 있다. 그런 분리 덕분에 부르주아지는 다른 계급들이나 계급 분파들과 타협할 수 있고 그러면 사회적 적대감은 누그러지고 부르주아지의 근본적 지배는 더 확고해질 것이다.

마르크스는 당대의 영국이 그런 상황을 보여 주는 사례라고 생각했다.

영국 헌법은 … 공식적으로는 지배하지 않지만 실제로는 시민사회의 결정적 영역을 모두 [지배하는 — 지은이] 부르주아지와, 공식적으로 통치하고 있는 지주 귀족 사이의, 낡고 시대에 뒤떨어져 쓸모없게 된 타협일 뿐이다. 원래, 1688년의 '명예'혁명 뒤에는 부르주아지의 일부, 즉 금융 귀족만이 타협의 대상에 포함됐다. 1831년의 선거법 개혁안은 부르주아지의 또 다른 일부, 즉 영국인들이 '공장 귀족'이라고 부르는 상층 산업 부르주아지를 [타협 대상으로] 인정했다. …

비록 부르주아지가 … 대체로 정치적으로도 지배계급이라고 인정됐지만,

그것은 오직 정부 체계 전체를, 심지어 입법 권력의 집행부, 즉 상하 양원의 실제 입법 과정조차 여전히 지주 귀족이 안전하게 장악하고 있는 조건에서만 그랬다.[37]

따라서 부르주아지는 통치하지 않으면서도 지배할 수 있다. 엥겔스는 이와 비슷한 분업이 비스마르크 치하 독일에서도 존재했다고 주장했다. 즉, [독일] 국민국가 건설의 주된 수혜자는 산업 부르주아지였지만 실제로 계속 통치한 것은 농촌의 대지주인 융커 계급이었다는 것이다. 나중에 일부 마르크스주의자들은 자본주의의 일반적 특징이 부르주아지가 지배하지만 통치하지는 않는다는 것이라고까지 주장했다. 굳이 그렇게 멀리 나아가지는 않더라도 우리는 마르크스의 국가 이론이 토대와 상부구조의 관계에 대한 일반적 설명과 마찬가지로 복잡하고 미묘하다는 것을 알 수 있다.

이와 같이 마르크스가 발전시킨 역사 이론은 매우 상이한 사회들의 성격을 설명할 수 있고, 생산관계가 똑같은 사회들의 정치적·이데올로기적 상부구조가 다양한 이유도 설명할 수 있다. 특히 제2차세계대전 후에 쏟아져 나온 마르크스주의 역사 저작들을 보면 마르크스의 역사 이론이 얼마나 풍성한 결실을 맺을 수 있는지가 드러난다. 그렇지만 마르크스의 주된 관심사는 콩도르세나 헤겔보다 더 과학적인 역사 이론을 발전시키는 것이 아니었다. 역사유물론의 정수는 마르크스가 자본주의를 과학적으로 분석하고 혁명적 정치 이론을 발전시켰다는 데 있다.

6
———
자본주의

《자본론》은 마르크스 생애 최고의 업적이고 가장 중요한 작품이다. 《자본론》의 목적은 마르크스가 1권 서문에서 썼듯이 "현대사회의 경제적 운동 법칙을 밝히는 것"이었다.[1] 이전의 경제사상가들은 자본주의가 작동하는 방식의 이 측면이나 저 측면을 파악했다. 그러나 마르크스는 자본주의를 하나의 전체로서 이해하려고 노력했다. 앞서 4장과 5장에서 설명한 분석 방법과 역사관에 따라, 마르크스는 자본주의에서 역사가 끝난다거나 자본주의가 인간 본성에 부합하는 사회형태라고 여기지 않고, 내부 모순 때문에 몰락하게 될 역사적으로 일시적인 생산양식이라고 봤다.

경제학이라는 "음울한 학문"(토머스 칼라일이 한 말이다)에 익숙하지 않은 독자들을 위해 이 6장의 주제를 간단히 소개하는 것도 좋겠다. 먼저 《자본론》의 주춧돌인 노동가치론을 살펴볼 것이다. 노동가치론에 따르면 상품, 즉 시장에서 판매되는 생산물은 그것을 생산하는 데 들어간 사회적 필요노동시간에 따라서 교환된다. 그다음에는 이 노동가치론이 자본주의적 착취를 설명하는 마르크스의 이론을 어떻게 떠받치고 있는지를 살펴볼 것이다. 하나의 경제체제로서 자본주의는 이윤에 의존하는데 이윤의 원천은 바로 노동자가 만들어 내는 잉여가치이기 때문이다. 이 잉여가치를 최대한 많이 차지하려는 자본가들(자본가 개인이든, 기업이든, 심지어 국가든 간에) 사이의 경쟁 때문에 일반적 이윤율이 형성되고 그래서 앞으로 보게 되겠지만 노동가치론은 수정된다. 또 경쟁은 이윤율 저하 경향도 낳는데 자본주의 체제를 빈번하게 괴롭히는 경제 위기의 근본적 원인은 바로 이윤율 저하 경향이다.

노동과 가치

모든 인간 사회의 기초는 노동과정이다. 노동과정에서 인간은 자연의 힘을 이용해 자신의 필요나 욕구를 충족하려고 서로 협력한다. 노동 생산물은 무엇보다 먼저 인간의 어떤 욕구를 충족해야 한다. 다시 말해 유용해야 한다. 그러므로 마르크스는 그것을 **사용가치**라고 불렀다. 노동 생산물의 가치는 무엇보다도 그것이 누군가에게 유용하다는 데 있다.

사용가치로 충족되는 욕구가 반드시 육체적 욕구일 필요는 없다. 책이 사용가치인 이유는 사람들의 읽고자 하는 욕구를 충족하기 때문이다. 마찬가지로 사용가치가 충족하는 욕구가 혐오스러운 목적을 달성하려는 것일 수도 있다. 살인자의 총이나 경찰관의 곤봉은 구운 콩 통조림이나 외과 의사의 메스와 마찬가지로 사용가치다.

그러나 자본주의에서 노동 생산물은 **상품**이라는 형태를 띤다. 애덤 스미스가 지적했듯이 상품에는 단지 사용가치만 있는 것은 아니다. 상품은 직접 소비하려고 만드는 것이 아니라 시장에 내다 팔려고 만든다. 상품은 교환하려고 생산하는 것이다. 따라서 모든 상품에는 **교환가치**가 있다. 교환가치는 무엇보다 "양적 관계, 즉 한 종류의 사용가치가 다른 종류의 사용가치와 교환되는 비율"이다.[2] 그래서 셔츠 한 벌의 교환가치는 구운 콩 통조림 100개일 수 있다.

사용가치와 교환가치는 매우 다르다. 스미스가 이야기한 사례를 보자. 공기는 인간에게 거의 무한한 사용가치가 있다. 공기가 없으면 인간은 죽기 때문이다. 그러나 공기는 교환가치가 전혀 없다(부자들이 더 깨끗한 공기를 구매할 수 있다는 것을 무시한다면 말이다). 반면에 다이아몬드는 별로 쓸모는 없지만 교환가치는 매우 높다.

더욱이 사용가치는 인간의 **특정한** 욕구를 충족해야 한다. 배가 고플 때 책은 아무 쓸모가 없다. 반대로 한 상품의 교환가치는 단지 그것이 다른 상품들과 교환되는 양에 불과하다. 교환가치는 상품의 특정한 속성이 아니라 여러 상품이 공통으로 갖고 있는 것을 반영한다. 빵 한 덩어리는 병따개 하나와 직접 교환될 수도 있고 화폐를 매개로 해서 교환될 수도 있다. 물론 둘의 용도는 매우 다르다. 그렇다면 상품들이 공통으로 갖고 있는 것, 즉 여러 상품이 서로 교환될 수 있게 해 주는 것은 무엇인가?

마르크스의 대답은 모든 상품에는 **가치**라는 것이 있고 교환가치는 단지 그 가치를 반영할 뿐이라는 것이었다. 이 가치라는 것은 사회가 그 상품을 생산하는 데 드는 비용을 나타낸다. 인간의 노동력이 생산의 원동력이기 때문에 그 비용은 오직 상품을 생산하는 데들어간 노동량으로만 측정할 수 있다.

그러나 마르크스가 여기서 말하는 노동은 특정한 종류의 노동, 예컨대 빵 한 덩어리를 굽거나 병따개 하나를 만드는 따위의 노동이아니다. 마르크스가 "구체적" 노동이라고 부른 이 현실적 노동은 너무 다양하고 복잡해서 우리에게 필요한 가치척도가 될 수 없다. 가치척도를 찾으려면 노동을 그 구체적 형태에서 추상해야 한다. 마르크스는 다음과 같이 썼다. "사용가치, 즉 유용한 물건이 가치가 있는 것은 단지 거기에 **추상적 인간 노동**이 대상화되거나 물질화돼 있기때문이다."[3]

따라서 노동은 "이중적 성격"이 있다.

한편으로, 모든 노동은 생리적 의미에서 인간 노동력의 지출이고, 이 동등한 인간 노동 또는 추상적 인간 노동이라는 속성을 통해 상품의 가치를형성한다. 다른 한편으로, 모든 노동은 분명한 목적에 따라 특수한 형태로 인간 노동력을 지출하는 것이고, 이 구체적 유용노동이라는 속성을통해 사용가치를 생산한다.[4]

마르크스는 이 노동의 이중성을 "내 책에서 가장 요긴한 부분들"[5] 가운데 하나라고 말했다. 바로 여기서 마르크스의 이론과 리카도를비롯한 정치경제학자들의 이론이 갈라지게 된다. 마르크스는 리카도가 거의 오로지 상품의 교환가치를 결정하는 정확한 공식을 발견하는 일에만 몰두했다고 비판한다. 물론 리카도와 정치경제학자들이 그렇게 한 것은 시장가격을 예측할 수 있는 방법을 찾고 싶어서였다.

마르크스는 다음과 같이 썼다. "리카도의 잘못은 오직 가치의 크기에만 관심이 있었다는 것이다. … 리카도가 연구하지 않은 것은 노동이 상품들의 공통 요소로 나타나는 독특한 형태다."[6]

마르크스는 시장가격에는 특별한 관심이 없었다. 그의 목적은 자본주의를 역사적으로 독특한 사회형태로 이해하는 것, 이전의 사회형태들과 자본주의의 차이점은 무엇이고 장차 자본주의의 변화를 불러일으킬 모순들이 무엇인지를 찾아내는 것이었다. 마르크스가 알고 싶어 한 것은 얼마나 많은 노동이 상품의 교환가치를 형성하는지가 아니라, 어떤 형태로 노동이 그런 기능을 하는지, 그리고 왜 자본주의에서는 이전 사회들과 달리 직접 사용할 생산물이 아니라 시장에서 판매할 상품을 생산하는지였다.

노동의 이중성은 이런 물음에 대답하는 데서 결정적으로 중요했다. 왜냐하면 노동은 사회적이고 협력적인 활동이기 때문이다. 이 점은 단지 특정한 종류의 노동뿐 아니라 사회 전체에도 적용된다. 각개인이나 집단의 노동은 사회의 여러 욕구를 충족한다는 의미에서 사회적 노동이다. 그런 욕구들을 충족하려면 온갖 종류의 다양한 생산물(단지 다양한 종류의 음식만이 아니라 옷·집·교통수단·생산도구 등)이 필요하다. 이것이 뜻하는 바는 사람들이 다양한 종류의 유용노동을 해야 한다는 것이다. 모든 사람이 오직 한 종류의 생산물만을 생산한다면 사회는 곧 붕괴하고 말 것이다.

그러므로 모든 사회는 다양한 생산 활동에 사회적 노동을 분배하는 어떤 수단이 있어야 한다. 마르크스는 다음과 같이 썼다. "이렇게 사회적 노동을 일정한 비율로 분배할 필요성은 사회적 생산의 특정 형태에 의해 결코 없어지지 않는다."[7] 그러나 자본주의와 그 밖의 생산양식들 사이에는 근본적 차이가 있다. 특정 과업에 얼마나 많은 사회적 노동이 투입돼야 하는지를 사회가 집단적으로 결정할 수 있는 메커니즘이 자본주의에는 전혀 없다.

그 이유를 알려면 전前자본주의 생산양식들을 살펴봐야 한다. 전자본주의 생산양식에서 경제활동의 목적은 주로 사용가치 생산이었고 각 공동체는 그 구성원들의 노동으로 다양한 욕구를 모두 또는 대부분 충족할 수 있었다. 그래서

가족이 사용하려고 곡식·가축·실·아마포·옷 등을 생산하는 농민 가족의 가부장적 생산에서는 … 가족 구성원의 성별·연령별 차이에 따라, 또 계절이 바뀌면 달라지는 노동의 자연적 조건에 따라 가족 내에서 노동이 분배되고 가족 구성원 각자의 노동시간이 정해진다.[8]

착취와 계급이 존재한 전자본주의 사회들에서도 노동의 분배는 집단적으로 규제됐다. 그래서 봉건제 사회에서는

노동과 노동 생산물이 … 사회의 거래에서 부역과 공납의 모습을 띤다. … 그런 사회에서 사람들이 서로 나눠 맡은 상이한 일을 우리가 어떻게

생각하든 간에, 개인들이 노동을 하면서 맺게 되는 사회적 관계는 어떤 경우에도 그들 자신의 인간적 관계로 나타나지, 물건들 사이의, 즉 노동 생산물들 사이의 사회적 관계로 위장되지는 않는다.[9]

노예제와 봉건제는 모두 계급 착취에 바탕을 둔 생산양식이고 여기서 생산은 대부분 생산자들과 착취계급의 필요를 충족하는 데 온전히 바쳐졌다. 주된 문제는 무엇을 생산할 것인지가 아니라 착취자와 피착취자 사이에 사회적 생산물을 어떻게 분배할 것인지였다.

자본주의에서는 사정이 사뭇 다르다. 분업의 발전 때문에 각 작업장의 생산은 이제 매우 전문화하고 다른 작업장과 분리된다. 모든 생산자는 자신의 생산으로 자신의 욕구를 충족할 수 없다. 병따개 공장의 노동자는 병따개를 먹을 수 없다. 먹고살려면 그는 병따개를 다른 사람들에게 팔아야 한다. 따라서 생산자들은 두 가지 의미에서 상호 의존적이다. 첫째, 생산자들은 서로 다른 사람의 생산물이 필요하다. 둘째, 자기 생산물을 구매할 다른 사람도 필요하다. 자기 생산물을 다른 사람들에게 판매하고 받은 돈이 있어야 자신에게 필요한 것을 살 수 있기 때문이다.

이런 체제를 두고 마르크스는 일반화한 상품생산이라고 불렀다. 생산자들은 자기 생산물의 교환을 통해서만 서로 연결돼 있다.

유용한 물건이 상품이 되는 것은 오직 그것이 서로 독립적으로 일하는 사적 개인들의 노동 생산물이기 때문이다. 이 사적 개인들의 노동을 모두 합친 것이 사회의 총노동을 이룬다. 생산자들은 자기 노동 생산물의 교환을 통해 비로소 사회적으로 접촉하기 때문에, 그들의 사적 노동의 독특한 사회적 성격도 오직 이 교환 안에서 비로소 나타난다. 다시 말해, 사적 개인의 노동은 오직 교환 행위를 통해 노동 생산물들 사이에, 그리고 (노동 생산물을 매개로) 생산자들 사이에 수립되는 관계를 통해서만 사회적 총노동의 일부로서 나타난다.[10]

종전까지는 구체적 노동이 곧 사회적 노동이었다. 사용하려고, 즉 특정한 욕구를 충족하려고 생산을 하는 곳에서는 생산의 사회적 구실이 분명히 드러나고 생산은 처음부터 사회적이었다. 그러나 교환하려고 생산을 하는 곳에서는 특정한 생산자가 하는 유용노동과 사회의 다양한 욕구 사이에 필연적 연관이 전혀 없다. 예컨대 특정한 공장의 생산물이 어떤 사회적 필요를 충족시키는지 아닌지는 그것이 생산된 후 시장에서 판매대에 올랐을 때에야 비로소 알 수 있다. 그 상품을 사려는 사람이 아무도 없다면 그것을 생산하는 데 들어간 노동은 사회적 노동이 아니게 된다.

둘째로, 자본주의에서 사회적 노동과 사적 노동의 차이는 다음과 같은 면도 있다. 똑같은 생산물을 만든 사람들은 똑같은 시장에서 서로 경쟁할 것이다. 그들 중에 누가 성공할지는 생산물을 얼마나 싸게 파느냐에 달려 있을 것이다. 그러려면 노동생산성이 향상돼야 한다. 마르크스는 다음과 같이 썼다. "일반적으로, 노동생산성이 높을수록 어떤 물품을 생산하는 데 필요한 노동시간은 짧을 것이고,

그 물품에 응결된 노동량도 적을 것이고, 따라서 그 물품의 가치도 작을 것이다."[11]

경쟁의 압력 때문에 생산자들은 자신의 경쟁자들과 비슷한 생산 방법을 채택하지 않을 수 없다. 그러지 않으면 자신의 상품을 비싸게 팔다가 결국 경쟁에서 밀려나고 말 것이다. 따라서 상품의 가치를 결정하는 것은 그 상품을 생산하는 데 사용된 총노동량이 아니라, 사회적으로 필요한 노동시간, 즉 "특정 사회의 표준적 생산 조건에서 그 사회의 평균적 숙련도와 노동강도로 어떤 사용가치를 생산하는 데 걸리는 노동시간"이다.[12] 사회적 필요노동시간보다 더 많은 시간을 들여서 상품을 생산하는 비효율적 생산자는 시장에서 그 상품이 판매되는 가격으로는 자신의 초과 노동을 보상받지 못할 것이다. 오직 사회적으로 필요한 노동만이 사회적 노동인 것이다.

따라서 추상적인 사회적 노동은 단지 개념만은 아니다. 즉, 머릿속에만 존재하는 어떤 것이 아니다. 그것은 사람들의 삶을 지배한다. 생산자들이 "표준적 생산 조건"을 충족하지 못하면 결국 업계에서 퇴출당하고 말 것이다.

그러나 문제는 여기서 끝나지 않는다. 앞서 봤듯이 사적 유용노동은 그 생산물이 팔릴 때만 사회적 노동이 된다. 그러나 교환이 이뤄지려면 각 상품에 얼마나 많은 사회적 필요노동이 들어 있는지를 알아낼 수 있는 어떤 방법이 있어야 한다. 이 일은 사회가 집단적으로 할 수 없다. 자본주의는 생산자들이 오직 그들의 생산물을 통해서만 서로 관계를 맺는 체제이기 때문이다.

이 문제의 해법은 한 상품이 보편적 등가물 구실을 하게 해서 다른 모든 상품의 가치를 그 상품으로 측정하는 것이다. 특정한 상품 하나가 보편적 등가물 구실을 고정적으로 하게 되면 그것은 화폐가 된다. 마르크스는 다음과 같이 썼다. "화폐로 상품을 나타낸다는 것의 함의는 … 상품 가치들의 다양한 크기가 … 모두 **사회적 노동**의 체현으로 존재하는 하나의 형태로 표현된다는 것이다."[13]

따라서 자본주의라는 경제체제에서 개별 생산자들은 자신의 생산물이 사회적 필요를 충족시키는지 아닌지를 미리 알 수 없다. 그들은 자신의 생산물을 시장에서 상품으로 판매하려고 할 때에만 그것을 알 수 있다. 더 싸게 팔아서 시장을 차지하려고 애쓰는 생산자들 사이의 경쟁 때문에, 그들의 서로 다른 노동은 하나의 척도, 즉 화폐에 체현된 추상적인 사회적 노동으로 환원된다. 어떤 상품의 공급이 수요를 초과하면 그 상품의 가격은 떨어질 것이고 생산자들은 더 수익성 있는 다른 경제활동으로 전환할 것이다. 바로 이런 식으로 그리고 간접적으로만 사회적 노동은 다양한 생산 부문으로 분배된다.

그러므로 마르크스가 가치를 분석한 것은 자본주의를 독특한 사회적 생산 형태로 만들어 주는 것이 무엇인지를 해명하려는 노력이었다. 그의 초점은 "부르주아적 생산관계의 진정한 내적 연관"에[14] 맞춰져 있었다. 그의 목적은 다음 사실을 보여 주는 것이었다. "가치로서 보면 상품은 **사회적 크기**이고 … 생산 활동에서 사람들이 맺는 관계다. … 노동이 공동으로 이뤄지는 곳에서는, 사회적 생산[과정]에서 사람들이 맺는 관계가 '사물들'의 '가치'로 나타나지 않는다."[15]

《자본론》이 출판되자마자 부르주아 경제학자들은 마르크스가 1권 서두에서 가치를 설명하지만 상품이 그것을 생산하는 데 들어간 사회적 필요노동시간에 따라 실제로 교환된다는 것을 증명하지 못했다고 비판했다. 오늘날까지도 그런 비판을 하는 사람들이 있다. 마르크스는 그렇게 비판하는 어떤 사람을 두고 다음과 같이 지적했다.

이 불행한 친구는 제 책에 비록 '가치'에 관한 장은 없지만 제가 제시한 실제 관계의 분석에는 실제 가치 관계의 증거와 증명이 포함된다는 사실을 이해하지 못합니다. [가치 개념을 증명할 필요가 있다고 떠드는 말들은 논의 주제뿐 아니라 과학적 방법도 전혀 모르고 하는 말일 뿐입니다.] … 과학은 바로 가치법칙이 어떻게 관철되는지를 보여 주는 데 있습니다. 따라서 법칙과 모순되는 것처럼 보이는 모든 현상을 처음부터 '설명'하고자 한다면, 과학에 앞서서 과학을 제시해야 할 것입니다.[16]

따라서 《자본론》 전체가 노동가치론을 증명한다. 마르크스는 "추상에서 구체로 상승하는"[17] 방법이 올바른 과학적 방법이라고 생각했다. 지금까지 우리가 살펴봤듯이 마르크스는 매우 추상적 형태로 노동가치론을 설명하는 것에서 시작한다. 그러나 이것은 분석의 출발점일 뿐이다. 그런 다음 그는 한 걸음씩 나아가면서, 복잡하고 흔히 무질서한 자본주의 경제의 작동 방식은 노동가치론을 바탕으로 이해할 수 있고 오직 그런 바탕 위에서만 이해할 수 있다는 것을 보여 준다.

잉여가치와 착취

마르크스에 따르면, 자본주의 생산양식에는 두 가지 커다란 분리가 있다. 첫째는 앞서 살펴봤듯이 생산 단위들의 분리다. 다시 말해 자본주의 경제는 서로 분리되고 상호 의존하고 경쟁하는 생산자들로 분열된 체제다. 그러나 마찬가지로 중요한 또 다른 분리는 각 생산 단위 내부의 분리, 즉 생산수단의 소유자와 직접 생산자들의 분리다. 다시 말해 자본과 임금노동의 분리다.

마르크스가 지적했듯이 상품은 자본주의 없이도 존재할 수 있다. 화폐와 상업은 전자본주의 사회들에서도 찾아볼 수 있다. 그러나 그런 사회들에서 상품 교환은 주로 사용가치, 즉 사람들에게 필요한 물품을 얻는 수단이었다. 그런 상황에서 상품의 유통은 C—M—C의 형태를 띤다(여기서 C는 상품, M은 화폐를 나타낸다). 각 생산자는 자기 상품을 시장에서 판매하고 화폐를 얻은 다음 그 화폐로 다른 생산자한테서 다른 상품을 구매한다. 화폐는 거래의 매개물일 뿐이다.

그러나 자본주의 생산관계가 지배적인 곳에서는 상품의 유통이 이와 달리 M—C—M′이라는 더 복잡한 형태를 띤다. 화폐가 상품을 생산하기 위해 투자되고, 생산된 상품은 다시 더 많은 화폐와 교환된다.

더욱이, 자본가나 투자자가 거래 후에 손에 쥐게 되는 화폐 M′은 처음에 투자된 화폐 M보다 더 많다. 이 추가된 화폐, 즉 이윤을 마르크스는 "잉여가치"라고 불렀다. 그렇다면 잉여가치는 어디서 나오는가?

리카도는 노동이 만들어 낸 가치가 임금과 이윤으로 나뉜다고 주장했을 때 이 물음에 사실상 대답했다. 노동이 잉여가치의 원천이었다. 그러나 리카도는 이것을 분명히 파악할 수 없었다. 왜냐하면 언뜻 모순돼 보이는 현상에 봉착했기 때문이다. 그는 임금을 노동의 가치로 정의했다. [그러나] 이런 정의는, 노동이 만들어 낸 가치가 임금과 이윤으로 나뉜다는 리카도 자신의 주장과 충돌하는 것 아닌가?

리카도가 이 문제를 제대로 다루지 못한 이유는 잉여가치의 존재를 당연한 것으로 여겼기 때문이다. 그러나 마르크스는 자본과 임금노동의 관계를 분석한 바탕 위에서 잉여가치를 설명했다. 노동자가 임금을 받고 자본가에게 판매하는 것은 노동이 아니라 노동력이라고 마르크스는 설명했다.

> 노동자가 자본가에게 제공해야 하는 사용가치는 … 생산물에 물질화해 있지 않고, 노동자 자신과 분리돼서 존재하지도 않고, 따라서 [실재적으로가 아니라] 가능성으로만, 그의 능력으로만 존재한다. 그것은 자본이 [요청하고] 가동시킬 때만 실재가 된다.[18]

노동력도 하나의 상품이므로 다른 모든 상품과 마찬가지로 가치와 사용가치가 있다. 노동력의 가치는 노동자가 생존하고 (나중에 자신을 대체할) 자녀를 양육하는 데 들어가는 사회적 필요노동시간에 따라 결정된다. "노동력의 가치는 다른 모든 상품의 가치와 마찬가지로, 노동력이 유통에 들어가기 전부터 이미 결정돼 있다. 그 노동력을 생산하는 데 일정한 양의 사회적 노동이 이미 지출됐기 때문이다. 그러나 노동력의 사용가치는 나중에 노동력이 발휘될 때 나타난다."[19]

노동력의 사용가치가 노동이다. 일단 노동자가 고용되면 자본가는 노동자에게 일을 시킨다. 그러나 노동은 가치의 원천이고, 노동자는 보통 하루의 노동시간, 즉 노동일勞動日에 자본가가 그의 노동력을 구매한 대가로 지급한 하루치 임금보다 더 많은 가치를 만들어 낸다. "그[자본가 — 지은이]에게 결정적으로 중요한 것은 이 상품[노동력]의 독특한 사용가치, 즉 가치의 원천일 뿐 아니라 자신이 가진 것보다 더 많은 가치의 원천이라는 사실이다."[20]

예컨대 노동자가 하루 8시간 노동을 하는 동안 4시간의 노동이 자본가가 임금 형태로 지급한 노동력의 가치를 대체한다고 치자. 그러면 나머지 4시간은 자본가가 착복한다. 잉여가치, 즉 이윤은 자본주의 생산양식에 고유한 잉여노동의 존재 형태일 뿐이다.

노동력의 구매와 판매를 이렇게 분석한 덕분에 마르크스는 잉여가치의 기원을 자본의 노동자 착취에서 찾을 수 있었다. 더욱이 그런 분석은 고전파 경제학자들이 추적해서 밝혀낸 경제 양식이 자연적이고 필연적인 것이 아니라 역사적으로 독특한 생산관계라는 사실을 강조한다.

마르크스는 노동력을 포함한 모든 상품이 그 가치대로 판매된다고 가정하면서도 잉여가치를 해명할 수 있었다. 다시 말해 자본가가 이윤을 얻는 방법은 노동자를 속이는 것도 아니고, 노동력을 재생산 하는 데 들어가는 사회적 필요노동시간의 등가물보다 더 적은 돈을 주고 노동력을 구매하는 것도 아니다. 착취는 결코 비정상적이거나 변칙적인 것이 아니라 자본주의 생산양식이 정상적으로 작동한 전형 적 결과다. 착취는 노동자가 일단 일을 하게 되면 노동력이 만들어 내는 가치와 노동력 자체의 가치가 다르기 때문에 발생한다.

노동력의 구매와 판매는 노동자와 생산수단의 분리에 의존한다. 그래서 "노동자는 이중의 의미에서 자유롭다. 즉, 자유로운 개인으 로서 노동자는 자신의 노동력을 상품으로서 처분할 수 있고, 다른 한편으로 노동자는 [노동력 말고는 상품으로 판매할 다른 어떤 것도 갖고 있지 않괴 자신의 노동력을 실현하는 데 필요한 다른 모든 상품에서 자 유롭다[즉, 다른 상품을 전혀 갖고 있지 않다]."²¹ 자본과 임금노동의 교환은 "생산요소 자체의 분배"를 전제한다. 즉, "한편에 물질적 요소들이 집 적돼 있고, 다른 편에서 노동력은 [물질적 요소들과] 분리돼 있다."²²

마르크스는 《자본론》 1권 8편[이른바 시초 축적]에서 이 "분배"가 역 사적 과정, 즉 농민들이 자신의 토지에서 쫓겨나고, 이윤 창출을 목 적으로 삼는 계급에게 생산수단(처음에는 토지 자체)이 독점되는 과정의 결과였다는 것을 보여 준다.

그래서 마르크스는 자본주의 사회의 모든 시민이 겉보기에는 정 치적으로 평등하지만 실제로는 계급 착취라는 불평등한 처지에 있 다는 것을 설명할 수 있었다. 자본과 임금노동의 교환은 등가물의 교환이다. 노동자와 자본가는 모두 상품 소유자다. 노동자는 노동력을 자본가는 화폐를 소유하고 있다. 노동자는 노동력을 판매하고 그 가치(노동력을 재생산하는 데 드는 비용)대로 임금을 받는다. 그렇다면 착취는 어디서 일어나는가?

우리가 "유통의 영역"에 머무르는 한, 즉 모든 사람이 자기 이익을 추구하는 상품 소유자로서 만나는 시장에 머무르는 한 아무리 찾아봐도 착취는 보이지 않는다. "그 입구에 '관계자 외 출입 금지'라고 쓰여 있는 은밀한 생산 장소'로[23] 들어가야만 비로소 착취를 발견할 수 있다. 착취가 가능한 이유는 노동자가 판매하는 상품의 독특한 속성 때문이다. 즉, 노동력이라는 상품의 사용가치가 노동이고, 노동이 가치와 잉여가치의 원천이라는 사실 때문이다. 그리고 그 노동력은 생산에서 비로소 가동되기 시작한다.

자본주의 생산과정을 살펴보기 전에 자본이 과연 무엇을 의미하는지 좀 더 정확히 이해할 필요가 있다.

가장 간단히 말하면 자본은 가치가 축적된 것이다. 그리고 자본의 구실은 더 많은 가치를 창조하고 축적하는 것이다. 물론 자본주의가 출현하기 훨씬 전에도 부유한 사람들은 노예와 농노의 잉여가치를 수탈해서 부를 축적했다. 그러나 그들의 부는 소비를 하는 데 쓰였고 그래서 부유한 사람들과 그 하인들은 생활필수품과 사치품을 더 많이 차지할 수 있었다. 그런 부는 비록 잉여노동이 그 원천이라는 점에서 자본과 비슷했지만 자본은 결코 아니었다.

부의 축적이 자본의 구실을 하기 시작하는 최초의 신호는 앞서 말한 공식 M—C—M′이다. 그 공식은 돈(M)을 주고 상품(C)을 산 뒤 다시 이 상품을 팔아서 더 많은 돈(M′)을 얻는 거래를 나타낸다. 처음에 그런 거래를 한 상인들은, 예컨대 동양에서 향신료를 수입한 뒤 그것을 북유럽에서 되팔았다. 북유럽에서는 고기를 보존하는 데 쓰이는 향신료 수요가 많아서 비싸게 팔 수 있었기 때문이다. 그러나 진정한 의미의 자본이 출현하게 된 것은 노동력 자체가 사고팔리는 상품이 된 뒤였다. 이 임금노동이야말로 자본주의에 고유한 생산관계를 규정하기 때문이다.

그러므로 자본을 정의하는 요소는 두 가지다. 즉, 자본이란 무엇인지 그리고 자본은 어떤 구실을 하는지다. 자본은 노동이 생산한 잉여가치의 축적이고 이 축적은 화폐나 상품이나 생산수단의 형태를 띨 수 있다(보통은 이 셋이 모두 결합한 형태를 띤다). 자본은 더 많은 축적을 확보하는 구실을 한다. 이것을 두고 마르크스는 "가치의 자기 증식"이라고 말했다.

자본을 반드시 개인 자본가들로 국한할 필요는 없다. 자본주의 발전 초기에 부유한 개인들이 중요한 구실을 한 것은 사실이지만 오늘날은 사정이 매우 다르다. 자본이 자체의 생명을 갖고 모든 개인을 초월한 경제 논리에 따라 움직인다는 것은 사실 자본주의의 본성이다. 자본의 개별 단위들은 (보통 "다수 자본"이라고 부르는데) 작은 회사부터 대기업이나 금융기관 심지어 국민국가까지 다양할 수 있다.

자본주의 생산과정의 독특한 성격을 파악하기 위해 마르크스는 새로운 개념을 많이 만들어 냈다. 앞서 5장에서 모든 노동과정에는 두 가지 주요 요소, 즉 노동력과 생산수단이 있다고 했다. 자본주의 생산양식에서는 이 두 요소가 모두 자본의 형태를 띤다. 처음에 투자한 돈이 더 불어나기를 바라는 자본가는 먼저 노동력과 생산수단을 모두 구매하는 데 화폐를 투자해야 한다. 노동력을 구매하는 데 쓰인 돈을 마르크스는 가변자본이라고 불렀다. 사회 기반 시설, 설비, 원료 등의 생산수단을 얻는 데 투자된 돈은 불변자본이라고 불렀다.

그렇게 부른 이유는 노동가치론에 비춰 보면 분명히 알 수 있다. 가변자본은 가치의 원천인 상품, 즉 노동력에 투자되기 때문에 가치가 늘어나게 만드는 자본이다. 불변자본은 가치의 변화가 없는 자본이다. 따라서 자본주의 생산에는 산 노동, 즉 노동력의 가치를 대체함과 동시에 잉여가치를 만들어 내는 노동자의 노동과 죽은 노동, 즉 생산수단에 축적된 노동이 모두 관여한다. 이 죽은 노동은 과거에 생산수단을 만든 노동자들의 노동이다. 기계는 새로운 상품을 만드는 데 사용되는 과정에서 그 가치가 조금씩 새로운 상품으로 이전되면서 서서히 가치가 감소한다.

잉여가치율은 마르크스가 잉여가치와 (노동력에 투자된 자본인) 가변자본의 비율에 붙인 이름이다. 이 잉여가치율로 착취율을 측정할 수 있다. 다시 말해 자본가가 노동자한테서 잉여노동을 쥐어짜는 데 얼마나 성공했는지를 가늠할 수 있다. 앞서 말한 사례로 돌아가 보자. 필요노동이 4시간이고 잉여노동이 4시간이라면 잉여가치율은

4:4, 즉 100퍼센트다.

마르크스는 자본가들이 잉여가치율을 높일 수 있는 방법이 두 가지 있다고 주장했다. 하나는 모든 생산양식에 공통된 방법이고 다른 하나는 자본주의에 고유한 방법인데, 각각 절대적 잉여가치의 생산, 상대적 잉여가치의 생산이라고 한다. 절대적 잉여가치를 만드는 방법은 하루의 노동시간, 즉 노동일을 늘리는 것이다. 그래서 노동자들이 하루에 8시간이 아니라 10시간 노동을 하면서도 필요노동은 여전히 4시간이라면 2시간의 잉여노동이 새로 추가된 것이다. 그렇다면 잉여가치율은 4:4에서 6:4로, 즉 100퍼센트에서 150퍼센트로 높아진다.

《자본론》에서 가장 뛰어나고 강력한 부분 가운데 하나는 마르크스가 특히 산업혁명 초기에 자본가들이 어떻게 노동일을 최대한 늘리려고 애썼는지를 묘사한 부분이다. 그들은 심지어 아홉 살짜리 소년들에게 주철 공장의 지옥 같은 조건에서 12시간 3교대 일을 하도록 강요하기까지 했다. 그래서 마르크스는 다음과 같이 썼다. "자본은 죽은 노동인데, 이 죽은 노동은 흡혈귀처럼 산 노동을 흡수해야만 활기를 띠고 산 노동을 더 많이 흡수할수록 더욱 활기를 띤다."[24]

그러나 노동일을 늘리는 데는 객관적 한계가 있다. 노동일을 너무 늘리면 "인간의 노동력에서 정상적인 도덕적·육체적 발전 조건과 활동 조건을 빼앗게 된다. 그러면 노동력의 가치가 떨어질 뿐 아니라 노동력 자체의 조기 소모와 사망까지 부르게 된다."[25] 따라서 가치의 원천인 노동력에 의존하는 자본은 결국 자신의 이해관계를 거스르는 행동을 하게 되는 셈이다. 그와 동시에 노동일을 가차 없이 늘렸다가는 그 피해자들의 조직적 저항에 부딪히게 된다. 마르크스는 노동시간을 제한하는 공장법을 영국 자본가들이 받아들이도록 강요하는 데서 노동계급의 집단적 행동이 한 구실을 연대순으로 기록했다. "따라서 자본주의 생산의 역사에서 노동일의 표준을 확립하는 과정은 노동일의 한계를 둘러싼 투쟁(총자본, 즉 자본가계급과 총노동, 즉 노동계급 사이의 투쟁)으로 나타난다."[26]

그렇지만 자본은 상대적 잉여가치 생산을 통해서도 잉여가치율을 높일 수 있다. 노동생산성이 향상되면 노동의 생산물인 상품의 가치가 떨어질 것이다. 생산 조건상의 기술 개선으로 노동자들이 임금으로 구매하는 소비재 가격이 떨어지면 노동력의 가치도 떨어진다. 그러면 노동력을 재생산하는 데 필요한 사회적 노동도 줄어들 것이고, 노동일 중에서 필요노동에 해당하는 부분도 감소할 것이고, 잉여가치를 만들어 내는 데 쓰이는 노동시간은 늘어날 것이다.

예컨대 소비재 산업의 생산성이 향상돼서 소비재의 가치가 절반으로 떨어졌다고 치자. 앞서 말한 사례로 돌아가 보면 필요노동은 이제 하루 8시간 노동 가운데 겨우 2시간에 불과할 것이다. 그래서 잉여가치율은 이제 6:2가 된다. 즉, 전에 100퍼센트였던 잉여가치율이 이제는 300퍼센트로 오르게 되는 것이다.

마르크스는 자본주의 발전의 모든 국면에서 절대적 잉여가치와 상대적 잉여가치를 모두 찾아볼 수 있지만, 그 중요성은 역사적으로 바뀌는[전자에서 후자로] 경향이 있다고 주장했다. 자본주의 생산관계가 처음 도입됐을 때 그 바탕에는 봉건사회의 수공업에서 물려받은 생산방법들이 있었다. 이 수공업적 방법들은 처음에는 근본적으로 바뀌지 않았다. 노동자들은 단지 더 큰 생산 단위들로 모이고, 더 복잡한 분업에 종속됐을 뿐이다. 새로운 생산관계가 낡은 노동과정에 이식된 것이다.

> 기존의 노동 방식에서는 오직 노동일을 늘려서만, 즉 **절대적 잉여가치**를 증대해서만 잉여노동을* 만들어 낼 수 있다.[27]

봉건제 같은 생산양식에서는 착취자든 피착취자든 생산력을 발전시키는 데 큰 관심이 없었기 때문에, 직접 생산자들한테서 더 많은 잉여노동을 뽑아낼 수 있는 방법은 오직 더 오래 일하게 만드는 것뿐이었다. 그러나 자본주의는 착취율을 높일 수 있는 새로운 방법을 도입한다. 그것은 생산자들이 더 효율적으로 일하게 만드는 것이다.

"상대적 잉여가치의 생산과 함께, 생산의 [현실적] 형태가 모두 바뀌고, **자본주의에 고유한 생산 형태가 출현한다.**"[28] 마르크스가 매뉴팩처라고 부른 것, 즉 "도시의 수공업과 농촌의 가내공업이라는 광범한 기반"[29] 위에 세워진 경제조직은 이제 현대적 대공업, 즉 "머신팩처[기계제 생산]"로 대체된다. 이제 생산은 기계 체계를 중심으로 조직되고 노동과정은 기술혁신을 반영해서 끊임없이 변화한다. "이제 기술적

* 잉여가치의 오타인 듯하다.

으로도 또 다른 면에서도 고유한 생산양식, 즉 자본주의 생산양식이 생겨나서, 노동과정과 그 현실적 조건들을 변화시킨다."[30]

그 가장 중요한 결과는 노동과정이 점차 사회화한다는 것이다. 이제 생산은 기계를 중심으로 조직된 대규모 단위로 이뤄지고, 매우 복잡한 분업을 포괄하게 된다. "전반적 노동과정의 진정한 지렛대는 점차 개별 노동자가 아니라 … 사회적으로 결합된 노동력이다."[31] 그래서 자본주의는 마르크스가 "집단적 노동자"라고 부른 것을 만들어 낸다. 이제 개인들은 "집단적 노동자"의 손발이 돼, 함께 협력해서 상품을 생산한다.

마르크스는 자본주의에서 노동과정을 끊임없이 변혁하는 목적은 상대적 잉여가치를 생산해서 착취율을 높이려는 것이라고 강조했다.

노동생산성을 향상시키는 다른 모든 수단과 마찬가지로, 기계도 상품의 가격을 낮추려고 만들어진 것이고, 노동일 가운데 노동자가 자신을 위해 일하는 부분을 단축시켜서 자본가가 공짜로 가져가는 부분을 늘리기 위한 것이다. 기계는 잉여가치를 생산하는 수단이다.[32]

이것은 앞서 5장에서 나온 주장, 즉 생산력은 지배적 생산관계가 허용하는 수준까지만 발전한다는 것을 강조하는 말이다. 자본주의의 독특한 점은 그 생산관계가 노동생산성의 끊임없는 향상을 요구한다는 사실이다.

경쟁, 가격, 이윤

《자본론》 1권에서 마르크스는 매우 높은 추상 수준에서 자본주의 생산과정을 분석한다. 가장 중요한 사실은 그가 상품은 그 가치대로, 즉 상품을 생산하는 데 들어간 사회적 필요노동시간에 따라서로 교환된다고 가정한다는 것이다. 특히 그는 경쟁의 효과나 상품의 수요·공급 변동이 낳는 효과를 배제한다.

이런 [분석] 방법이 옳은 이유는, 이 단계에서 마르크스의 관심사는 자본주의 경제의 본질적 특징을 파악하는 것이었고, 자본주의 경제의 근원에는 생산과정의 노동자들한테서 잉여가치를 뽑아내는 착취가 있다는 사실을 밝히는 것이었기 때문이다. 자본주의 생산과정을 분석할 때 마르크스의 대상은 그가 "특수한 자본들과 구별되는 자본 일반"이라고 부른 것이었다. 그는 이것이 하나의 추상이라는 것을 인정했다.

> 그러나 그것은 자의적 추상이 아니라, 다른 모든 형태의 부富(즉, 사회적 생산이 발전하는 방식들)와 구별되는 자본의 독특한 성질을 파악한 추상이다. 이것은 모든 자본 자체에 공통되거나 일정액의 가치를 모두 자본으로 만드는 규정이다.[33]

"모든 자본 자체에 공통된 규정"을 한마디로 요약하면 자본은 가치의 자기 증식이라는 사실이다. 그리고 이런 가치의 자기 증식은 생산과정에서 노동자를 착취하는 데서 생겨난다. 따라서 자본과 "사회적 생산이 발전하는" 다른 "방식들"의 차이는 "직접 생산자들한테서 무보수 잉여노동을 강탈하는 독특한 경제적 형태"인[34] 잉여가치다. 마르크스가 "자본 일반"을 분석한 의도는 자본주의 생산관계의 토대를 알아내려는 것이었다.

그러나 마르크스가 자본주의를 고찰하는 다른 단계도 있다. 앞서 봤듯이 자본주의 생산양식에는 두 가지 분리가 있다. 하나는 노동력과 생산수단의 분리다. 이 분리가 임금노동과 자본의 교환 아래에 놓여 있고 잉여가치의 추출을 가능하게 해 준다. 다른 하나는 생산 단위들 사이의 분리다. 이 분리는 자본주의에서는 사회적 노동을 다양한 [경제]활동으로 분배하는 집단적 방식이 전혀 존재하지 않는다는 사실, 따라서 개별 생산자들은 오직 생산물의 교환을 통해서만 서로 관계를 맺게 된다는 사실에서 비롯한다.

자본주의의 본질적 특징은 어떤 단일한 생산자도 경제를 통제하지 못한다는 것이다. "자본은 다수 자본으로만 존재할 수 있고, 실제로 존재한다"고[35] 마르크스는 썼다.

"다수 자본"의 영역은 경쟁의 영역이다. 개별 자본들은 시장에서 서로 경쟁하면서 특정 부문을 지배하려 한다. 이런 자본들의 행동은 "자본 일반"에 대한 마르크스의 분석, 특히 생산과정에 대한 분석을 고려해야만 이해할 수 있다. 자본들을 자본으로 만드는 것은 생산에서 가치의 자기 증식이다. 그러나 매우 중요한 의미에서 마르크스의 경쟁 분석은 생산과정 분석을 완성한다.

이 점을 제대로 이해하려면 먼저 《자본론》세 권 전체를 대강 살펴봐야 한다. 앞서 봤듯이 《자본론》 1권의 관심사는 생산과정 분석이다. 그러나 자본주의는 일반화한 상품생산 체제이기 때문에, 자본가가 노동자한테서 뽑아낸 잉여가치를 실제로 손에 넣으려면 이 가치를 체현하고 있는 상품을 판매하는 데 성공해야만 한다. 마르크스가 (생산에서 만들어진) 가치의 실현이라고 부른 것, 즉 가치가 화폐로 탈바꿈하는 것은 시장에서 상품의 유통에 달려 있다.

《자본론》 2권의 관심사는 바로 이 유통 과정인데 그 함의를 두 가지로 살펴본다. 첫째, 마르크스는 자본의 서로 다른 순환, 즉 연속적 형태 변화를 고찰한다. 예컨대 화폐자본은 노동력과 생산수단으로 탈바꿈해서 상품을 생산하는 데 사용되고, 이 상품이 그 가치대로 판매되면 더 많은 화폐로 다시 탈바꿈한다. 그다음에 마르크스는 개별 자본의 순환이 뒤섞여서 경제 전체의 재생산이 이뤄지는 방식을 고찰한다. 그가 《자본론》 2권에서 주장하는 내용은 대부분 탁월하고 혁신적이지만 이 책에서는 다음 절에서 경제 위기를 다룰 때만 간단히 짚고 넘어갈 것이다.

마르크스가 경쟁을 분석한 것의 의미는 《자본론》 3권에서 잘 드러난다. 여기서 마르크스의 관심사는 자본주의 생산 전체다. 생산에서 만들어진 가치의 실현이 상품의 유통에 달려 있기 때문에

자본주의 생산과정 전체는 생산과정과 유통과정의 통일이다. … 3권에서 전개되는 자본의 다양한 형태들은 자본이 사회의 표면에서 상호작용하면

서, 즉 경쟁하면서 나타나는 형태로, 그리고 생산 담당자 자신들의 일상적 의식에서 나타나는 형태로 한 걸음 한 걸음 다가간다.[36]

경쟁의 핵심적 중요성은 바로 경쟁의 압력 때문에 개별 생산자들은 자본으로서 행동할 수밖에 없다는 사실에 있다. "개별 자본들의 상호작용은 그들이 스스로 **자본**으로서 행동하게 만드는 효과를 낳는다."[37]

가치법칙, 즉 상품을 생산하는 데 드는 사회적 필요노동시간에 따라 상품들이 교환된다는 법칙은 두 가지 방식으로 경쟁의 영향을 받는다. 먼저, 마르크스는 상품의 가치와 시장가격을 구별했다. 가치는 상품에 지출된 사회적 노동이다. 시장가격은 어느 시점에 상품을 판매할 때 받는 화폐의 양이다. 둘은 흔히 다르다. 시장가격은 수요·공급의 증감에 따라 변동하기 때문이다. 마르크스는 이런 시장가격의 변동은 시간이 흐르면 상쇄된다고 주장했다.

그러나 상품의 가치는 이 6장의 서두에서 봤듯이 그 상품을 생산하는 데 들어간 **사회적으로 필요한** 노동이다. 이것은 그 상품을 생산하는 데 실제로 사용된 노동량과 다를 수 있다. 그러므로 마르크스는 상품의 개별 가치, 즉 그 상품에 체현된 노동시간과, 그 산업의 지배적 생산 조건을 반영하는 사회적 가치 또는 시장가치를 구별했다.

상품의 시장가치는 그 산업의 자본 간 경쟁에 따라 결정된다. 각 자본은 경쟁자들보다 시장 점유율을 높이려 하고, 저마다 생산 조건을 개선해서 자기 상품의 가치를 낮추려고 애를 쓴다. 보통 그 결과로 시장가치는 그 산업의 평균적 생산 조건에서 생산된 상품의 가치가 된다. 이런 경쟁 때문에 개별 자본의 생산물은 시장가치대로 팔릴 것이다. 물론 그런 상품을 생산하는 데 사용된 실제 노동[시간], 즉 개별 가치는 시장가치보다 높거나 낮을 것이다.

또 경쟁이 가치법칙의 작용에 영향을 미치는 다른 방식도 있다. 이것은 상품이 "자본의 생산물"이라는[38] 사실에서 비롯한다. 다시 말해 자본가가 상품생산에 자본을 투자하는 것은 생산 자체를 위해서가 아니라 잉여가치를 생산하기 위해서다. 그런데 앞 절에서 봤듯이 잉여가치의 원천은 가변자본이다. 다시 말해 자본가가 임금을 주고 고용하는 노동자들이다. 그러나 자본가는 돈을 투자해서 단지 이 임금만 지급하는 것은 아니다. 그는 노동자들이 실제로 상품을 생산할 때 필요한 기계·건물·원료 등을 구매하는 데도 돈을 써야 한다. 자본가에게 중요한 것은 단지 가변자본을 투자해서 얻는 수익이 아니다. 오히려 총투자, 즉 가변자본과 (생산수단에 투자된) 불변자본을 모두 합친 자본의 수익이 중요하다.

마르크스는 이 사실을 인식하고 잉여가치율과 이윤율을 구별했다. 잉여가치율은 가변자본에 대한 잉여가치의 비율이다. 앞에서 봤듯이 잉여가치율은 노동력이 얼마나 착취당하는지를 측정한다. 반면에 이윤율은 가변자본과 불변자본을 합친 **총자본**에 대한 잉여가치의 비율이다. 자본주의를 이해하려는 관점에서 보면 잉여가치율이 더 기본적이다. 노동력이 가치의 원천이기 때문이다. 그러나 자본가에게 중요한 것은 **이윤율**이다. 자본가는 임금에 지출한 돈에서만 수익을 얻는 것이 아니라 총투자에서 적절한 수익을 얻어야 하기 때문이다.

분명히 두 비율은 서로 다를 것이다. 매주 50파운드씩 임금을 주고 노동자 100명을 고용한 자본가가 있다고 치자. 그가 지급한 임금 총액, 즉 가변자본은 매주 5000파운드다. 잉여가치율이 100퍼센트라면 매주 생산되는 잉여가치도 5000파운드일 것이다. 이것이 그의 이윤이다(그 자본가는 원래 투자한 5000파운드를 포함해서 모두 1만 파운드어치의 생산물을 만들어 낸다). 그러나 그는 또 설비와 건물 등의 대금을 치르기 위해 매주 2500파운드도 투자해야 한다고 치자. 이것은 그의 불변자본이다. 그러면 매주 투자된 총자본은 7500파운드일 것이고, 그가 총투자로 얻은 수익을 나타내는 이윤율은 총자본에 대한 이윤의 비율이므로 5000파운드:7500파운드,* 즉 67퍼센트다.

마르크스에 따르면 이윤율의 존재는 경쟁이 어떻게 진정한 생산관계를 은폐하는지를 보여 주는 사례다. 자본가들이 일상적 계산에서 사용하는 것은 [잉여가치율이 아니라] 이윤율이기 때문이다. 이 이윤율이라는 개념은 총자본과 잉여가치의 관계를 나타내기 때문에 노동력이 잉여가치의 원천이라는 사실이 은폐된다. 그래서 마치 생산수단에 투자된 불변자본도 가치와 잉여가치를 만들어 내는 것처럼 보이게 된다. 이것은 마르크스가 상품 물신성이라고 부른 것의 사례다. 상품 물신성은, 자본주의 경제의 작동으로 말미암아 사람들의 사회적 관계가 물질적 객체들(사용가치와, 사용가치를 생산하는 데 쓰이는

---

* 이하 수식에서는 화폐 단위 파운드를 생략한다.

기계)의 신비스런 지배를 받는 것처럼 보이는 현상을 말한다. 그것은 이윤의 존재를 정당화하는 효과를 낸다. 왜냐하면 생산수단의 소유자인 자본가도 생산물을 만드는 데 협력했으므로 노동자와 마찬가지로 생산물을 차지할 정당한 자격이 있는 것처럼 보이게 해 주기 때문이다.

그러나 이윤율에는 이런 신비화 말고도 더 살펴볼 것이 있다. 마르크스는 이윤율이 산업마다 그 지배적 생산 조건에 따라 다를 것이라고 주장했다. 이 점을 설명하기 위해 그는 **자본의 유기적 구성**이라는 개념을 사용했다. 이것은 가변자본에 대한 불변자본의 비율이다. 다시 말해 그것은 어떤 상품을 생산하는 데 필요한 기계·원료 등의 양과 노동력의 관계를 (가치 면에서) 나타내는 개념이다.

자본의 유기적 구성은 사실 노동생산성의 척도다. 노동력이 더 효율적일수록 한 노동자가 가동하는 기계는 더 많을 것이고 그가 사용하는 원료 등도 더 많을 것이기 때문이다. 따라서 노동생산성이 높으면 자본의 유기적 구성도 높을 것이다.

이것은 이윤율에 어떤 의미가 있는가?

두 자본가 A와 B를 예로 들어 보자. A와 B 모두 매주 지급하는 임금 총액이 5000파운드로 똑같고, 마르크스가 가정한 것처럼 잉여가치율도 똑같이 100퍼센트여서 각자 매주 5000파운드씩 이윤을 얻는다고 치자. 그러나 A는 매주 5000파운드의 불변자본을 투자하지만 산업 부문이 다른 B는 1만 파운드의 불변자본을 투자해야 한다고 치자.

그렇다면 A의 경우 자본의 유기적 구성, 즉 가변자본에 대한 불변자본의 비율은 5000:5000, 즉 1:1이다. 그의 이윤 5000파운드는 총자본 1만 파운드로 얻은 것이므로 A의 이윤율은 5000:10000, 즉 50퍼센트다. 반면에 B의 경우 자본의 유기적 구성은 10000:5000, 즉 2:1(로 A의 갑절)이다. 그리고 B의 이윤율은 5000:15000, 즉 33퍼센트에 불과하다.

따라서 자본의 유기적 구성이 높을수록, 즉 노동자 1인당 사용하는 기계와 원료가 많을수록 이윤율은 낮아진다. 오직 노동력만이 잉여가치를 생산하기 때문이다.

그런데 자본가들의 관심사는 투자에서 최대한 많은 이익을 얻는 것, 즉 최대한 높은 이윤율을 달성하는 것이다. 생산에 필요한 기계와 건물 등의 양은 산업마다 다르기 때문에, 다시 말해 어떤 산업은 다른 산업보다 자본의 유기적 구성이 더 높기 때문에, 자본은 이윤율이 높은 산업으로, 다시 말해 자본의 유기적 구성이 낮은 산업으로 흘러가는 경향이 있다. 어쨌든 자본가 B가 만약 자신의 자본을 A의 산업에 투자해서 50퍼센트의 이윤율을 얻을 수 있다면, 수익률이 겨우 33퍼센트에 불과한 산업에 모든 돈을 계속 투자할 이유가 있겠는가?

이 때문에 마르크스가 이윤율의 균등화라고 부른 일이 일어난다. 한 산업에서 다른 산업으로 자본이 흘러가면 이윤율의 차이가 사라져서 균등해지는 경향이 있을 것이고 그 결과로 일반적 이윤율이 형성된다는 것이다. 일반적 이윤율은 경제 전체에서 생산된 총잉여가치와, 투자된 총 사회적 자본 사이의 관계를 보여 준다. 개별 자본들이 총잉여가치에서 차지하는 몫은 자신이 투자한 가변자본에 비례하는 것이 아니라 투자한 총자본에 비례한다.

이것이 무엇을 의미하는지를 알기 위해 A와 B의 사례로 돌아가서, 경제에 존재하는 자본이 그 둘뿐이라고 치자. 그렇다면 총잉여가치는 1만 파운드이고 총 사회적 자본은 2만 5000파운드일 것이다. 일반적 이윤율은 10000:25000, 즉 40퍼센트일 것이다. 그것은 B의 원래 이윤율 33퍼센트보다는 높지만 A의 50퍼센트보다는 낮다. 각 자본가는 자신의 총자본에 대해 40퍼센트의 수익을 얻을 것이다. 그러면 A는 1만 파운드의 40퍼센트인 4000파운드를 수익으로 얻을 것이고 B는 1만 5000파운드의 40퍼센트인 6000파운드를 얻을 것이다. 각 자본가는 자신의 노동자들한테서 잉여가치를 각각 5000파운드씩 뽑아냈으므로 1000파운드가 두 자본가 사이에 이전된 것이다.

어떻게 이런 일이 일어났는가? 불행히도, 경제에 존재하는 자본가 A와 B뿐인 위의 사례는 잉여가치가 이렇게 이전되게 만드는 메커니즘을 증명하기에는 너무 간단하지만 그래도 이런 메커니즘이 어떻게 시작하는지를 보여 주는 데는 유용할 것이다.

자본가 B는 A의 이윤율이 자신보다 더 높은 것을 보고 당연히 한 몫 차지하고 싶을 것이다. 그래서 자기 자본의 일부를 A의 산업으로 이전할 것이다. 그러면 A 산업의 생산이 증가할 것이고, 이런 생산 증가는 상품의 공급이 수요를 초과할 때까지 계속될 것이다. 그러다가 상품을 구매하겠다는 사람보다 판매되는 상품의 양이 더 많아지면 가격이 떨어질 것이다. 그러면 이 상품은 그 가치 이하로 판매될 것이고 결국 A 산업의 이윤율은 낮아질 것이다.

한편, 자본가 B가 자기 돈의 일부를 그 산업에서 빼 갔기 때문에 B 산업의 생산은 감소할 것이다. 그래서 이 상품의 공급이 수요보다 적어지면 가격이 오를 것이고 그러면 그 상품은 그 가치 이상으로 판매될 것이다. 그래서 처음에는 낮았던 B 산업의 이윤율이 오르게 될 것이다.

자본은 가장 높은 수익을 끊임없이 찾아다니기 때문에, 사회 기반 시설이나 기계, 원료 등을 노동력보다 덜 사용하는 산업, 다시 말해 자본의 유기적 구성이 낮고 따라서 이윤율이 높은 산업에서는 투자가 증가할 것이다. 그러면 가격이 떨어지고 그 이윤율도 낮아지는 경향이 있다. 자본의 유기적 구성이 높은 산업에서는 그와 정반대의 일이 벌어질 것이다.

마르크스가 썼듯이 자본의 "이런 끊임없는 유출과 유입" 때문에 서로 다른 생산 분야들 사이에서 이윤율 차이에 따라 자본이 끊임없이 재분배되고, 그래서 "수요와 공급의 비율이 변동해 결국 서로 다른 생산 분야들에서 평균이윤이 똑같아지고, 이에 따라 가치는 생산가격으로 전환된다."[39] 모든 자본의 이윤율이 똑같아지는 수준에서 다양한 상품의 가격이 결정될 때 균형은 이뤄질 것이다.

그것은 마치 노동자들이 어디에 고용돼 있든 간에 노동자들한테서 뽑아낸 잉여가치를 모두 하나의 저수지에 모은 다음 거기서 자본가들이 저마다 투자한 액수에 비례해서 이윤을 가져가는 것과 비슷하다. 따라서 잉여가치의 기원은 더 은폐돼서 도저히 알 수 없는 수수께끼 같은 것이 돼 버린다. 왜냐하면 어떤 자본가가 얻는 이윤은 그가 고용한 노동자들의 노동량과 완전히 무관한 것처럼 보이기 때문이다. 그래서 마르크스는 다음과 같이 지적했다. "이 모든 현상들은 노동시간이 가치를 결정한다는 것[가치법칙]과 … 모순되는 것처럼 보인다. 따라서 경쟁에서는 모든 것이 뒤집혀서 나타난다."[40]

이런 겉모습은 자본가계급과 노동계급의 전반적 관계를 살펴보면 사라진다.

> 각각의 특수한 생산 분야의 자본가 전체뿐 아니라 개별 자본가도 자본 전체가 노동계급 전체를 착취하는 데 참여한다. … 그 밖의 조건이 모두 동일하다면, 평균이윤율은 자본 전체가 노동 전체를 착취하는 수준에 달려 있기 때문이다.[41]

> 자본가들은 노동계급한테서 쥐어짜내는 무보수 노동의 총량을 … **특수한 개별 자본**이 직접 생산하는 잉여노동에 따라서 나눠 갖는 것이 아니라, **첫째로는** 특수한 개별 자본이 총자본에서 차지하는 상대적 비율에 따라서, **둘째로는** 총자본이 생산하는 잉여노동의 총량에 따라서 자기들끼리 나눠 가지려고 분투한다(이렇게 분투하는 것이 경쟁이다). 자본가들은 서로 싸우는 형제들처럼, 다른 사람들의 노동 생산물을 빼앗아서 자기들끼리 나눠 가진다. 그래서 평균적으로 보면 각 자본가는 다른 자본가와 똑같은 양의 무보수 노동을 차지한다.[42]

그렇다면 여기서 우리는 자본가들이 자기들끼리 경쟁할 때는 전혀 우애가 없다가도 노동계급 전체에 대해서는 진정한 비밀결사식 동맹을 형성하는 이유를 설명해 주는 정확한 수학적 증거를 얻게 된다.[43]

이윤율의 균등화 때문에 가치법칙은 수정돼야 한다. "일반적 이윤율의 출현으로 말미암아 … 가치가 (가치와는 다른) 비용가격으로 바뀌는 전형이 필연적인 것이 된다는 점은 분명하다."[44]

왜 그런지 알기 위해 이제 우리에게 친숙해진 자본가 양반들 A와 B로 돌아가 보자. 편의상 그들이 매주 투자하는 불변자본의 가치가 모두 그들이 생산하는 상품으로 이전된다고 가정하자. 그렇다면 매주 생산물의 총가치는 가변자본 + 잉여가치 + 불변자본과 같을 것이다. A의 경우 이것은 5000+5000+5000=15000이다. B의 경우에는 5000+5000+10000=20000일 것이다. 그러나 이윤율의 균등화 때문에 잉여가치 1000파운드가 A에서 B로 이전된다. 따라서 생산된 가치는 이 재분배를 감안해서 수정돼야 한다. 그러면 A의 경우는 5000+4000+5000=14000이고 B의 경우는 5000+6000+10000=21000이다.

마르크스는 이렇게 일반적 이윤율의 형성을 반영해서 전환된 가치를 생산가격이라고 불렀다. 생산가격의 형성은 "자본은 다수 자본으로만 존재할 수 있고, 실제로 존재한다"는 사실의 필연적 결과다. "경쟁은 먼저 한 [생산 — 지은이] 분야에서 상품의 다양한 개별 가치로부터 단일한 시장가치와 시장가격을 만들어 낸다. 그러나 다른 생산 분야들의 자본 간 경쟁은 다른 분야들 사이의 이윤율을 균등화하는 생산가격을 만들어 낸다."[45] 가치가 생산가격으로 전환되는 것은 가치 자체가 형성되는 바로 그 과정의 일부다. 상품이 먼저 사회적 필요노동시간에 따라 판매되게 만드는 것이 바로 특정 산업 내부의 경쟁이기 때문이다.

따라서 가치가 생산가격으로 바뀌는 전형은 노동가치론을 손상하는 것이 아니라 완성하는 것이다. 마르크스는 생산가격과 가치의 괴리는 "어느 상품에 잉여가치가 너무 적게 들어가면 다른 상품에는 잉여가치가 너무 많이 들어가서, 상품의 생산가격과 가치의 차이가 상쇄된다는 사실에 의해 항상 해결된다"고[46] 지적했다. 따라서 "사회 전체에서 … 생산된 상품들의 생산가격의 합계는 그 가치의 합계와 같다."[47] 두 단락 전에 나온 A와 B의 사례로 돌아가서 보면 그들의 생산물의 총가치 3만 5000파운드는 가치가 생산가격으로 전환되기 전이나 후나 똑같다는 것을 알 수 있다.

그렇지만 이른바 '전형 문제'는 엄청난 논쟁을 불러일으켰다. 그 논쟁은 1894년 《자본론》 3권이 출판됐을 때부터 시작해서 지금도 누그러질 기미가 보이지 않는다. 어떤 비판들은 단순히 무지에서 비롯한 것이다. 예컨대 오스트리아 경제학자 오이겐 폰 뵘바베르크는 전형 문제를 처음 제기한 저자들 중 한 명인데, 그는 마르크스가 《자본론》 1권을 쓴 뒤에 생각이 바뀌어서 결국 상품은 그 가치대로 교환되지 않는다고 결론지었다고 주장했다. 그러나 엥겔스가 마르크스 사후 《자본론》 3권을 출판하면서 지적했듯이 3권을 편집하는 데 사용된 원고들은 1864~1865년에 쓰였는데 이때는 마르크스가 1권의 최종 원고를 완성하기 전이었다! 어쨌든 그보다 훨씬 전에 쓰인 1861~1863년의 원고들로 만든 《잉여가치학설사》를 봐도, 마르크스는 이전의 리카도와 마찬가지로 일반적 이윤율의 존재는 가치법칙의 수정을 함의한다는 사실을 아주 잘 알고 있었다.

더 타당한 전문적 비판들도 있다. 마르크스는 전형의 예를 들면서 가변자본과 불변자본이 나타내는 상품의 가치 자체도 생산가격으로 전환돼야 한다는 사실을 무시했다. 그러므로 내가 예를 든 것처럼 전형 전이나 후나 A의 자본은 1만 파운드, B의 자본은 1만 5000 파운드로 남아 있지는 않을 것이다. 노동자들이 소비하는 상품과, 노동자들이 생산할 때 사용하는 기반 시설과 기계 등도 일반적 이윤율의 형성의 영향을 받을 것이고, 따라서 그 가치 역시 생산가격으로 전형된 것이어야 할 것이다. 마르크스가 이 문제를 모른 것은 아니었지만 그는 이것이 걱정할 만큼 중요한 문제는 아니라고 생각했다.[48] 후대의 연구들은 마르크스가 틀렸고 가치가 생산가격으로 완전히 전형되는 문제는 마르크스의 생각보다 훨씬 광범한 함의가 있다는 것을 시사한다. 그러나 지금까지 나온 수학적 해법들이 가치가 생산가격으로 전환되는 문제에 관한 마르크스의 기본적 설명을 무효로 만드는 것은 아니다.

일부 경제학자들(그중에는 마르크스주의자들도 있다)은 여전히 '전형 문제'가 노동가치론을 거부해야 하는 증거라고 주장한다. 그들의 주된 논거는 굳이 가치에서 시작하지 않고도 상품의 가격을 결정할 수 있는 기법들이 존재한다는 것이다. 이것은 완전히 맞는 말이지만 노동가치론의 요점을 놓친 것이다. 노동가치론의 주요 목적은 상품들이 서로 교환되는 비율을 결정하는 공식을 제시하는 것이 아니다(물론 마르크스가 설명한 전형 이론을 수정한다면 그런 공식을 제시할 수도 있을 것이다). 마르크스의 의도는 "현대사회의 경제적 운동 법칙을 밝히는 것"이었다. 즉, 자본주의 생산양식에 내재한 역사 발전의 경향을 파악하는 것이었다. 노동가치론은 바로 이 목적을 위한 수단이었다.

《자본론》에서 마르크스가 사용한 방법은 "추상에서 구체로 상승하는" 일반적 방법을 반영한 것이다. 1권과 2권에서 "자본 일반", 즉 자본주의 생산관계의 근본적 특징들을 분석할 때 마르크스는 상품이 그 가치대로 교환된다고 가정한다. 이렇게 가정하는 것이 완전히 타당한 이유는, 전형 문제는 자본들의 차이를 살펴보기 시작할 때 비로소 나타나기 때문이다. "다수 자본"의 영역과 자본 간 경쟁을 살펴보는 3권에 와서야 비로소 마르크스는 상품이 그 가치대로 교환된다는 가정을 버린다. "자본 전체의 운동 과정에서 나타나는 구체적 형태들을 발견하고 서술"하려면[49] 반드시 그렇게 해야 한다는 것이다.

그러나 그렇게 할 수 있으려면 처음에 "자본 일반"을 분석하는 데 필요한 추상을 했어야 한다. 즉, 상품이 그 가치대로 교환된다는 추상이 먼저 필요했던 것이다. 마르크스가 리카도를 비판한 주된 이유는 리카도가 일반적 이윤율의 존재를 그냥 가정한 채, 경쟁과 분리해서 가치와 잉여가치를 고찰하지 않았기 때문이다. 리카도의 오류는

"추상력이 부족했다는 것, 즉 상품의 가치를 다룰 때는 경쟁의 결과로서 그에게 나타나는 요인인 이윤을 잊어버려야 했는데 그러지 못했다는 것"이다.[50]

지금까지는 "자본 일반"과 "다수 자본"의 관계를 정태적으로 살펴봤다. 즉, 그것이 가치의 형성에 어떻게 영향을 미치는지만 살펴봤다. 이제부터는 더 동태적으로, 즉 자본 간 경쟁이 부르주아 경제의 발전에서 어떤 구실을 하는지를 살펴보자.

축적과 경제 위기

자본주의가 다른 생산양식들과 구별되는 주요 특징 하나는 바로 자본축적이다. 노예제나 봉건제 사회에서 착취자는 직접 생산자들한테서 빼앗은 잉여생산물을 대부분 소비해 버렸다. 생산을 지배한 것은 여전히 사용가치였다. 생산의 목적이 소비였던 것이다.

그러나 자본주의 생산양식이 지배적이 되면 사정은 완전히 달라진다. 자본가가 노동자들한테서 쥐어짜낸 잉여가치는 대부분 소비되지 않는다. 오히려 추가 생산을 위해 재투자된다. 이 과정, 즉 잉여가치가 끊임없이 재투자돼서 훨씬 더 많은 잉여가치를 생산하는 과정을 두고 마르크스는 자본축적이라고 불렀다.

《자본론》 1권의 유명한 구절에서 마르크스는 이런 자본축적 때문에 자본가계급의 '절욕_{節慾}' 이데올로기가 생겨난다는 것을 보여 준다.

'절욕' 이데올로기는 부르주아지가 자신의 소비조차 거부하고 최대한 많은 잉여가치를 저축해서 재투자하도록 부추긴다.

축적하라, 축적하라! 이것이 모세와 예언자들의 말씀이시다! "근면은 재료를 제공하고 절약은 그것을 축적한다."[애덤 스미스가 한 말이다 — 지은이] 그러므로 절약하라, 절약하라! 즉, 최대한 많은 잉여가치나 잉여생산물을 자본으로 재전환하라! 축적을 위한 축적, 생산을 위한 생산. 이 공식으로 고전파 경제학은 부르주아지가 지배하는 시대에 부르주아지의 역사적 사명을 표현했다.[51]

그러나 자본축적의 동기는 탐욕이 아니라고 마르크스는 말했다(물론 개인으로서 자본가는 얼마든지 탐욕스러울 수 있다). "거래하고 맞바꾸려는 자연적 경향"을 인간 본성에서 찾을 필요는 없다. 체제 자체가 자본가의 동기를 제공한다.

자본가가 자본의 의인화인 한, 자본가의 행동 동기는 사용가치를 얻고 즐기는 것이 아니라 교환가치를 얻고 늘리는 것이다. … 따라서 자본가는 스스로 부자가 되려는 절대적 욕망을 갖고 있다는 점에서 수전노와 비슷하다. 그러나 수전노의 경우에는 개인의 집착으로 나타나는 것이 자본가의 경우에는 사회적 기구의 작용으로 나타난다(그 사회적 기구에서 자본가는 하나의 톱니바퀴일 뿐이다).[52]

이런 사회적 기구가 "다수 자본" 간의 경쟁이다. 앞서 봤듯이 마르크스는 "개별 자본들의 상호작용은 그들이 스스로 자본으로서 행동하게 만드는 효과를 낳는다"고 생각했다. 이것은 특히 자본축적 자체에 적용되는 말이다. 잉여가치를 재투자하지 않는 자본은 곧 경쟁자들한테 밀려나고 말 것이다. 개선된 생산방법에 투자한 자본은 더 값싸게 생산할 수 있고 그래서 다른 자본이 생산한 상품의 가격보다 더 싸게 판매할 수 있다. 축적에 실패한 자본은 머지않아 파산하고 말 것이다.

축적 과정은 자본 간 경쟁과 분리될 수 없기 때문에 결코 순조롭거나 평탄한 과정이 아니다. 마르크스는 축적 과정이 자본주의 생산관계를 재생산하는 과정이기도 하다고 주장했다. 이것이 의미하는 바는, 생산이 끊임없이 혁신되지 않으면 [자본주의] 사회는 존속할 수 없고, 생산의 끊임없는 혁신은 자본가들이 시장에서 실현한 가치를 생산에 재투자하는 데 달려 있다는 것이다.

마르크스는 두 가지 형태의 재생산을 구별했다. 단순재생산은 생산이 전과 똑같은 규모로 다시 시작하는 것이다(그러면 경제는 성장하지 않고 정체한다). 확대재생산은 잉여생산물이 생산을 늘리는 데 사용될 때 일어난다. 이 확대재생산이야말로 자본주의의 표준이다.

《자본론》 2권에서 마르크스는 단순재생산이나 확대재생산이 일어나는 조건들을 분석하면서 여기서는 사용가치가 매우 중요한 구실을 한다는 것을 보여 준다. 재생산이 이뤄지려면 노동력과 생산수단을 구입할 돈이 있는 것만으로는 충분하지 않다. 노동자들이 먹고

살 수 있을 만큼 충분한 소비재도 있어야 하고 노동자들이 일할 때 사용할 기계와 원료 등도 충분히 있어야 한다.

그래서 마르크스는 경제를 크게 1부문과 2부문으로 나눴다. 경제의 1부문에서는 생산수단을 생산한다. 예컨대 원료를 생산하는 광산이나 기계를 생산하는 공장 등이 1부문이다. 경제의 2부문에서는 음식과 의복 같은 소비재를 생산한다. 마르크스는 단순재생산이나 확대재생산이 이뤄지려면 이 두 부문이 일정한 비율로 상품을 생산해야 한다는 것을 보여 준다.

그러나 1부문과 2부문 사이에 이런 비율이 실제로 유지되는지 아닌지는 대체로 우연에 달린 문제다. 자본가들은 자신을 위해서가 아니라 시장에서 판매하려고 생산한다. 자본가가 생산한 상품이 반드시 소비될 것이라는 보장은 전혀 없다. 소비될지 말지는 상품에 대한 유효수요가 있는지 없는지에 달려 있다. 다시 말해 누군가가 상품을 사고 싶어 할 뿐 아니라 실제로 살 돈도 있어야 한다. 흔히 이런 [유효수요는 존재하지 않는다. 그 결과로 경제 위기가 일어난다.

예컨대 1부문(생산수단)의 자본가들이 잉여가치율을 높이려고 자기 노동자들의 임금을 깎았다고 치자. 그러면 이 노동자들은 2부문의 생산물(소비재)을 더 적게 살 수밖에 없을 것이다. 2부문의 자본가들은 이렇게 자기네 시장이 줄어드는 것에 대응해서 신규 시설과 장비에 대한 주문을 줄일 것이다. 그러면 1부문 자본가들도 자기네 생산물의 수요가 감소한 것에 대응해서 노동자들을 해고할 것이고, 이것은 다시 2부문 자본가들의 똑같은 대응을 부를 것이다. 이 과정은 계속 되풀이될 것이다. 이런 사태를 부르주아 경제학자들이 실제로 이해한 것은 1936년에 J M 케인스의 《고용·이자·화폐의 일반 이론》이 출판된 이후였다. 그러나 마르크스는 그보다 약 70년 전에 이미 《자본론》 2권에서 이 과정을 분석한 바 있다.

경제 위기의 가능성은 상품의 본성 자체에 내재한다. 단순 상품 유통이 C—M—C의 형태를 띤다는 것을 떠올려 보자. 이 공식은 상품이 판매되고 [상품을 판매해서 얻은] 화폐가 다른 상품을 구매하는 데 사용되는 것을 보여 준다. 그러나 판매 다음에 반드시 구매가 뒤따라야 할 이유는 전혀 없다. 판매자는 상품을 판매하고 받은 화폐를 그냥 비축할 수도 있다. 자본가들이 바로 그렇게 해야겠다고 결심하는 상황이 흔히 벌어진다. 이윤율이 너무 낮아서 투자할 가치가 없다고들 생각하기 때문이다.

따라서 경제 위기의 근원은 결국 자본주의 생산의 무계획성이다. 마르크스는 "자본주의 생산의 자연발생적 성격 때문에, 균형 자체가 하나의 우연이다"[53] 하고 썼다. 그러나 이것은 단지 경제 위기가 가능하다는 것을 보여 줄 뿐이다. 왜 경제 위기가 실제로 일어나는지를 이해하려면 축적 과정의 성격을 더 깊이 파고들어 가야 한다.

마르크스의 경제 위기 설명은 그가 이윤율 저하 경향의 법칙이라고 부른 것에 바탕을 두고 있다. 그는 이 법칙이 "모든 점에서 현대 정치경제학의 가장 중요한 법칙이고, 가장 어려운 관계들을 이해하기 위한 가장 본질적인 법칙"이라고[54] 썼다.

자본주의에서는 이윤율이 떨어지는 일반적 경향이 있다고 마르크스는 말했다. 경제의 특정 부문이나 특정한 시기에만 그런 것이 아니라 일반적으로 그런다는 것이다. 그리고 그 이유는 노동생산성이 끊임없이 향상되기 때문이라고 마르크스는 말했다. 그 자신의 표현을 빌리면 "[일반적] 이윤율이 저하하는 점진적 경향은 사회적 노동생산성의 점진적 발전이 표현된 것일 뿐이다(그것은 **자본주의 생산양식에 특유한 표현이다**)."[55]

노동생산성이 높을수록 노동자 1인당 맡는 기계와 원료도 많아진다. 다시 말해 노동자의 임금을 지급하는 데 사용된 가변자본보다 시설과 장비, 원료 등에 투자된 불변자본의 양이 늘어난다. 가치 면에서 이것이 뜻하는 바는 자본의 유기적 구성이 더 높아진다는 것이다. 그리고 앞서 봤듯이 노동력이 잉여가치의 원천이기 때문에 자본의 유기적 구성이 높을수록 이윤율은 낮아진다. 따라서 생산성이 향상되면 이윤율은 떨어진다.

그러나 이 말이 사실이라면 왜 자본가들은 생산성 향상을 위해 투자하는가? 그 답은 단기적으로는 그런 투자에서 이득을 볼 수 있고 장기적으로는 경쟁 때문에 그럴 수밖에 없다는 것이다.

상품의 개별 가치, 즉 그것에 체현된 실제 노동과, (그 산업의 평균적 생산 조건에 따라 결정되는) 사회적 가치, 즉 시장가치가 서로 다를 수 있다는 것을 떠올려 보자. 그리고 이런 평균적 생산 조건을 사용하던 개별 자본가가 이제 신기술을 도입해서 자기 노동자들의 생산성을 평균 이상으로 끌어올렸다고 치자. 그의 상품은 개별 가치가 사회적 가치 이하로 떨어질 것이다. 그 부문의 표준적 조건에서 생산된 것들보다 더 효율적으로 생산됐기 때문이다. 그 자본가는 이제 상품의 가격을 사회적 가치보다 낮은 수준으로 책정할 수 있고 따라서 경쟁자들보다는 더 싸게 그러나 여전히 개별 가치보다는 더 비싸게 판매해서 초과이윤을 실현할 수 있을 것이다.

그러나 이런 상황이 한없이 지속되지는 못한다. 가격 경쟁에서 밀려 업계에서 퇴출당하지 않으려면 다른 자본가들도 그런 신기술을 채택할 것이기 때문이다. 일단 이런 혁신이 그 산업의 표준이 되면, 그 생산물의 사회적 가치는 혁신적 자본가가 생산한 상품의 개별 가치 수준으로 떨어질 것이고, 그러면 그의 초과이윤은 사라질 것이다.

그러므로 경쟁의 압력 때문에 자본들은 신기술을 채택하고 노동생산성을 끌어올릴 수밖에 없다. 따라서 "가치가 노동시간에 따라 결정된다는 법칙은 … 경쟁의 강제 법칙으로 작용한다."[56] 개별 자본가가 "가치의 결정에 … 관심을 갖는 것은 오직 가치의 결정이 자기 상품의 생산비를 올리거나 낮추는 한에서만이고, 따라서 그 덕분에 자신이 예외적 지위를 차지할 수 있는 한에서만이다."[57] 각 자본가는 경쟁에서 이기는 수단으로만 노동생산성을 높이는 데 관심을 갖는다. 그 결과는 모든 "다수 자본"이 가치법칙을 따를 수밖에 없어서 노동생산성을 끊임없이 향상시켜야 한다는 것이다.

그러나 자본가들이 자신의 노동자들과 경쟁자들한테서 빼앗을 수 있는 잉여가치의 양을 늘리려는 이 모든 이기적 행동의 결과로 일반적 이윤율은 떨어지게 된다.

새로운 생산방법이 아무리 생산적이어도 또는 아무리 잉여가치율을 높일 수 있어도 만약 그것이 이윤율을 떨어뜨린다면 그 생산방법을 자발적으로 사용할 자본가는 아무도 없을 것이다. 그러나 이런 종류의 새로운 생산방법은 모두 상품을 싸게 한다. 그러므로 자본가는 처음에는 그 상품을 생산가격보다 높게, 어쩌면 그 가치보다 높게 판매할 수 있다. 그는 자기 상품의 생산비와 (더 높은 생산비로 생산되는) 다른 상품들의 시장가격 사이의 차액을 착복한다. 그럴 수 있는 이유는 후자의 상품들을 생산하는 데 드는 평균적인 사회적 필요노동시간이 새로운 생산방법을 사용하는 데 드는 노동시간보다 더 길기 때문이다. 그러나 경쟁 때문에 그 새로운 생산방법은 널리 확산되고 일반적 법칙에 종속된다. 그러면 이윤율이 낮아지게 된다(이윤율 저하는 아마 이 생산 분야에서 먼저 나타나고 그런 다음 차례로 다른 생산 분야로 확대될 것이다). 따라서 이윤율의 저하는 자본가들의 의지와 아무 관련이 없다.[58]

이런 이윤율 저하 경향은 "생산력 발전이 일정한 지점을 넘어서면 자본에 장애가 되고, 따라서 자본 관계는 노동 생산력의 발전에 장애가 된다"는[59] 사실을 반영한다. 노동생산성의 향상은 인간이 자연을 지배하는 힘이 커지는 것을 반영하는데, 자본주의 생산관계에서는 노동생산성 향상이 자본의 유기적 구성의 상승, 따라서 이윤율 저하라는 형태를 띤다. 바로 이런 과정이 경제 위기의 바탕에 놓여 있다. "사회의 생산적 발전과 기존 생산관계가 갈수록 양립할 수 없게 된다는 점은 첨예한 모순, 경제 위기, 경기 위축에서 나타난다."[60]

그러나 이윤율 저하는 마르크스가 자본주의 경제 위기를 분석하는 출발점일 뿐이다. 그는 "상쇄 작용을 하는 요인들이 일반 법칙의 효과를 가로막고 지양해서 이 법칙에 단지 경향의 성격만을 부여한다"고 그래서 "법칙의 절대적 관철이 억제되고 지연되고 약화한다"고[61] 강조했다. 사실 "일반적 이윤율을 떨어뜨리는 바로 그 원인들이 이윤율 저하를 방해하고 지연시키고 부분적으로는 심지어 마비시키는 상쇄 효과도 낳는다."[62]

예컨대 자본의 유기적 구성이 상승하면 일정량의 상품을 생산하는 데 필요한 노동자의 수가 줄어들 수 있다. 그러면 자본가는 남는 노동자들을 해고할 수도 있다. 사실 이것이 처음에 자본가가 신기술을 도입한 목적이다. 따라서 자본축적과 함께 노동자들은 생산에서 끊임없이 쫓겨난다. 그렇게 해서 마르크스가 말한 "상대적 과잉인구"가 생겨난다. 그것은 맬서스와 그 추종자들의 주장과 달리, 사람들이 먹고사는 데 필요한 식량보다 인구가 더 많기 때문이 아니다. 자본주의에 필요한 것보다 인구가 더 많기 때문이고 그래서 과잉인구는 노동자들의 생계유지 수단인 임금조차 박탈당한다.

따라서 자본주의 경제는 "산업예비군"이라는 실업 노동자들을 만들어 내는데 이들은 축적 과정에서 중요한 구실을 한다. 실업자들은 새로운 생산 부문에 쉽게 투입할 수 있는 예비 노동자 구실을 할 뿐 아니라 임금이 지나치게 오르는 것을 막는 데도 도움이 된다.

다른 모든 상품과 마찬가지로 노동력도 가치(노동력을 생산하는 데 필요한 노동시간)와 가격(노동력을 구매한 대가로 지급한 화폐의 양)이 있다. 노동력의 가격이 임금이고, 다른 모든 시장가격과 마찬가지로 임금도 노동력의 수요와 공급이 증가하거나 감소함에 따라 변동한다. 산업예비군의 존재는 노동력의 충분한 공급을 보장해 줘서 노동력의 가격이 그 가치 이상으로 오르지 않게 한다. 마르크스는 다음과 같이 썼다. "임금의 일반적 변동은 오직 [산업 순환의 주기적 변동에 따른] 산업예비군의 팽창과 수축을 통해서만 규제된다."[63]

그렇다고 해서 마르크스가 '임금철칙설'의 신봉자였다는 말은 아니다. 임금철칙설에 따르면 임금은 노동자가 겨우 생존할 수 있을 만큼의 육체적 최소한도를 넘지 못한다. 마르크스가 《고타 강령 비판》에서 지적했듯이 이 이른바 '법칙'은 맬서스의 인구론에 바탕을 둔 것이고 따라서 완전히 틀렸다. 앞서 봤듯이 자본주의는 노동생산성을 끊임없이 향상시킨다. 따라서 필연적으로 노동력을 포함한 상품의 가치는 꾸준히 감소한다. 소비재의 가치가 떨어지면 노동자 임금의 구매력은 그대로거나 심지어 상승하기도 한다(노동력의 가치가 떨어지더라도 그런다). 그래서 **절대적으로는** 노동자들의 생활수준이 상승할 수 있다. 그러나 **상대적으로는** 노동자들의 처지가 더 나빠진다. 잉여가치율이 상승하고 따라서 노동자들이 만들어 낸 총가치에서 노동자들이 차지하는 몫이 줄어들기 때문이다.

산업예비군의 존재는 자본가의 지위를 강화하고 자본가가 잉여가치율을 높이기 쉽게 해 준다. [그래서] 자본의 총량이 그대로라면 이윤율은 상승할 것이다. 따라서 착취 강화는 이윤율 저하를 방해하는 상쇄 요인 가운데 하나다.

그러나 착취율 상승은 양날의 칼과 비슷하다. 착취율 상승이 노동생산성 향상을 통해 이뤄진다면 자본의 유기적 구성도 상승할 것이고 따라서 이 경우에 잉여가치율 상승은 이윤율 저하를 낳을 것이다. 마르크스는 그런 상황이 이윤율 [저하] 경향의 전형적 사례라고 생각했다. 그는 노동자들의 임금이 올라서 경제 위기가 발생한다고 설명하는 이론을 모두 거부했다.

> 이윤율 저하 경향은 잉여가치율 상승 경향과 결부돼 있다. … 그러므로 임금률의 상승으로 이윤율 저하를 설명하는 것보다 더 불합리한 일은 없다. 물론 예외적으로 그런 일이 일어날 수는 있다. … 이윤율이 떨어지는 것은 노동이 덜 생산적이기 때문이 아니라, 노동이 더 생산적으로 됐기 때문이다. 잉여가치율 상승과 이윤율 저하는 모두 자본주의에서 노동생산성 향상이 나타나는 특수한 형태일 뿐이다.[64]

또 다른 상쇄 요인, 즉 불변자본 요소들의 가치 저하도 마찬가지라고 마르크스는 주장했다. 생산수단을 생산하는 1부문의 생산성이 향상되면 불변자본을 구성하는 시설과 기계 등의 가치가 떨어진다.

> 가변자본에 대한 불변자본의 비율[자본의 유기적 구성]이 상승하면 노동생산성도 향상되고 사회적 노동으로 생겨난 생산력도 발전한다. 그러나 이렇게 노동생산성이 향상되면 그 결과로 기존 불변자본의 가치는 계속 떨

어진다. 왜냐하면 그 불변자본의 가치를 결정하는 것은 맨 처음에 그것을 만드는 데 든 노동시간이 아니라 그것을 재생산할 수 있는 노동시간인데, 이 노동시간은 노동생산성이 향상될수록 계속 줄어들기 때문이다.[65]

마르크스를 비판하는 많은 사람들(그중에는 마르크스주의자들도 있다)은 노동생산성 향상으로 불변자본 요소들의 가치가 떨어진다는 사실은, 자본의 유기적 구성이 상승하지 않고 따라서 이윤율은 저하하지 않는다는 것을 뜻한다고 주장했다. 그들의 주장인즉, 자본의 기술적 구성, 다시 말해 생산수단과 노동력 사이의 물리적 비율이 엄청나게 상승하더라도 생산수단을 생산하는 비용이 감소하기 때문에 가치 면에서 본 이 관계[즉, 자본의 유기적 구성]는 여전히 전과 똑같을 수 있다는 것이다. 그러나 그들이 무시하는 것은 자본가에게는 처음에 투자한 돈으로 얻는 수익이 중요하다는 사실이다. 자본가가 시설과 장비 등에 투자한 돈은 그런 생산수단을 원래 가치대로 구매한 것이지 지금 그것들을 교체하는 데 필요한 노동시간에 따라 구매한 것이 아니다. 그는 이 원래 투자에서 충분한 이윤을 얻어야 하는 것이지, 지금 그런 생산수단에 투자한다면 얻을 수 있는 이익이 그에게 중요한 것은 아니다.

그러면 이제 경제 위기 자체를 살펴보자.

사실, 불변자본의 가치가 "맨 처음에 그것을 만드는 데 든 노동시간"이 아니라 "그것을 재생산할 수 있는 노동시간"과 일치하게 되는 것은 주로 경제 위기를 통해서다. 경제 위기를 촉발할 수 있는 요인들은 다양하다. 예컨대 어떤 중요한 원료의 가격이 갑자기 치솟아서 경제 위기가 일어날 수 있는데 1973~1974년에 국제 유가가 4배 폭등한 것이 그런 사례다. 경제 위기가 일종의 금융 체제 붕괴, 예컨대 대형 은행의 파산이나 주식시장 폭락 등으로 시작하는 경우도 흔하다. 마르크스는 《자본론》 3권에서 신용 제도의 발전은 (은행 자체가 점점 더 많은 화폐를 창조한 결과인데) 경제 위기를 막기도 하고 일으키기도 하는 데서 중요한 구실을 한다고 설명하는 데 많은 공을 들였다. 그러나 경제 위기의 근본 원인은 항상 이윤율 저하 경향과 (그 경향이 작동시키는) 상쇄 요인들이다.

앞서 봤듯이 상품의 본성상 판매 다음에 반드시 구매가 뒤따르는 것은 아니다. 상품을 팔아서 번 돈이 다른 상품을 사는 데 쓰이지 않고 그냥 비축될 수도 있다. 이런 일이 경제 위기 때는 대규모로 일어난다. 그래서 엄청나게 많은 상품이 팔리지 않고 쌓여 있게 된다.

이 점이 자본주의와 그 전의 생산양식들이 다른 점이다. 노예제와 봉건제 사회에서 경제 위기는 과소생산에 따른 위기, 즉 모든 사람이 먹고살 수 있을 만큼 풍족하게 생산되지 못한 데서 비롯한 위기였다. 그러나 자본주의의 경제 위기는 과잉생산에 따른 위기다. 이 말은 "생산물의 수요보다 생산물의 양이 많다"는 뜻이 아니다. 마르크스가 강조했듯이 [자본주의에서] "생산의 한계를 결정하는 것은 결코 생산자들의 필요가 아니라, 자본가의 이윤이다."[66] 즉, 과잉생산은 자본가가 적절한 이윤을 실현하기에 너무 많은 상품이 생산됐다는 뜻이다. 그런 사례를 알고 싶다면 멀리 갈 것도 없이 [서구에서는]

농산물 가격을 높게 유지하려고 버터나 포도주의 재고가 산더미처럼 쌓여 있는데도 제3세계에서는 7억 명 이상이 굶주리고 있다는 사실만 봐도 된다.

경제 위기는 자본축적의 내적 모순 때문에 일어나는 동시에 "항상 기존 모순들의 일시적·폭력적 해결이다."[67] 이것은 마르크스가 자본의 감가, 즉 가치 감소라고 부른 것을 통해 이뤄진다. 자본이 생산한 상품들의 시장이 붕괴하면 많은 자본이 업계에서 퇴출된다. 사실상 다량의 자본이 파괴되는 것이다.

자본의 파괴는 때로는 말 그대로 일어난다. 즉, 기계가 녹슬고 상품의 재고가 썩거나 파괴된다. 그러나 가격이 하락해도 생산수단의 가치가 대부분 파괴된다. "경제 위기를 통한 **자본의 파괴**는 **가치의 감소**를 의미하는데, 그리되면 이 가치는 자본으로서 자체 재생산 과정을 전과 똑같은 규모로 재개할 수 없게 된다."[68] 바로 이렇게 경제 위기를 통해서, 불변자본의 가치는 그것을 생산하는 데 원래 사용된 노동시간이 아니라 지금 그것을 재생산하는 데 드는 노동시간과 일치하게 되는 것이다. 이런 식으로 자본의 유기적 구성은 낮아지고 이윤율은 회복된다.

따라서 경제 위기는 자본이 수익성 있게 사용될 수 있는 조건을 복구하는 데 도움이 된다.

기존 자본의 주기적 가치 감소는 이윤율 저하를 늦추고, 새로운 자본을 형성해서 자본 가치의 축적을 촉진하는, 자본주의 생산양식에 내재하는 수단이다. 그것은 또 자본의 유통 과정과 재생산 과정이 진행되는 특정한 조건들을 방해하고, 따라서 생산과정을 갑자기 중단시키고 위기에 빠뜨린다.[69]

경제 위기는 다른 방식으로도 이윤율 저하 경향을 상쇄하는 데 도움이 된다. 마르크스는 다음과 같이 썼다. "경제 위기는 임금이 전반적으로 오르고 노동계급이 연간 생산물 가운데 소비로 사용되는 부분에 대한 자신들의 몫을 실제로 더 많이 받는 바로 그런 시기에 항상 준비된다."[70]

이것은 경제 호황이 한창일 때는 시장을 최대한 많이 차지하려고 혈안이 된 자본들 때문에 상품의 수요가 급증해서 많은 상품들이 부족해진다는 사실을 반영한다. 이 점은 노동력도 마찬가지다. 경제 성장의 속도가 빨라지면 산업예비군이 줄어들고 노동자들, 특히 숙련 노동자들이 부족해진다. 그러면 사용자와 협상하기에 유리해진 노동자들이 노동력 가격의 인상을 요구할 수 있게 되고 그래서 임금률이 상승한다. [그러나] 경기후퇴 때는 실업자가 늘어나서 사용자들이 임금을 깎기가 쉬워지고 아직 해고되지 않은 노동자들에게 더 나쁜 노동조건을 받아들이라고 강요하기도 쉬워진다.

따라서 경제 위기는 자본주의 체제가 개편되고 개조돼서 자본가들이 투자를 재개할 수 있는 수준까지 이윤율이 회복되는 시기다. 이 과정에서 모든 자본이 똑같이 이득을 보는 것은 아니다. 더 약하고 비효율적인 기업들과 특히 낡은 기계를 많이 갖고 있는 기업들은 업계에서 퇴출당할 것이다. 더 강하고 효율적인 자본들은 살아남아서 경기후퇴가 끝날 때쯤에는 전보다 더 강해져 있을 것이다. 그들은 토지와 생산수단을 헐값에 사들일 수 있고, 노동과정의 변화를 노동자들에게 강요해서 잉여가치율을 높일 수 있다.

그러므로 경제 위기는 마르크스가 자본의 집적과 집중이라고 부른 과정에 도움이 된다. 집적은 잉여가치 축적을 통해 자본의 규모가 커지는 것이다. 반면에 집중은 대자본이 소자본을 흡수하는 것이다. 경쟁 과정 자체가 이런 추세를 부추긴다. 더 효율적인 기업들은 경쟁자들보다 더 싸게 판매할 수 있고 그래서 경쟁자들을 인수할 수 있기 때문이다. 그러나 경기후퇴는 그 과정을 가속시킨다. 살아남은 자본들이 생산수단을 싸게 구입할 수 있도록 해 주기 때문이다. 그러므로 개별 자본들의 규모가 끊임없이 증대하는 것은 축적 과정의 필연적 일부다.

마르크스는 다음과 같이 썼다. "현대 산업의 특징적 진행 과정은 … 평균 수준의 활황, 생산의 급증, 경제 위기, 침체로 이뤄진 [10년 주기의] 순환(더 작은 규모의 변동 때문에 중단되기도 하지만) 형태를 띤다."[71] 호황과 불황이 번갈아 찾아오는 것은 자본주의 경제의 본질적 특징이다. 그래서 트로츠키는 다음과 같이 썼다. "인간이 숨을 들이마시고 내쉬면서 살아가듯이, 자본주의도 경제 위기와 호황으로 살아간다. … 경제 위기와 호황은 자본주의가 태어날 때부터 자본주의에 내재했고, 죽을 때까지 자본주의를 따라다닐 것이다."

마르크스는 《자본론》에서 경제 위기가 어떻게 자본축적의 확고한 일부가 돼 있는지를 매우 높은 추상 수준에서 분석하고 있다. 그 분석을 더 정교하게 다듬으려면 이 책의 마지막 장에서 보게 되겠지만, 자본주의 체제가 노쇠할수록 자본의 집적과 집중 때문에 이제는 경제 위기가 수익성 있는 축적 조건들을 회복시켜 주는 구실을 하기가 전보다 더 어려워졌다는 것을 설명해야 한다. 그렇지만 자본주의 경제를 제대로 이해하려면 《자본론》에서 출발해야 한다는 것은 분명하다.

결론

자본주의 생산양식은 마르크스의 일반적 명제, 즉 실재는 변증법적이고 모순을 내포하고 있다는 명제의 실증적 사례다. 한편으로 기술 변화, 즉 새로운 생산방법의 도입은 자본주의의 존재 자체에 필수적인 부분이다. 경쟁의 압력 때문에 자본가들은 끊임없이 혁신해야만 하고 그렇게 해서 생산력을 발전시킨다. 다른 한편으로 자본주의에서 생산력의 발전은 필연적으로 경제 위기를 낳는다. 이 점을 마르크스는 《공산당 선언》에서 다음과 같이 설명했다.

부르주아지는 생산수단을, 따라서 생산관계와 사회관계 전체를 끊임없이 혁신하지 않으면 존재할 수 없다. [반면에] 이전의 모든 산업 계급들에게는 낡은 생산양식을 그대로 보존하는 것이 으뜸가는 존재 조건이었다. 생산의 끊임없는 혁신, 모든 사회조직의 부단한 교란, 끝없는 불확실성과 동요가 부르주아 시대와 이전 모든 시대의 차이점이다.[72]

자본주의와 다른 생산양식들의 차이는 생산관계에서 비롯한다.

생산물의 교환가치가 아니라 사용가치가 지배하고 있는 경제적 사회구성체에서는 잉여노동이 다소 제한된 욕구의 범위를 벗어나지 못하고, 잉여노동에 대한 한없는 열망이 생산의 성격 자체에서 생겨나지 않는다는 사실은 분명하다.[73]

예컨대 봉건영주는 자신과 가족과 하인들이 늘 살던 대로 먹고살수 있을 만큼 충분한 지대를 농민들한테서 받아 내면 그걸로 만족했다. 그러나 자본가는 "잉여노동에 대한 탐욕"이 있고 "굶주린 늑대처럼 잉여노동을 갈망"하는데[74] 이런 탐욕과 갈망은 경쟁자들의 기술 진보를 따라잡을 필요에서 비롯한다. 그러지 못하는 자본가는 업계에서 퇴출당할 것이기 때문이다.

마르크스는 낭만주의자 같은 사람들이 전자본주의 사회를 그리워하는 것에 반대해서 자신이 "자본의 위대한 문명화 효과"라고[75] 부른 것을 확고하게 옹호했다. 그는 리카도가 "[자본주의 생산을 고찰할 때 '인간'을 고려하지 않고 오직 생산력의 발달에만 주의를 집중했다"고[76] 칭찬했다. "감상에 젖어 리카도를 반대하는 사람들처럼 생산 자체는 목적이 아니라고 주장하는 것은, 생산을 위한 생산이야말로 인류의 생산력 발전, 다시 말해 인간 본성이 [다른 중요한 것의 일부가 아니라] 그 자체로 중요한 것으로서 풍요롭게 발전하는 것을 의미한다는 사실을 망각하는 것이다."[77]

따라서 자본주의는 역사적으로 진보적이었다.

> 자본은 … 인간의 욕구를 충족하는 전통적·제한적·자급자족적 방식과 낡은 생활양식의 재생산을 뛰어넘을 뿐 아니라, 국민적 제약과 편견도 모두 뛰어넘는다. 자본은 이 모든 것을 파괴하고, 끊임없이 변혁하며, 생산력의 발전, 욕구의 확대, 생산의 다양화, 자연력과 정신력의 이용과 교환을 속박하는 장벽을 모두 무너뜨린다.[78]

그러나 동시에 이윤율 저하 경향은 자본주의가 (정치경제학자들의 믿음과 달리) 가장 합리적인 사회형태가 아니라 오히려 역사적으로 제한적이고 모순된 생산양식이라는 것, 즉 생산력을 발전시키는 동시에 속박한다는 것을 보여 준다. 그래서 마르크스는 "자본주의 생산의 진정한 한계는 자본 자체다"[79] 하고 썼다. "자본의 폭력적 파괴는 자본 외부의 관계들이 강요하는 것이 아니라 자본의 자기 보존을 위한 조건이고, 따라서 자본에게 이제 그만 더 높은 사회적 생산 단계에 자리를 내주고 퇴장하라는 충고의 가장 뚜렷한 형태다."[80]

일부 마르크스주의자들을 포함한 많은 해설자들의 주장과 달리, 마르크스는 자본주의의 붕괴가 필연적이라고 생각하지 않았다. 그는 "영구적 경제 위기는 존재하지 않는다"고[81] 주장했다. 앞서 봤듯이

"경제 위기는 항상 기존 모순들의 일시적·폭력적 해결이다." 노동계급이 실업, 생활수준 하락, 노동조건 악화를 받아들일 준비가 돼 있다면 자본주의 체제가 결코 회복될 수 없는 경제 위기는 존재하지 않을 것이다. 자본주의 경제 위기가 "더 높은 사회적 생산 단계"로 이어질지 아닐지는 노동계급의 의식과 행동에 달려 있다.

7

노동자 권력

마르크스주의의 가장 기본적 명제는 자본주의가 공산주의의 물질적·사회적 조건들을 만들어 낸다는 것이다. 계급의 폐지는 오직 자본주의 생산관계가 노동생산성을 향상시켜서 결핍이 사라진 사회에서만 가능하다. 앞서 봤듯이 자본주의 생산관계는 생산력 발전을 억제하는 족쇄 구실을 하면서, 주기적으로 되풀이되는 호황과 불황을 낳는다.

이것을 다른 말로 표현하면 자본주의는 공산주의를 역사적으로 가능한 것, 또 역사적으로 필요한 것으로 만든다는 것이다. 더욱이, 자본주의는 자본주의를 전복하고 계급을 폐지할 수 있는 사회 세력도 만들어 낸다. 이 세력은 노동계급이다.

마르크스와 엥겔스는 이 사실을 《공산당 선언》에서 다음과 같이 표현했다.

부르주아 계급이 존재하고 지배하기 위한 본질적 조건은 자본의 형성과 증대다. 자본의 조건은 임금노동이다. … 부르주아지가 좋든 싫든 촉진할 수밖에 없는 공업의 발전으로 말미암아, 노동자들은 서로 경쟁하다가 고립되는 것이 아니라, 서로 연대해서 혁명적으로 단결하게 된다. 그러므로 현대 공업이 발전하면, 부르주아지가 생산물을 생산하고 취득하는 토대 자체가 부르주아지의 발밑에서 무너져 내린다. 그러므로 부르주아지가 생산하는 것은 무엇보다도 자신의 무덤을 파는 사람들이다. 부르주아지의 몰락과 프롤레타리아의 승리는 똑같이 피할 수 없다.[1]

이 구절을 오해한 일부 사람들의 주장과 달리, 자본은 저절로 몰락하지 않는다. 자본의 몰락은 노동계급의 조직과 의식과 행동에 달려 있다. 1879년에 마르크스와 엥겔스는 자신들의 정치를 다음과 같이 요약했다.

거의 40년 동안 우리는 계급투쟁이 역사의 직접적 추진력이라고, 특히 부르주아지와 프롤레타리아 사이의 계급투쟁이 현대 사회혁명의 위대한 지렛대라고 강조했습니다. … [제1]인터내셔널이 창립했을 때, 우리는 투쟁 구호를 다음과 같이 분명히 표현했습니다. "노동계급의 해방은 노동계급 스스로 쟁취해야 한다."[2]

앞에서 봤듯이 이런 노동계급의 자력 해방 사상은 마르크스 사상의 핵심이다. 핼 드레이퍼는 "사회주의의 두 가지 전통"을 서로 대조한 바 있다. 하나는 "위로부터 사회주의" 전통이다. 즉, 계몽된 지도자들이 국가를 통제하고 이용해서 노동자들을 대신해 개혁 조처들을 도입하는 활동의 결과로 [사회] 변화가 일어난다고 보는 전통이다. 전 세계의 사회민주주의 정당과 공산당들이 그런 사회주의관을 지지해 왔는데, 변화의 현실적 주체를 국회의원이라고 보든 결국 정당이라고 보든 마찬가지다. 그러나 마르크스는 노동자들이 자주적 행동을 통해 스스로 해방된다는 "아래로부터 사회주의" 사상을 지지했다.

자본주의의 무덤을 파는 사람들

마르크스는 "노동계급의 해방을 위한 조건은 모든 계급의 폐지다"[3] 하고 썼다. 다시 말해 자본주의가 전복되면 새로운 형태의 계급사회가 수립되지 않을 것이다. 오히려, 자본주의의 전복은 착취와 계급 적대가 더는 존재하지 않는 공산주의 사회를 건설하는 서막이 될 것이다.

계급을 폐지할 수 있는 노동계급의 능력은 자본주의 생산관계 안에서 노동계급이 차지하는 위치에서 비롯한다. 앞서 봤듯이 자본주의는 집단적 노동자를 만들어 내는 경향이 있다. 즉, 노동자들을 점점 더 큰 생산 단위들로 불러 모아서 모든 사람의 노동이 다른 사람의 노동에 의존하게 만드는 경향이 있다. 마르크스는 자본주의가 발전할수록 노동자들은 착취에 저항하고자 함께 뭉칠 수밖에 없을 것이라고 생각했다.

대공업은 서로 알지 못하는 수많은 사람을 한곳에 집중시킨다. 그러나 사용자에 맞서는 그들의 공통된 이해관계, 즉 임금을 유지할 필요 때문에 그들은 공통의 저항 사상(조합)으로 하나가 된다. 이런 조합은 항상 이중의 목표가 있다. 즉, 노동자들 사이의 경쟁을 중지시키는 것, 그래서 노동자들이 자본가에게 전체적으로 대항할 수 있게 하는 것이다. 저항의 최초 목표가 단지 임금을 유지하는 것이었던 반면, 처음에는 고립됐던 조합들이 나중에는 스스로 집단을 형성한다. 이것은 자본가들이 탄압을 위해 단결하기 때문이고, 항상 단결한 자본에 대항하려면 조합의 유지가 임금의 유지보다 더 필요해지기 때문이다. 이것은 명백한 진실이어서, 영국 경제학자들은 노동자들이 조합을 위해 임금의 상당 부분을 희생하는 것을 보고 깜짝 놀랐다. 이 경제학자들이 보기에 조합은 단지 임금을 유지하려고 설립된 것이기 때문이다. 이 투쟁(진정한 내전) 속에서, 다가오는 전쟁에 필요한 모든 요소들이 결합하고 발전한다. 일단 이 지점까지 도달하면, 조합은 정치적 성격을 띠게 된다.

경제적 조건 때문에 처음에 농촌의 인민대중이 노동자로 탈바꿈했다. 자본의 지배는 이 대중에게 공통의 상황, 공통의 이해관계를 만들어 줬다. 따라서 이 대중은 이미 자본에 대항하는 하나의 계급이지만, 아직 대자적 계급은 아니다. 투쟁 속에서(앞서 지적한 것들은 그런 투쟁의 몇몇 단계일 뿐이다) 이 대중은 단결하고, 스스로 대자적 계급이 된다. 그들이 옹호하는 이익은 계급의 이익이 된다. 그러나 계급에 대항하는 계급의 투쟁은 정치적 투쟁이다.[4]

당대의 다른 사회주의자들과 마찬가지로 마르크스도 연대와 공유, 협력에 바탕을 둔 사회가 경쟁에 토대를 둔 자본주의의 대안이라고 생각했다. 마르크스가 보기에 공산주의는 연합한 생산자들의 지배였다. 그러나 공상적 사회주의자들은 그런 연합이 본질적으로 도덕적 헌신에서 생겨난다고, 즉 현존하는 사회의 모든 계급들이 자본주의를 폐지하기 위해 열심히 노력하다 보면 그런 연합이 이뤄진다고 믿었다. 반면에 마르크스는 공산주의가 노동자들의 물질적 이해관계와 생산과정에서 노동자들이 벌이는 투쟁의 결과일 것이라고 주장했다. "우리가 말하는 공산주의는 현재 상태를 지양하는 현실적 운동이다."[5]

자본주의적 착취의 압력 때문에 노동자들은 집단적으로 조직하고 행동할 수밖에 없다. 그래야만 노동자들은 (자본주의 생산관계 안에서 차지하는 위치에서 생겨나는) 자신들의 진정한 힘의 원천을 이용할 수 있다. 가치의 자기 증식은 노동자들의 노동에 달려 있으므로 노동계급은 생산 체제 전체를 마비시킬 능력이 있다. 그러나 그 능력을 사용하려면 노동자들은 함께 뭉쳐야 한다. 연대는 모든 노동계급 행동의 가장 기본적인 원칙이다. 연대가 없으면 모든 파업은 패배할 것이다.

따라서 노동계급에게 계급을 폐지할 수 있는 힘을 주는 것은 그들이 자본주의 착취 체제 안에서 차지하는 위치다. 자본주의는 노동과정을 사회화하고 생산수단의 규모를 엄청나게 증대하고 그 생산수단이 집단적 노동자의 결합된 노동에 의존하도록 만든다. 자본주의의 생산수단은 개인들이 가동할 수 없다. 마찬가지로 노동계급은 생산수단을 집단적으로만, 하나의 계급으로서만 장악할 수 있다. 공장을 작게 조각내서 노동자들끼리 나눠 가진다는 것은 터무니없는 일이다. 그랬다가는 그것은 더는 공장이 아닐 것이고 공장의 장점도 모두 사라지고 말 것이다.

자본주의에 대항하는 투쟁에서 노동자들이 결정적 구실을 하는 것은 그들이 가장 억압받는 사회집단이기 때문이 아니다. 오히려 노동자들보다 더 열악한 처지에 있는 사람들도 많다. 예컨대 마르크스는 산업예비군 가운데 일부를 두고 "정체된 집단", "부랑자, 범죄자, 매춘부, 요컨대 본래의 룸펜프롤레타리아", "타락한 사람들, 기진맥진한 사람들, 일할 능력이 없는 사람들"이라고[6] 불렀는데, 이들은 생산과정에서 항상 배제돼 있고 노동계급의 나머지 집단보다 처지가 더 나쁘다. 그렇다고 해서 그들이 더 혁명적인 것은 아니다. 오히려 그들은 자본주의 생산의 규율에 종속돼 있지 않다는 바로 그 이유 때문에, 그들의 불행한 처지를 이용하려는 반동적 운동의 유혹에 넘어가기 쉽다. 마르크스는 《공산당 선언》에서 룸펜프롤레타리아는 "전반적 생활 조건 때문에 반동적 음모에 매수되는 경우가 많을 것"이라고[7] 예측했다.

예컨대 루이 보나파르트는 1848년 혁명 뒤에 [룸펜프롤레타리아를 모아세 12월10일협회를 만들었는데 그것은 나중에 그가 나폴레옹 3세로 집권하도록 도와주는 사병 집단이었다. 마찬가지로 실업자들은 항상 파시스트 운동의 비옥한 토양 구실을 한다. 실업자들은 노동자들이 사용자에 맞서 함께 뭉치도록 만드는 자본주의적 착취의 압력에 종속돼 있지 않기 때문이다.

그러나 어떤 사회집단이 불행하다고 해서 곧 공산주의의 원동력이 되는 것은 아니듯이 착취당한다고 해서 공산주의의 원동력이 되는 것도 아니다. 착취당하기는 농민 계급도 마찬가지다. 농민은 지주에게는 지대, (고리)대금업자에게는 이자, 국가에는 세금이라는 형태로 잉여노동을 빼앗긴다. 그러나 그렇다고 해서 농민이 혁명적 계급이 되는 것은 아니라고 마르크스는 주장했다. 그는 《루이 보나파르트의 브뤼메르 18일》에서 프랑스 농민들이 나폴레옹 3세를 수동적으로 지지해서 그가 부르주아지와 프롤레타리아 사이에서 중재자 행세를 할 수 있게 해 줬다고 설명했다.

소농은 거대한 덩어리를 이룬 채, 비슷한 조건에서 살면서도 서로 다양한 관계를 맺지 못하고 있다. 그들의 생산방식 때문에 소농은 서로 교류하지 못하고 고립돼 있다. … 그들의 생산 현장인 소규모 농지는 경작에서 어떤 분업도, 과학의 적용도 허용하지 않고, 따라서 다양한 발전, 갖가지 재능, 풍부한 사회관계도 결코 허용하지 않는다. 개별 농가는 거의 자급자족한다. 즉, 그들은 자신들이 소비할 물품을 대부분 직접 생산한다. 따라서 그들이 생활 수단을 얻는 방식은 사회와 교류하기보다는 자연과 교환하는 방식이다. 소규모 농지 하나에 농민 한 명과 그의 가족이 있고, 그 옆의 다른 소규모 농지에 또 농민 한 명과 그의 가족이 있다. 이런 소규모 농지와 농가가 수십 개 모여서 촌락 하나가 되고, 촌락 수십 개가 모여서 하나의 주州가 된다. 이런 식으로 마치 자루 속에 들어 있는 감자들이 감자 한 자루를 이루듯이 프랑스 국민이라는 거대한 덩어리는 동질적 다수를 단순히 합쳐서 이뤄진다. 수많은 가구가 경제적 생존 조건 때문에 생활양식·이해관계·문화가 다른 계급들과 분리되고 다른 계급들과 적대하는 처지에 놓인다면, 그들은 하나의 계급을 형성하게 된다. 그러나 이 소농들 사이에 지역적 연계만 있고 그들의 이해관계의 동일성이 공동체, 전국적 연대, 정치조직을 전혀 만들어 내지 못한다면, 소농은 하나의 계급을 형성하지 못하게 된다.[8]

여기서 마르크스는 농민이 사회적·정치적 투쟁에서 결코 긍정적 구실을 할 수 없다고 주장하는 것이 아니다. 현대의 세 차례 대혁명, 즉 1789년 프랑스 혁명, 1917년 러시아 혁명, 1949년 중국 혁명에서 모두 소농들은 혁명이 승리하는 데 결정적 기여를 했다. 그러나 생산관계가 농민들의 시야를 그들의 소규모 토지, 촌락, 기껏해야 지방이라는 한계 속에 가둬 두기 때문에 농민 봉기는 지역주의적 성격을 띠게 된다. 지역의 지주를 폭행하고 지주의 저택을 불태우고 지주의 토지를 농민들끼리 나눠 가진다. 그래서 잠깐 삶이 더 나아지지만 이윽고 군대가 들이닥쳐서 봉기의 지도자 몇 명을 처형하고 지주의 아들에게 토지와 재산을 돌려준다.

농민 봉기가 사회변혁에서 일정한 구실을 할 수 있는 경우는 오직 지배계급의 권력에 다른 계급이 도전해서 정면충돌이 일어나는 와중에 농민이 봉기했을 때뿐이다. 농민들은 다른 계급의 지도를 받을 때 전국적 정치 세력이 될 수 있다. 예컨대 1789년 프랑스에서는 부르주아지가 농민을 지도하는 계급이었다. 마르크스는 자본주의가 도래한 결과로 노동계급이 농민의 불만을 모아서 부르주아 사회에 대항하는 전국적 운동을 이끌 수 있다고 생각했다. 마르크스가 《루이 보나파르트의 브뤼메르 18일》에서 프랑스 농민을 분석한 끝에 내린 결론은 다음과 같다. "농민들은 자연스러운 동맹 상대이자 지도자를 도시 프롤레타리아에서 발견한다. 도시 프롤레타리아의 임무가 부르주아 질서를 전복하는 것이기 때문이다."[9]

또 《프랑스 내전》에서도 마르크스는 "[파리]코뮌이 농민들에게 '코뮌의 승리가 여러분의 유일한 희망입니다' 하고 말한 것은 완전히 옳았다"고 단언하고, 보나파르트 체제에 대한 농민의 전통적 충성이 나폴레옹 3세에게 완전히 배신당한 마당에 "농민의 생활적 이해관계와 긴급한 필요에 호소하는 코뮌 앞에서 [그런 충성이] 어떻게 버틸 수 있었겠는가?"[10] 하고 물었다. 그러므로 마르크스는 노동자 운동이 농민의 물질적 이해관계에 호소해서 농민을 자기편으로 만들려고 노력하는 것을 지지했다. 그러나 오직 노동계급만이 자본주의를 전복할 수 있고, 자신을 해방하면서 다른 모든 피착취·피억압 사회집단도 해방할 수 있다[고 마르크스는 생각했다].

마르크스와 엥겔스는 공상적 사회주의자들, 특히 푸리에한테서 성적 억압과 남성에 대한 여성의 종속을 격렬하게 끊임없이 증오해야 한다는 것을 배웠다. 《공산당 선언》은 부르주아 가족을 가차 없이 비판했고 엥겔스는 《가족, 사유재산, 국가의 기원》에서 여성 억압이 일부일처제, 계급, (재산의 이익을 지키는 것이 그 임무인) "특수한 무장 집단"[국가]의 출현과 밀접한 관계가 있음을 보여 주려 했다. 엥겔스의 결론은 여성의 해방과 노동계급의 해방은 분리될 수 없다는 것이었다.

엥겔스의 분석에 이런저런 결함이 있다는 것은 사실이다. 성적 불평등은 계급 적대의 출현보다 더 오래됐고 성적 불평등의 기원은 엥겔스가 생각했던 것보다 부족사회들 간의 전쟁 같은 요인들과 더 관계가 많을 수 있다는 것이 오늘날 밝혀졌다. 또 엥겔스와 마르크스는 자본주의가 발전하면 노동계급 가족이 해체될 것이라고 예측했지만 이 예측 또한 틀렸다.

그렇지만 그들의 결론은 여전히 유효하다. 산업자본주의가 승리한 이후 계속 존재해 온 가족 형태는 기혼 여성을 가정에 고립시키고 가둬 두는 것에 바탕을 두고 있다. 가정주부는 부르주아 사회에서 가장 소외된 사람들 가운데 하나다. 여성이 가정에 고립되면 집단적으로 조직하고 행동하기가 힘들어진다. 20세기의 자본주의 발전의 가장 중요한 특징 하나는 여성들을 노동인구로 끌어들였다는 사실이다. 그래서 오늘날 영국 노동자 다섯 명 중 두 명은 여성이고 대다수 노동계급 여성들은 자기 삶의 상당 부분을 직장에서 보낸다. 작업장에서 여성들은 자신을 해방할 수 있는 집단적 조직과 능력을 얻을 수 있다. 그러려면 그들과 마찬가지로 자본주의적 착취에 시달리는 동료 남성 노동자들과 협력해야 한다.

정당과 계급

　노동계급은 자본주의 생산관계 안에서 차지하는 위치 덕분에 계급 없는 사회를 건설할 수 있는 유일한 계급이다. 마르크스 시대와 마찬가지로 우리 시대에도 분명한 난제는 노동자 대중이 자본주의의 존속을 불가피한 일로 받아들인다는 사실이다. 노동하는 사람들은 사회를 운영할 수 없다는 생각이 노동자들에게 어린 시절부터 날마다 주입된다. 학교에서 신문에서 텔레비전과 라디오에서는 사회를 운영하는 일을 전문가들(경영자, [고위] 공무원, 국회의원, 노동조합 간부 등)에게 맡겨야 한다고 떠들어 댄다. 노동자들은 그저 위에서 시키는 대로만 하면 된다고 한다. 노동자들이 사회를 변혁할 능력은 있지만 자신감은 없는 이런 상황을 어떻게 돌파할 수 있는가?

　마르크스의 표현을 빌리면 노동계급은 어떻게 "대자적" 계급이 되는가? 즉, 자본주의 사회에서 자신들의 위치와 이해관계를 의식하고 자신들의 역사적 사명이 자본주의를 전복하는 것이라는 사실을 의식하는 계급이 되는가? 마르크스의 대답은 계급투쟁 자체를 통해서 노동자들은 자신의 계급적 이해관계를 깨닫게 된다는 것이었다. 생산과정에서 자본에 대항해 일상적으로 벌이는 투쟁을 통해 노동자들은 혁명적 구실을 하는 데 필요한 의식·자신감·조직을 얻게 된다는 것이다.

　여기서 우리는 "포이어바흐에 관한 테제"와 《독일 이데올로기》에 나오는 생각, 즉 "인간 자신의 변화와 상황의 변화가 일치하는 것은 혁명적 활동 속에서다"는[11] 생각을 다시 접하게 된다. 노동자들은 생산과정에서 경험하는 착취 때문에 어쩔 수 없이 계급투쟁에 참여하게 되면서 자신과 사회를 모두 변화시키기 시작한다.

혁명적 변화는 이렇게 일어난다고 생각했기 때문에 마르크스는 파업을, 그리고 일반적으로는 경제적 계급투쟁, 즉 노동자들이 노동조합을 조직해서 자본주의의 틀 안에서 조건을 개선하려고 벌이는 투쟁을 매우 긍정적으로 봤다. 이 점 역시 마르크스와 당대의 다른 사회주의자들의 차이점이었다. 마르크스는 당대의 사회주의자들이 "프롤레타리아가 우리 눈앞에서 하나의 계급으로서 조직화하는 파업과 조합, 기타 등등의 형태"에 직면하면 "일부는 정말로 공포에 질려 버리고, 다른 일부는 선험적 경멸을 드러낸다"고[12] 썼다. 그런 태도는 오늘날의 사회주의자들 사이에서도 발견된다. 그래서 일부 사회주의자들은 임금 인상을 요구하며 파업에 들어간 노동자들을 경멸하면서 노동자들이 그저 이기적이고 '경제주의적인' 동기에서 행동한다고 비난한다.

마르크스는 노동자들의 투쟁을 경멸하는 이런 태도를 완전히 거부했다. 그는 《임금, 가격, 이윤》에서 당시 널리 퍼져 있던 견해, 즉 노동조합운동은 기껏해야 노동자들의 생활수준과 아무 상관없고 최악의 경우에는 해롭기까지 하다는, (로버트 오언의 추종자인) 영국 사회주의자 존 웨스턴의 주장을 비판했다. 이런 주장의 바탕에는, 인구 압력 때문에 임금은 노동자의 육체적 생존을 보장하는 최소한의 수준 이상을 넘지 못한다는 이른바 '임금철칙설'이 있었다.

마르크스는 노동가치론을 사용해서 이 '법칙'을 논박했다. 그는 생존비는 노동력 재생산을 위태롭게 만들지 않으면서도 임금이 하락할 수 있는 "궁극적 한계"일 뿐이고, "모든 나라에서 노동의 가치는 전통적 생활수준에 따라 결정된다. … [전통적 생활수준의] 사람들이 처해 있고 또 양육되는 사회적 조건에서 생겨나는 특정한 욕구들을 충족하는 것"이라고[13] 설명했다.

또 "이윤으로 말하자면, 이윤의 최소치를 결정하는 법칙 따위는 존재하지 않는다." 이윤율의 최대치는 "임금의 육체적 최소치와 노동일의 육체적 최대치에 따라 제한된다. … 이윤율의 실제 수준은 오직 자본과 노동의 끊임없는 투쟁으로만 결정된다. [자본가는 끊임없이 임금을 노동자의 육체적 최소치까지 낮추려는 경향이 있는 반면, 노동자는 끊임없이 반대 방향으로 압력을 가하려는 경향이 있다.] 문제는 결국 투쟁하는 양쪽의 힘의 문제로 귀결된다."[14]

그러나 마르크스가 파업을 대단히 중시한 것은 주로 파업이 노동자들의 생활수준을 유지하거나 향상시키는 구실을 하기 때문이 아니었다. 결정적 이유는 파업이 노동계급의 의식과 조직을 발전시키는 데 기여하기 때문이었다. 마르크스는 1853년 랭커셔와 미들랜드에서 미숙련·미조직 노동자들한테서 자극을 받아 일어난 파업 물결에 관해 논평하면서 다음과 같이 썼다.

일부 박애주의자들은, 심지어 일부 사회주의자들도 파업이 '노동자 자신'의 이익에 매우 해롭다고 여기고, 항구적 평균임금을 확보하는 방법을 찾아내는 것이 자신들의 중대한 목표라고 생각한다. 그러나 산업 순환이 다양한 국면들을 거친다는 사실을 감안하면, 그런 항구적 평균임금은 완전히 불가능하다[out of the question, 마르크스 자신의 표현이다. 그는 이 글을 영어로 썼다 — 지은이]. 정반대로, 나는 현재의 산업구조에서는 노동계급의 정신을 고취하고, 그들을 하나의 큰 조합으로 결속해서 지배계급의 침투에 맞서게 하고, 노동자들이 무관심하고 생각 없고 그저 살찐 생산도구로 전락하는 것을 막아 줄 필수적 수단은, 임금의 새로운 등락과 그에 따른 주인과 하인의 끊임없는 충돌이라고 확신한다. 사회가 계급들의 적대감 위에 세워진 상태에서 노예제를 말로만이 아니라 실제로도 막으려고 한다면 우리는 [계급] 전쟁을 받아들여야 한다. 파업과 노동조합의 진가를 알려면, 사소해 보이는 그 경제적 결과에 눈이 멀어서는 안 되고 무엇보다 그 도덕적·정치적 결과를 제대로 봐야 한다. 주기적으로 되풀이되는 순환 속에서 현대 산업이 새로운 불경기·번영·경기과열·위기·침체·곤경의 큰 국면들을 잇따라 겪지 않는다면, 그에 따른 임금의 등락과 마찬가지로 임금과 이윤의 변동에 민감하게 반응하는 주인과 하인의 끊임없는 전쟁이 없다면, 영국과 유럽 전체의 노동계급은 상심하고 마음이 약해지고 기진맥진해서 저항하지 못하는 대중이 될 것이고, 그들의 자력 해방은 고대 그리스·로마 노예들의 해방처럼 불가능한 일로 입증될 것이다.[15]

20여 년 뒤에 엥겔스도 마르크스를 대변해서, 1875년 독일 사회민주당이 채택한 고타 강령에 다음과 같은 오류와 누락이 있다며 비판했다.

노동조합이라는 수단을 사용해서 노동계급을 하나의 계급으로 조직하는 것에 관해서는 한마디도 없습니다. 그런데 이것은 매우 본질적인 문제입니다. 노동조합은 프롤레타리아의 진정한 계급 조직이기 때문입니다. 즉, 노동조합을 통해 프롤레타리아는 자본에 대항하는 일상적 투쟁을 벌이고, 스스로 훈련하고, 오늘날 최악의 반동에 직면해서도 … 쉽게 분쇄되지 않을 수 있는 것입니다.[16]

그러나 노동조합 투쟁 자체가 목적은 아니었다. 마르크스는 이윤율의 수준이 "결국 투쟁하는 양쪽의 힘"에 달려 있다고 주장했다. 그러나 이 힘은 대등하지 않다. 자본은 생산수단을 통제하기 때문에, 노동과정을 재조직해서 노동인구의 규모를 줄이고 실업을 강요하고 그래서 생산과정 안에서 노동의 입지를 약화시킬 수 있다. "순수한 경제적 행동에서는 자본이 더 강한 쪽이다."[17]

노동조합은 자본의 침해에 맞서는 저항의 중심 구실을 잘 하고 있다. [노동조합이 자기 힘을 지혜롭지 못하게 사용한다면 부분적으로 실패한다.] 또 노동조합이 기존 체제의 결과에 맞서 싸우는 유격전에만 자신을 국한하고, 그와 동시에 기존 체제를 변혁하려고 노력하지 않는다면, 또 자신의 조직된 힘을 노동계급의 최종 해방을 위한, 즉 임금 제도의 궁극적 폐지를 위한 지렛대로 사용하지 않는다면, 일반적으로 실패한다.[18]

노동조합은 자본과 임금노동의 관계가 존재한다는 것을 당연하게 여긴다. 노동조합은 그 관계 안에서 노동자들의 처지를 개선하고 자 노력할 뿐이다. 그러나 임금노동은 노동자들한테서 잉여노동을 뽑아내는 형식일 뿐이다. 생산과정 안에서 자본가들의 힘이 더 우세하기 때문에, 자본가들에 맞서 싸워 이기더라도 그 승리는 일시적 일 뿐 세력 균형이 자본에 유리하게 바뀌면 손상되기 십상이다. 노동 자들의 승리를 영속적인 것으로 만드는 확실한 방법은 오직 자본주의 체제를 전복하는 것뿐이고, 이것이 뜻하는 바는 자본과 임금노동 의 관계 자체를 뿌리 뽑아야 한다는 것이다. 그래서 마르크스는 노동자들이 "'공정한 노동에 공정한 임금을!'이라는 **보수적 표어** 대신에 '임금 제도 철폐!'라는 **혁명적 구호**를 자신들의 깃발에 써 넣어야 한 다"고[19] 말했던 것이다.

따라서 노동계급의 계급투쟁은 경제투쟁에서 정치투쟁으로, 즉 "계급에 대항하는 계급의 투쟁"으로 전환돼야만 승리할 수 있다. 그런 정치투쟁 속에서만 노동자들은 자신의 역사적 이해관계를 깨닫고 자본가들한테서 정치권력을 빼앗으려고 노력하게 되기 때문이다. 마르크스는 경제적 계급투쟁이 실제로 정치투쟁으로 바뀌는 내재적 경향이 있다고 생각했다.

노동시간 단축 입법화 투쟁이 그런 사례였다. 노동일의 표준이 확립된 것은 "자본가계급과 노동계급이 장기간에 걸쳐 다소 은폐된 내전을 벌인 결과"였다.[20] 그러나 "그 결과는 노동자와 자본가의 사적 협약으로는 달성될 수 없었다." 그것은 국가가 법률을 제정하는 "법률적 개입을 통해 달성됐다." 물론 "노동자들이 외부에서 끊임없이 압력을 가하지 않았다면 그런 개입은 결코 일어나지 않았을 것이다."[21]

마르크스는 계급투쟁이 다음과 같이 발전할 것이라고, 즉 특정한 작업장이나 산업에서 벌어지는 자본과 노동의 전투에서, 국가가 점차 두드러진 구실을 하게 되는 두 계급 간의 전면적 대결로 발전할 것이라고 생각했다. 그리고 이런 발전을 환영했다. 그는 계급투쟁이 정치적 형태를 띠는 것에 반대한 바쿠닌과 프루동 같은 사람들을 매우 경멸했다. 마르크스는 노동계급이 스스로 해방되려면 권력을 장악하고 자본주의 국가기구를 파괴하고 노동자들이 통제하는 새로운 형태의 국가를 건설해야만 한다고 생각했다. 그는 제1인터내셔널 창립 선언문에서 "정치권력을 장악하는 것은 노동계급의 위대한 의무"라고[22] 단언했다.

[경제투쟁과 정치투쟁이라는] 두 가지 형태의 투쟁은 상호작용했다.

물론 노동계급의 정치 운동은 노동계급의 정치권력 장악이 그 목표입니다. 그러려면 당연히, 경제투쟁에서 생겨나 어느 정도 발전한 노동계급 조직이 미리 존재해야 합니다.

그러나 다른 한편으로 노동계급이 지배계급에 대항해 하나의 계급으로서 행동하며 외부에서 압력을 가해 지배계급을 굴복시키려 하는 운동은 모두 정치적 운동입니다. 예컨대, 특정한 공장이나 심지어 특정한 업종에서조차 파업 등을 통해 개별 자본가에게 노동시간 단축을 강요하려는 노력은 순전히 경제적 운동입니다. 반면에, 8시간 노동제 등을 법률로 강요하려는 운동은 정치적 운동입니다. 이런 식으로 도처에서 노동자들이 따로 따로 벌이는 경제적 운동들에서 **정치적 운동**, 즉 사회적 강제력이 있는 일반적 형태로 노동계급의 이익을 달성하려는 **계급 운동**이 성장합니다. 이런 운동은 그 전에 어느 정도 발전한 조직을 전제로 하는 동시에, 그런 조직을 발전시키는 수단이 되기도 합니다.

노동계급이 지배계급의 집단적 권력, 즉 정치권력을 상대로 결정적 공세를 감행할 만큼 조직적으로 충분히 발전하지 못한 곳에서는, 적어도 그런 권력에 대항하는 끊임없는 선동과 지배계급의 정책에 강력히 반대하는 입장을 통해 스스로 훈련돼야 합니다. 그러지 않으면 노동계급은 계속 지배계급의 손에 놀아나게 될 것입니다.[23]

노동계급이 순전히 경제투쟁으로 자신을 국한한다면 자본의 정치적·이데올로기적 지배에 계속 종속될 것이다. 노동조합 투쟁은 자본주의 생산관계 자체에는 도전하지 않고 "[문제의] 결과와 싸울 뿐 그 결과의 원인과 싸우지는 않기"[24] 때문이다. 프롤레타리아가 부르주아지한테서 완전히 독립하려면 노동계급의 정치조직, 즉 노동자 **정당**의 형성이 필요하다고 마르크스는 말했다.

1848년 혁명이 패배한 뒤에 마르크스와 엥겔스는 독일 노동자 운동이 프티부르주아지, 즉 하층 중간계급과 심지어 일부 부르주아지도 포함하는 광범한 계급 동맹 속으로 가라앉을 위험이 있다고 경고했다. 그러면서 1848~1849년에 자신들이 공산주의자동맹을 시들어 죽게 놔두고 오히려 부르주아 민주주의 운동의 극좌파로서 활동했던 경험을 비판적으로 성찰했다.

지금[1850년 3월 — 지은이] 민주주의적 프티부르주아지는 모든 곳에서 억압받으면서 프롤레타리아에게 총단결과 화해를 설교하고 있다. 지금 그들은 프롤레타리아에게 손을 내밀면서, 민주주의적 당파 내의 모든 견해를 포괄하는 거대한 야당을 설립하려고 애쓴다. 즉, 자신들의 특수한 이해관계를 은폐하고 일반적인 사회민주주의적 문구들이 만연하는 당 조직, 그들이 사랑하는 평화를 지키기 위해 프롤레타리아의 특정한 요구들이 제기돼서는 안 되는 그런 당 조직에 노동자들을 얽어매려고 애쓴다. 그런 연합은 오직 그들에게만 유리하고 프롤레타리아에게는 완전히 불리한 결과를 낳을 것이다. 프롤레타리아는 힘겹게 얻은 독자적 지위를 모두 잃어버리고 또다시 공식적 부르주아 민주주의의 부속물로 전락하고 말 것이다. 그러므로 그런 연합은 아주 단호하게 거부해야 한다. 노동자들, 무엇보다 [공산주의자 — 지은이]동맹은 또다시 부르주아 민주주의자들의 박수 부대로 전락할 것이 아니라, 공식적 민주주의자들과 나란히 서서, 비밀 조직이든 공개 조직이든 간에 독자적 노동자 정당을 만들려고 노력해야 하고, 각 공동체[동맹의 지부 — 지은이]가 노동자 단체들의 중핵이 되게 하는 것을 목표로 활동해야 한다. 그래서 이 노동자 단체들이 부르주아지의 영향을 받지 않고 프롤레타리아의 입장과 이해관계를 토론할 수 있도록 만들어야 한다.[25]

부르주아지의 "박수 부대"나 "부속물"이 되는 것을 피하려면 노동계급은 자신의 정당을 만들어야 한다는 것이다. 일부 해설자들은 위에서 인용한 1850년 3월의 "공산주의자동맹에 보내는 중앙위원회의 호소문"은 마르크스와 엥겔스가 오귀스트 블랑키의 사상에 가까웠던 시기에 쓴 것이라고 주장했다. 앞서 [2장에서 봤듯이 블랑키는 비밀 음모 조직이 노동계급을 대신해서 권력을 장악할 수 있다고 생각했다.

그러나 마르크스와 엥겔스는 "노동계급의 해방은 노동계급 스스로 쟁취해야 한다는 투쟁 구호"에서 멀어지거나 흔들린 적이 결코 없다. 1850년 3월의 "호소문"을 쓴 것과 거의 비슷한 시기에 마르크스와 엥겔스는 블랑키의 사상을 지지하는 직업 혁명가들이 술집을 전전하는 실업자들이고 보안경찰과 모호한 관계 맺기를 즐기고(보안경찰은 자신들의 목적을 위해 아주 기꺼이 그들을 이용했다) 노동계급이라기보다는 룸펜프롤레타리아에 속한다는 것을 매우 잘 묘사했다.

이 음모가들이 혁명적 프롤레타리아를 일반적으로 조직하는 활동에 자신들을 국한하지 않는다는 것은 굳이 덧붙일 필요가 없을 것이다. 그들이 하는 일은 혁명의 발전 과정을 앞지르고, 그 과정을 인위적으로 위기 지점까지 밀어붙이고, 혁명의 조건이 아직 마련되지 않았는데도 충동적으로 혁명을 시작하는 것이다. 그들이 보기에 혁명의 유일한 조건은 음모를 치밀하게 꾸미는 것뿐이다. 그들은 혁명의 연금술사들이고, 그들의 특징은 옛날 연금술사들과 마찬가지로 혼란스러운 생각, 편협하게 집착하는 태도다. 그들은 혁명의 기적을 만들어 낼 것으로 생각되는 발명품이나 지어낸 이야기들, 예컨대 소이탄, 마술적 효과를 내는 파괴 장치, 그 근거가 비이성적인 만큼 결과는 훨씬 더 기적적이고 놀라울 것으로 예상되는 반란 이야기 따위를 선뜻 받아들인다. 그런 음모와 책략에 집착하는 그들은 기존 정부를 전복한다는 가장 직접적인 목적 말고는 다른 목적이 전혀 없고, 프롤레타리아가 자신의 계급적 이해관계를 깨닫도록 이론적으로 계몽하는 활동을 극도로 경멸한다.[26]

그렇다면 공산주의자들의 임무는 스스로 노동계급을 대신하는 것이 아니다. 즉, 계몽된 소수의 음모가들이 돼 권력 장악을 기도해서 "혁명의 발전 과정을 앞지르는" 것이 아니다. 오히려 공산주의자들은 "혁명적 프롤레타리아를 일반적으로 조직하는 활동"과 그들을 "이론적으로 계몽하는 활동"에 스스로 참여해야 한다.

바로 이런 관점에서 우리는 《공산당 선언》에 나오는 다음과 같은 유명한 구절을 이해해야 한다.

공산주의자들은 다른 노동계급 정당들과 대립하는 당을 따로 결성하지 않는다.

공산주의자들은 프롤레타리아 전체와 동떨어진 이해관계가 있지 않다.

공산주의자들은 자신들만의 종파적 원칙을 세우고 이 원칙에 따라 프롤레타리아 운동을 짜 맞추려 하지 않는다.

공산주의자들은 오로지 다음과 같은 점에서만 다른 노동계급 정당들과 구별된다.

(1) 각국 프롤레타리아의 국내 투쟁에서 공산주의자들은 국적에 관계없이 프롤레타리아 전체의 공동 이익을 제시하고 그것을 전면에 내세운다.

(2) 부르주아지에 대항하는 노동계급의 투쟁이 거쳐야 하는 다양한 발전

단계에서 공산주의자들은 언제 어디서나 운동 전체의 이익을 대변한다.

그러므로 공산주의자들은 실천에서 모든 나라의 노동계급 정당 가운데 가장 선진적이고 단호한 부분이며, 다른 모든 부분을 전진시키는 부분이다. 이론에서 공산주의자들은 프롤레타리아 운동의 진행 경로와 조건, 그 궁극적·일반적 결과를 대다수 프롤레타리아보다 더 분명하게 이해한다는 강점이 있다.[27]

그러므로 혁명적 정당은 노동계급의 이름으로 행동하는, 노동계급과 분리된 단체가 아니다. 오히려 노동계급의 일부, 즉 노동자 운동이 성공할 수 있는 조건을 과학적으로 분명히 이해하고 있는 "가장 선진적이고 단호한" 부분이다. 그러므로 혁명적 정당은 노동자들이 최대한 광범하게 단결하도록 투쟁하고 자본주의가 부추기는 민족적·인종적 분열에 맞서 싸우려고 노력한다.

이 모든 것에서 공산주의자들의 임무는 노동계급의 자기교육을 고무하는 활동을 하는 것이다. 앞서 봤듯이 마르크스는 노동자들이 투쟁 속에서 배운다고 생각했다. 파업에 참여할 때 그래서 사용자와 국가에 맞서 싸울 때 노동자들의 직접적 경험은 그동안 자본주의 사회의 각종 제도와 기구가 그들에게 주입한 세계관과 아주 날카롭게 충돌한다. 혁명적 정당은 스스로 이런 투쟁들을 지향해야 한다고 마르크스는 말했다. 이런 투쟁 속에서 노동자들은 공산주의를 아주 잘 받아들일 수 있기 때문이다.

마르크스와 엥겔스는 이렇게 계급투쟁이 혁명적 정치의 학교라는 사실을 평생 동안 강조했다. 그들이 1850년 9월 공산주의자동맹과 갈라섰을 때, 마르크스는 [동맹의] "좌파"가 "혁명을 현실 상황의 산물로 보지 않고 의지적 노력의 결과로 본다"고 비난했다. 이와 달리 "우리는 노동자들에게 '여러분은 상황을 변화시키고 권력 행사에 적합하도록 스스로 훈련하려면 15년, 20년, 50년의 내전을 거쳐야 합니다' 하고 말한다."[28](여기서 마르크스는 말 그대로 50년 동안 무장투쟁을 계속해야 한다고 주장하는 것이 아니다. 그는 흔히 '내전'을 계급투쟁의 은유로 사용했다.)

마찬가지로 엥겔스도 1880~1890년대에 영국과 미국의 신생 마르크스주의 조직들을 강하게 비판했다. 왜냐하면 그들이 "마르크스의 [역사] 발전 이론을 엄격한 교리"로 만들어서, "노동자들의 계급의식으로는 결코 도달할 수 없는 것, 마치 하나의 신조처럼 한꺼번에 노동자들의 목구멍 속으로 주입해야 하는 것, 결코 발전하지 않는 것"으로[29] 여겼기 때문이다. 엥겔스는 미국에 관해 쓴 글에서 다음과 같이 주장했다.

대중은 발전할 수 있는 시간과 기회가 있어야 합니다. 그리고 대중이 자신들의 운동을 가지게 될 때만(그것이 대중 자신의 운동이라면 그 형태가 어떻든 상관없습니다) 그런 기회를 얻을 수 있을 것입니다. 그런 독자적 운동 속에서 대중은 자신의 오류를 통해 교훈을 배우고 더 전진하게 될 것입니다. …

독일인들[1930년대까지도 미국의 마르크스주의자들은 대부분 독일이나 러시아 출신이었다 — 지은이이 해야 할 일은, 자신들의 이론에 따라(우리가 1845년 과 1848년에 그랬듯이, 그들이 이론을 알고 있다면) 행동하는 것입니다. 즉, 진정한 일반적 노동계급 운동이라면 그 운동에 모두 관여하고, 그 현실적 출발점을 있는 그대로 받아들이고, 운동을 점차 이론적 수준으로 끌어올리는 것입니다. 그러려면 운동이 저지른 모든 잘못, 운동이 겪은 모든 좌절과 실패가 원래의 강령에서 잘못된 이론적 견해의 필연적 결과였다는 사실을 지적해야 합니다.[30]

노동계급이 어떻게 '대자적 계급'이 되는지를 이렇게 이해하는 광범한 개념 안에서 마르크스와 엥겔스는 어떻게 조직할 것인지에 대해서는 꽤 실무적으로 접근했다. 1840년대에 그들은 몰래 음모를 꾸미기보다는 노동계급 운동의 일반적 발전을 고무하는 것을 목표로 하는 공산주의 정당을 따로 건설하고자 분투했다. 공산주의자동맹과 결별한 뒤 그들은 1864년까지 체계적 실천 활동을 삼갔다. 심지어그 뒤에도 비록 마르크스가 제1인터내셔널에 엄청난 영향을 미쳤지만, 제1인터내셔널은 이질적 집단들의 연합이었고 그 내적 긴장 때문에 불가피하게 붕괴하고 말았다. 마르크스와 엥겔스는 매우 초보적인 공산주의 조직조차 전혀 존재하지 않을 때도 "우리 당" 운운하는 경향이 있었다.

이런 사고방식은 때때로 약간 숙명론적인 태도와도 연결됐는데, 이것은 혁명적 계급의식의 형성을 자연적 발전 과정의 필연적 결과로 취급하는 태도였다. 예컨대 엥겔스는 1886년에 다음과 같이 썼다.

"중요한 것은 노동계급이 하나의 계급으로서 움직이는 것입니다. 그러기 시작하면 그들은 곧 올바른 방향을 찾을 것이고, 이에 저항하는 사람들은 모두 … 자신들의 소종파와 함께 고립되고 밀려나고 말 것입니다."[31] 이 구절은 그와 비슷한 다른 구절들과 마찬가지로, 마르크스와 엥겔스가 노동계급은 역사적 과정의 논리에 따라 어떻게든 사회주의 의식을 확실히 얻을 것이라고 생각했음을 보여 준다. 이런 생각을 끝까지 밀고 나아가면 노동자 혁명 자체가 필연적이라는 주장으로 이어지게 된다. 그래서 마르크스는 《자본론》에서 노동자 혁명이 "자연적 과정의 필연성에 따라"[32] 일어난다고 썼다.

[그러나] 이런 견해는 마르크스 역사관의 주된 요점, 즉 "인간은 스스로 역사를 만든다. 그러나 자기 마음대로 만드는 것은 아니다"라는[33] 주장과 반대되는 것이다. 오히려 역사는 마치 인간의 신념이나 행동과는 무관하게 자체의 목적을 추구하는 절대적 불가항력처럼 보인다. 《공산당 선언》은 계급투쟁의 결과가 다음과 같이 둘 중 하나일 수 있다고 경고했다. "[계급투쟁은 항상] 사회 전체가 혁명적으로 개조되거나 그러지 않으면 투쟁하는 계급들이 함께 몰락하는 것으로 끝났다."[34] 그러나 노동계급의 승리가 필연적이라면 왜 힘들게 투쟁하고 싸우겠는가?

마르크스와 엥겔스가 계급의식의 발전이 객관적 과정이라고 강조한 것을 이해하려면, 19세기에는 대다수 혁명가들이 자본주의의 몰락을 "의지적 노력의 결과", 즉 엘리트들이 꾸민 음모의 산물로 여겼다는 사실을 기억해야 한다. 더욱이, 마르크스와 엥겔스가 정치 활동을 했던 시대에는 대체로 노동조합이 보통은 매우 특권적인 극소수의 숙련 노동자 집단만으로 조직돼 있었다. 엥겔스의 생애 말년에 가서야 특히 1889년 제2인터내셔널이 창립된 뒤에야 비로소 유럽에서 대중적 노동계급 운동이 등장했다. 즉, 수백만 명의 노동자가 노동조합으로 조직됐고, 점차 보통선거권을 바탕으로 선출된 부르주아 의회에 노동자 대표들이 진출하게 된 것이다.

마르크스와 엥겔스의 정당 개념에 내포된 위험성이 전면에 드러난 것이 바로 이때였다. 왜냐하면 새로운 대중적 노동운동은 정당과 노동조합에 기반을 둔 보수적 관료 집단을 양산했는데, 이들은 자본주의의 틀 안에서 노동자들의 조건을 개선하려고 협상하는 것을 자신들의 임무라고 생각했기 때문이다. 이들을 가리켜 미국의 혁명가 대니얼 더 리언은 "자본의 노동 담당 부관"이라고 불렀지만 이들은 공식적으로는 마르크스주의에 헌신하는 것을 아주 기꺼이 감수했다. 1891년에 마르크스주의 강령을 채택한 독일 사회민주당SPD은 카를 카우츠키가 주도했는데, 제2인터내셔널의 이론적 '교황'으로 불린 카우츠키는 프롤레타리아 혁명의 불가피성을 설교한 반면, 사회민주당과 노동조합의 지도자들은 점차 독일의 자본과 국가에 순응해 갔다. 엥겔스는 생애 말년에 거듭거듭 이런 사태를 경고했지만 그런 경향은 갈수록 강해져서 결국 1914년에 사회민주당은 제1차세계대전을 지지하는 지경에 이르렀다.

다른 노동자 정당 개념, 즉 마르크스와 엥겔스 사상의 문구가 아니라 정신에 충실한 노동자 정당 개념을 발전시키는 일은 러시아의 레닌과 볼셰비키 몫으로 남겨졌다. 마르크스와 엥겔스가 1850년 3월에 노동계급의 정치적 독립을 위해서는 독자적 공산주의 정당이 필요하다고 주장했듯이, 레닌은 그런 정당은 혁명적 원칙을 말과 행동으로 받아들이지 않는 사람들을 모두 배제해야 하고 또 혁명적 원칙을 확고하게 지키면서도 노동계급의 삶과 투쟁에 끊임없이 능동적으로 관여해야만 한다고 역설했다. 이렇게 해서 마르크스의 기본 사상, 즉 노동계급은 노동자 정당과 계급의 다른 부분 사이의 끊임없는 상호작용 결과로 혁명적인 "대자적 계급"이 된다는 사상은 보존될 수 있었다.

프롤레타리아 독재

앞서 봤듯이 마르크스는 노동계급의 투쟁이 점차 국가권력 장악을 목표로 하는 정치 운동으로 스스로 변모할 것이라고 생각했다. 국가는 계급 적대감의 산물이고 계급 지배의 수단이라고 마르크스는 생각했다. "본래 정치권력이란 한 계급이 다른 계급을 억압하려고 사용하는 조직된 폭력에 불과하다."[35] 그러므로 노동계급은 자본주의 국가를 전복해야만 승리할 수 있을 것이다. 《공산당 선언》은 다음과 같이 단언했다. "노동계급 혁명의 첫걸음은 프롤레타리아를 지배계급의 지위로 끌어올리는 것이다."[36]

마르크스는 이런 변화가 평화적으로 일어날 수는 없고 기존 국가

기구의 파괴가 필요하다는 것을 처음부터 분명히 했다. 《루이 보나파르트의 브뤼메르 18일》에서 그는 프랑스에서 현대 자본주의 국가가 진화해 온 과정을 추적하며 다음과 같이 썼다. "엄청난 관료·군대 조직, 방대하고 정교한 국가기구, 50만 명의 군대 외에 또 50만 명을 헤아리는 관리들을 거느린 이 무시무시한 괴물 기생충 같은 기구"의[37] 승리를 체현한 사람이 나폴레옹 3세였다. 마르크스는 다음과 같이 지적했다. "모든 혁명은 이 기구를 분쇄한 것이 아니라 완성했다. 지배권을 차지하려고 싸우던 정당들은 이 거대한 국가 조직의 소유를 승리자의 주요 전리품으로 여겼다."[38] [그러나] 노동자 혁명은 "자신의 파괴력을 모두 국가기구를 분쇄하는 데 집중할 것이다."[39]

1871년 파리코뮌 기간에 마르크스는 자기 지지자인 루트비히 쿠겔만에게 보낸 편지에서 다음과 같이 말했다.

제가 쓴 《브뤼메르 18일》의 마지막 장을 읽어 보신다면, 제가 프랑스 혁명의 다음 과제는 이전처럼 관료·군대 기구를 한 사람의 손에서 다른 사람의 손으로 넘겨주는 것이 아니라 그 기구를 **분쇄하는** 것이고, 이것이 [유럽] 대륙에서 일어나는 모든 진정한 민중 혁명의 전제 조건이라고 선언했음을 아시게 될 것입니다.[40]

마르크스는 《프랑스의 계급투쟁》에서 자본주의 국가가 파괴된 폐허 위에 "계급 차별의 전면적 폐지로 나아가는 필수적 통과점으로서 프롤레타리아의 계급 독재"가[41] 수립될 것이라고 썼다. 당연히 많은 사람들은 "프롤레타리아 독재"라는 이 유명한 문구를 불편하게 느낀다. 스탈린의 잔혹한 독재정치를 목격한 20세기에는 "프롤레타리아 독재"란 소수가 노동계급을 지배하는 독재라고 생각하기 쉬웠다. 또 그 말을 만들어 낸 블랑키도 실제로 그렇게 생각했다.

그러나 19세기에는 "독재"라는 말이 보안경찰이나 강제수용소의 이미지와 별로 연관이 없었다는 사실을 기억해야 한다. 당시 교육받은 사람들은 '독재관'이 원래 고대 로마 공화정에서 비상시에 6개월 동안 한시적으로 통치하도록 임명된 관리를 뜻한다는 사실을 알고 있었다. 마르크스는 실제로 프롤레타리아 독재를 일시적인 것으로, 즉 자본주의에서 계급 없는 공산주의 사회로 넘어가는 "필수적 통과점"으로 생각했다.

더욱이, 앞서 봤듯이 마르크스와 엥겔스는 국가가 무엇보다도 강압 수단이라고, 레닌의 간단명료한 표현을 빌리면 "특수한 무장 집단"이라고 생각했다. 이 점에서 프롤레타리아 독재도 강압에 바탕을 둘 것이므로 그 전의 여느 국가형태와 결코 다르지 않겠지만 그렇다고 해서 이전의 국가형태들보다 더 독단적이거나 억압적이지도 않을 것이다.

프롤레타리아 독재가 다른 국가형태와 구별되는 주요 특징은 바로 "지배계급으로 조직된 **프롤레타리아**"(강조는 나의 것)라는[42] 점이다. 역사상 처음으로 직접 생산자들, 즉 평범한 노동 대중이 국가를 통제할 것이다. 정말로 그것은 국가일 것이다. [그러나] 그 국가는 소수의 착취자들이 다수의 피착취자들을 지배하는 수단이 아닐 것이다. 그것은 다수가 소수를 지배하는 독재일 것이다.

마르크스는 1848년 혁명 뒤에 프롤레타리아 독재 개념의 주요 윤곽을 발전시켰지만 지금까지 봤듯이 그것은 여전히 약간 추상적이었다. 마르크스의 노동자 권력 개념이 분명하고 구체적인 형태를 얻게 된 것은 이론적 분석을 통해서가 아니라 1871년 파리 노동자들의 행동 덕분이었다. 엥겔스는 20년 뒤 다음과 같이 썼다.

최근 사회민주주의의 속물들은 프롤레타리아 독재라는 말에 또다시 건강에 유익한 공포에 휩싸였다. 좋다, 신사 양반들, 프롤레타리아 독재가 어떤 것인지 알고 싶으신가? 파리코뮌을 보라, 그것이 프롤레타리아 독재였다.[43]

파리코뮌이 패배한 직후에 마르크스는 《프랑스 내전》에서 다음과 같이 썼다.

코뮌은 철저하게 개방적인 정치형태였던 반면에, 이전의 모든 정부 형태는 분명히 억압적이었다. 코뮌의 진정한 비밀은 이런 것이었다. 즉, 코뮌은 본질적으로 노동계급의 정부였고, 생산계급이 착취계급에 맞서 싸운 투쟁의 산물이었고, 노동의 경제적 해방을 달성할, 마침내 발견된 정치형태였다.[44]

이런 "정치형태"의 주요 특징은 무엇이었는가?

코뮌의 첫 포고령은 … 상비군을 폐지하고 그것을 무장한 민중으로 대체하는 것이었다.

코뮌은 시의회 의원들로 구성됐는데, 이 시의원들은 파리 시의 여러 구에서 보통선거로 선출됐고 시민들에게 책임을 지며 언제든지 소환될 수 있었고 임기가 짧았다. 그 성원의 다수는 당연히 노동자이거나 노동계급의 공인된 대표자였다. 코뮌은 의회 기구가 아니라 실행 기구여야 했고, 입법부인 동시에 행정부여야 했다. 경찰은 더는 중앙정부의 하수인이 아니게 됐다. 그 정치적 속성을 떨쳐 낸 경찰은 이제 코뮌에 책임을 지고 언제든지 소환될 수 있는, 코뮌의 집행인이 됐다. 행정부의 다른 모든 부처 관리들도 마찬가지였다. 코뮌의 시의원 이하 모든 공무원은 **노동자의 임금을** 받고 일해야 했다. …

법관들은 가짜 독립성의 가면을 벗어 버렸다. 그 가면은 정부가 바뀔 때마다 충성 서약을 하고 나서 나중에 그것을 파기한 법관들의 비굴한 복종을 은폐해 준 것이었다. 다른 공무원들과 마찬가지로, 지방 치안판사와 재판관도 선거로 선출됐고 책임을 져야 했고 언제든지 소환될 수 있었다.[45]

앞서 봤듯이 마르크스와 엥겔스는 국가가 "주민 스스로 무장한 조직과 더는 일치하지 않는 **공권력의 창설**"을[46] 수반한다고 생각했다. 파리코뮌이 취한 조처들의 전반적 취지는 국가와 주민 대중의 이런 분리를 허물고 국가를 주민 대중이 통제하도록 만드는 것이었다. 이런 의미에서 프롤레타리아 독재는 부르주아 사회에서 볼 수 있는 것보다 더 높은 형태의 민주주의다. 마르크스는 다음과 같이 썼다. "자유는 국가를 사회 위에 군림하는 기관에서 사회에 완전히 종속하는 기관으로 바꿔 놓는 데 있다."[47]

코뮌은 대의제 정부, 즉 선출된 사람들에게 법률을 만들고 집행할 권한을 위임하는 정부 형태를 폐지하지 않았다. 그러나 부르주아 민주주의에서 대의제 정부가 의미하는 것은 "3년이나 6년에 한 번씩 지배계급 중 누가 의회에서 민중을 잘못 대표하게 될지를 결정하는"[48] 것이다. 유권자들은 일단 대표자를 선출하고 나면 그 대표자가 무슨 짓을 해도 통제할 수 없고 여러 정당이 선거에 다시 나오더라도 보통은 그중에서 차악次惡을 고르는 수밖에 없다. 더욱이 의회 자체는 정치권력의 진정한 원천, 즉 상비군과 민간인 관료 기구를 거의 통제하지 못한다. 그러나 코뮌에서는 모든 공무원이 선출됐을 뿐아니라 그들을 선출한 사람들에 의해 언제든지 즉시 소환될 수 있었다. 이런 식으로

보통선거권은 민중에게 봉사했다. … 그것은 마치 사용자가 자기 사업에 필요한 노동자와 지배인을 구할 때 개인적 선택권이 그에게 도움이 되는 것과 마찬가지다. 그리고 개인과 마찬가지로 기업도 실제 사업의 문제들에서 어떻게 적재적소에 사람을 배치할지를 대개 알고 있고, 한 번 실수하더라도 신속하게 바로잡는 방법을 알고 있다는 것은 잘 알려진 사실이다.[49]

만족스럽지 않은 대표자를 소환할 수 있다면 분명히 대중이 정부를 통제할 수 있는 힘이 엄청나게 증대할 것이다. 그와 동시에 상비군이 폐지되면 강압 수단이 "주민 스스로 무장한 조직"의 수중에 있게

될 것이다. 국가는 이제 더는 "국민 자체에서 독립하고 국민보다 우월한 [국민적] 통일성의 구현체, 국민에서 파생된 기생충 같은 것"이[50] 아니게 된다.

따라서 파리코뮌의 경험 덕분에 마르크스의 기본적 통찰, 즉 "노동계급은 단순히 기존 국가기구를 장악해서 그것을 자기 목적에 맞게 사용할 수는 없다"는[51] 것이 확인되고 발전할 수 있었다. 그러나 이 경험에는 두 가지 중요한 단서를 달아야 한다. 그중 하나는 마르크스가 코뮌의 "착한 본성"이라고 말한 것인데, 코뮌이 베르사유에 있는 부르주아 정부라는 적을 공격하기를 꺼리고 반혁명의 위협에 가차 없이 대응하려고 하지 않았다는 점이다.[52]

1848년의 경험을 통해 마르크스와 엥겔스가 배운 교훈은 혁명도 일종의 전쟁이므로 혁명에서도 전쟁 때와 마찬가지로 가차 없이 단호하게 싸워야 한다는 것이었다. 1848년 혁명 뒤[1852년]에 엥겔스는 다음과 같이 썼는데 이것은 파리코뮌과 나중의 많은 혁명에도 적용될 수 있는 말이다.

무장봉기는 전쟁 등과 꼭 마찬가지로 하나의 기예이고, 일정한 행동 규칙을 지켜야 한다. 그런 행동 규칙을 무시한 쪽은 파멸하고 말 것이다. … 첫째, 결코 무장봉기를 갖고 장난쳐서는 안 된다. 봉기의 어떤 결과라도 받아들일 준비가 돼 있지 않다면 결코 봉기해서는 안 된다. 봉기는 그 값이 날마다 달라질 수 있는 미지수로 계산을 하는 것과 비슷하다. 적대 세력은 조직과 규율, 일상적 권위의 이점을 모두 누리고 있으므로, 그들을 이길 수 있다는 강한 승산이 없다면 우리 편이 패배하고 말 것이다. 둘째, 일단 무장봉기를 시작했다면 최대한 단호하게 행동하고 공세를 취해야 한다. 수세는 모든 무장봉기의 죽음이다. 수세를 취했다가는 적과 싸우기도 전에 패배하고 말 것이다. 적의 세력이 분산돼 있을 때 불시에 습격해야 한다. 아무리 사소한 승리라도 날마다 새로운 승리를 거두려고 노력해야 한다. 봉기가 처음 성공해서 얻은 사기를 계속 유지해야 한다. 항상 가장 강한 자극을 따르고 항상 더 안전한 쪽을 찾아다니며 동요하는 집단을 우리 편으로 결집시켜야 한다. 적이 우리에게 대항할 세력을 모으기 전에 먼저 적을 격퇴해야 한다. 지금까지 알려진 가장 위대한 혁명 전략가인 당통의 말처럼 "대담하게, 대담하게, 더욱 대담하게!" 행동해야 한다.[53]

마르크스와 엥겔스 이후의 역사적 경험을 보면, 무장봉기의 이런 규칙들이 성공적으로 적용되기 위해서는 정치권력 장악을 확고한 목표로 삼는 혁명적 정당이 있어야만 한다는 것을 알 수 있다. 1917년 10월 러시아 노동계급의 승리는 당통보다 더 위대한 "혁명 전략가들"인 레닌과 트로츠키가 이끄는 볼셰비키당이 없었다면 불가능했을 것이다. 여기까지는 마르크스와 그의 후계자들이 블랑키의 주장, 즉 노동계급이 권력을 장악하려면 무장봉기의 기예를 실천할 태세가 돼 있는 정당이 필요하다는 주장에 동의했다. 그러나 그런 정당은 노동자 다수의 능동적 지지를 받을 때만 권력 장악을 도모할 수 있다고 주장한 것이 마르크스와 블랑키의 차이점이었다.

마르크스는 파리코뮌의 둘째 약점을 깨닫지 못했다. 그것은 파리의 남성 시민들만이 코뮌의 시의원을 선출했고, 선거는 각 구별로 실시됐다는 점이다. 코뮌 기간에 파리의 여성 노동자들이 훌륭한 구실을 했다는 사실에 비춰 보면 여성을 배제한 것은 특히 놀라운 점인데 이것은 자코뱅주의가 프랑스 노동운동에 미친 영향을 반영한 것이었다. 또 지역별로 대표자가 선출됐기 때문에 모든 계급의 구성원들이 코뮌 선거에 참여할 수 있었다. 부르주아 선거와 마찬가지로 모든 시민이 자신의 계급 지위와 상관없이 동등하게 취급된 것이다. 보통 이런 형식적 평등은 부와 권력의 실질적 불평등을 은폐하는데 바로 이런 불평등 때문에 부르주아 민주주의가 약화한다. 코뮌 치하의 파리에서 이런 선거 방식이 별로 해롭지 않았던 이유는 부르주아지의 대다수가 파리에서 도망쳐 버렸기 때문이다. 코뮌이 부르주아 민주주의와 똑같은 대표자 선출 방식을 사용한 것은 1871년에 파리의 대다수 노동자가 여전히 소규모 작업장에서 일하는 장인들이었다는 사실을 반영한다. 그래서 작업장이 노동계급의 조직과 행동에서 주된 초점이 아니었던 것이다. 노동자들은 생산과정 안에서가 아니라 오직 거리에서만 집단적 능력을 발휘할 수 있었다.

기계를 사용해서 생산하는 대공장으로 조직된 현대적 산업 노동계급이 출현한 뒤에야 비로소 노동자 지배의 독특한 형태인 '소비에트', 즉 노동자 평의회가 등장했다. 1905년 러시아 혁명 때 처음 생겨난 소비에트는 이후 거듭거듭 등장했다. 소비에트는 생산과정 내의 투쟁에서 작업장 대표자들의 기구로 생겨나서, 노동계급 전체를 단결시키고 부르주아지의 정치권력 독점에 도전하는 기관으로 발전했다. 파리코뮌과 달리 소비에트에서는 대표자들이 작업장에서 선출됐는데 집단적으로 조직하고 행동하는 노동계급의 능력은 바로 이런 작업장에서 형성됐다.

따라서 소비에트의 등장은 생산과정에서 노동자들의 힘을 직접 반영하는 정치적 지배 형태를 만들어 냄으로써 마르크스의 프롤레타리아 독재 이론을 완성했다. 마르크스는 이런 발전을 예상할 수 없었다. 앞서 봤듯이 그는 1848년과 1871년 혁명의 경험에서 배웠다. 마찬가지로 우리는 미래의 혁명들에서 계속 배워야 한다.

그러나 마르크스의 저작들을 보면 그가 프랑스 계급투쟁의 교훈을 일반적으로 확대하기를 때때로 머뭇거린다는 것을 알 수 있다. 예컨대 그는 제1인터내셔널의 헤이그 대회에서 다음과 같이 말했다. "미국, 영국, … 네덜란드 같은 나라에서는 … 노동자들이 평화적 수단으로 자신들의 목표를 달성할 수도 있습니다."[54] 마찬가지로, 앞서 인용한 쿠겔만에게 보낸 편지에서도 마르크스는 "[유럽] 대륙에서는" 다시 말해 영국을 제외한 나라들에서는 "모든 진정한 민중 혁명"을 위해 "관료·군사 기구"를 "분쇄하는" 것이 필수적이라고 말했다. 다시 말해 마르크스는 노동자들이 투표권을 갖고 있는 부르주아 민주주의는 여타 자본주의 국가형태들과 다르다고 생각한 듯하다.

그렇다고 해서 부르주아 민주주의 국가는 "특수한 무장 집단"에 바탕을 둔 계급 지배 수단이라는 마르크스의 견해가 바뀌었다는 말은 아니다. 엥겔스가 《자본론》 1권 영어판 서문에서 썼듯이 마르크스는 적어도 유럽에서는 영국만이 완전히 평화적이고 합법적인 수단으로 불가피한 사회혁명을 이룰 수 있는 유일한 나라라는 결론에 이르렀다. 그러면서도 그는 영국의 지배계급들이 "노예제를 옹호하는 반란"을 일으키지 않고 이 평화적·합법적 혁명에 굴복할 것이라고는 거의 예상할 수 없다는 말을 덧붙이는 것을 결코 잊지 않았다.[55]

따라서 1861년에 미국의 남부 주州들이 노예제 폐지를 막으려고 내전[남북전쟁]을 일으켰듯이 부르주아지는 자신들을 수탈하려는 모든 시도에 맞서 폭력적으로 저항할 것이라고 예상할 수 있었다.

이런 예상은 완전히 현실적이었다. 마르크스와 엥겔스 시대 이후의 역사적 경험을 보면 평화적으로 사회주의를 도입하려는 노력은 언제나 무장 저항에 부딪혔다. 1973년 9월 칠레의 군사 쿠데타는 가장 가까운 사례일 뿐이다. 자본가계급은 항상 군대에 의존할 수 있다. 군대가 충성을 바쳐 지키려고 하는 가장 중요한 대상은 의회가 아니라 기존 사회질서이기 때문이다.

그렇다면 왜 마르크스는 영국을(그리고 원칙적으로는 다른 부르주아 민주주의 나라들도) 자신의 일반적 결론에서 제외하려 했는가? 레닌은 《국가와 혁명》에서 영국이 1871년에는 "군벌도 없고 관료 집단도 별로 없었지만" 나중에는 "유럽 전체가 빠진 추악하고 유혈 낭자한 관료·군사 기구의 늪에 빠져 버렸다"고 주장하면서 마르크스를 이런 혼란에서 구하려 했다. 그러나 불행히도 레닌의 이 주장은 틀렸다. 19세기 내내 영국 국가는 군사 기구를 보유했고, 그 기구를 끊임없는 식민지 정복 전쟁이라는 "추악하고 유혈 낭자한 늪"에서만 사용한 것이 아니라 아일랜드를 계속 지배하는 데도, 특히 19세기 상반기에는 영국 자체의 노동자들을 억압하는 데도 사용했다. 마르크스는 그냥 틀렸을 뿐이다. 다른 자본주의 국가들과 마찬가지로 부르주아 민주주의 국가들도 "특수한 무장 집단"에 의존하므로, 무장한 프롤레타리아가 권력을 장악하고 유지하려면 그런 무장 집단을 분쇄해야만 한다.

마르크스가 이렇게 틀린 주장을 하게 된 것은 그가 평생 동안 보통선거권의 효과를 과대평가하는 경향이 있었기 때문이다. 공산주의자가 되기 전인 1843년에 쓴 《헤겔 법철학 비판》에서 마르크스는 보통선거권이 도입되면 (당시 그가 인간 소외의 한 형태라고 여겼던) 국가와 시민사회의 분리가 폐지될 것이라고 주장했다.

심지어 유물론적 역사관을 발전시킨 뒤에도 마르크스와 엥겔스는 보통선거권이 도입되면 부르주아지의 지배가 약해질 것이라고 계속 생각했다. 이것은 《프랑스의 계급투쟁》과 《루이 보나파르트의 브뤼메르 18일》의 주요 주제였는데 이 저작들에서 마르크스는 1848~1851년의 프랑스 제2공화국 시기에 모든 남성 시민에게 투표권을 허용해서 생겨난 모순들을 분석했다. 엥겔스는 1850년에 영국의 계급투쟁을 논하면서 다음과 같이 썼는데 아마 마르크스도 엥겔스의 이 말을 지지했을 것이다. "인구의 3분의 2가 산업 프롤레타리아인 영국에서 보통선거권이 의미하는 바는 노동계급이 정치적 지배를 독점하게 된다는 것, 또 그와 함께 사회적 조건들도 모두 혁명적으로 변화하게 된다는 것이다."[56]

오늘날 우리는 보통선거권의 의미가 결코 그런 것이 아니라는 사실을 잘 안다. 그러나 19세기에는 남성 보통선거권조차 드물었다. 영국에서는 차티스트들이 보통선거권을 요구했지만 지배계급의 격렬한 저항에 부딪혔고 이런 저항은 자유당이든 보수당이든 마찬가지였다. 1867년에야 투표권이 일부 노동자들에게 확대됐다. 모든 남성이 투표권을 얻게 된 것은 1918년에 와서였고 모든 여성이 투표권을 얻기까지는 다시 10년이 더 걸렸다. 남성 보통선거권이 도입된 다른 나라들, 예컨대 1870년 이후의 프랑스와 독일은 인구의 다수가 농민이었는데 이 농민들은 부르주아 정당이나 귀족 정당의 대중적 기반이 됐다. 그러므로 마르크스가 인구의 압도 다수가 노동계급인 나라에서 보통선거권이 미치는 영향을 과대평가하기는 쉬웠다.

그 뒤의 역사적 경험을 보면 자본주의는 보통선거권과 함께 얼마든지 살아갈 수 있다는 것이 드러났고 엥겔스도 생애 말년에 이 사실을 인정했다. 앞서 봤듯이 [부르주아 민주주의의] 선거 방식은 모든 시민을 부와 권력의 실질적 차이에도 불구하고 평등하게 취급한다. 더욱이, 국민이 선출한 의회는 실제로 지배하는 것이 아니라 명목상으로만 지배한다. 심지어 대중적 노동계급 조직들이 등장했어도 자본가들의 지배는 약해지지 않았다. 보통 이런 조직들을 통제하는 보수적 노동 관료 집단은 계급투쟁보다는 계급 화해와 타협에 전념한다. 이런 상황에서는 자본주의가 노동자들의 생활수준 향상을 허용할 만큼 충분히 번영하면 부르주아 민주주의는 안정된다. 그래서 부르주아 민주주의라는 정치형태가 주로 부유한 제국주의 국가들에서 발전한 것이다.

이렇게 비판한다고 해서 마르크스의 프롤레타리아 독재 개념을 거부해야 한다는 말은 아니다. 오히려 이런 비판은, 심지어 부르주아 민주주의에서도 "노동계급은 기존 국가기구를 단순히 장악할 수 없고" 분쇄해야 한다는 것을 보여 줘서, 마르크스의 프롤레타리아 독재 개념을 보강한다.

세계혁명

마르크스는 자본주의가 세계 체제라고 생각했다. 그는 "세계시장의 경쟁"이 "자본주의 생산의 토대이자 필수적 요소"라고[57] 썼다. 사실 국제경제의 형성은 진정한 의미에서 자본주의 생산관계가 발전한 결과다. "세계시장을 만들어 내는 경향은 자본 개념 자체에 직접 존재한다."[58]

자본주의가 발전하면서 형성된 세계 체제에서 아시아 대부분과 아메리카 대륙 전체가 유럽 열강들에 종속됐다. 아프리카도 그 세계 체제에 포함돼 흑인 노예들을 제공했는데 서인도제도와 미국 남부의 플랜테이션 경제들은 이 흑인 노예들의 혹사 노동에 의존했다. "자본의 시초 축적"에 필요한 부는 세계를 약탈해서 얻은 것이었다. 즉, 세계를 약탈해서 벌어들인 돈이 유럽 자본가들의 수중에 쌓였고, 이

돈은 또 농민을 수탈한 결과로 생산수단에서 "자유로워진" 노동력을 구매하는 데 사용될 수 있었다.

아메리카 대륙에서 금은 산지의 발견, 원주민의 절멸과 노예화와 광산에서 생매장, (동)인도 정복과 약탈의 시작, 아프리카를 상업적 흑인 사냥터로 만들기 따위가 자본주의적 생산의 시대를 알리는 새벽의 특징이었다. 이런 목가적 과정이 시초 축적의 주요 계기들이다. 뒤이어 전 세계를 무대로 유럽 각국의 무역 전쟁이 벌어졌다. 이 전쟁은 스페인에서 독립하려는 네덜란드의 반란으로 시작됐고, 자코뱅에 반대하는 영국의 전쟁[프랑스 혁명과 나폴레옹에 대항하는 전쟁 — 지은이]으로 엄청나게 확대됐으며, 중국에 대한 아편전쟁 등으로 지금도 계속되고 있다.[59]

이 과정의 결과는 전 세계를 하나로 통합된 경제체제로 만들었다는 것이다. 서로 다른 나라들이 국제분업에 참여했다. 미국 남부의 노예 플랜테이션은 [영국] 랭커셔의 섬유 공장에 면화를 제공했다. 인도의 토착 섬유산업은 파괴돼 영국산 면제품을 위한 더 큰 시장을 제공했다. 마르크스의 생애 말년에 영국의 경제적 지배력에 도전하는 다른 공업 강국들(독일·미국·프랑스)이 등장하자 "다수 자본"의 경쟁적 투쟁은 갈수록 격렬해지면서 정말로 국제적인 것이 됐다.

마르크스는 자본주의 세계 체제가 출현한 결과로 프롤레타리아 혁명은 오직 국제적 규모에서만 승리할 수 있게 됐다고 주장했다. 그는 《독일 이데올로기》의 통찰력 있는 구절에서 세계혁명은 다음과 같은 이유 때문에 필수적이라고 썼다.

> 그것 없이는 궁핍, **결핍**이 널리 퍼지기만 할 것이고, 그래서 **결핍**과 함께 필수품을 둘러싼 투쟁도 다시 시작할 것이고, 해묵은 온갖 오물이 반드시 되살아날 것이다. …
>
> 경험적으로, 공산주의는 오직 지배적 국민들이 '일제히' 그리고 동시에 실행하는 행위로서만 가능하고, 생산력의 보편적 발전, 그리고 이와 연관된 세계적 상호 교류[생산관계]의 보편적 발전을 전제로 한다.[60]

이런 주장은 마르크스의 일반적 논지, 즉 공산주의는 생산력이 충분히 발전해야만 가능하다는 주장이 확대된 것이다. 이제 그는 생산력 발전이 단지 개별 국가 안에서가 아니라 세계적 규모로 이뤄진다고 말하고 있다. 따라서 개별 국가에 갇힌 혁명은 실패하고 말 것이다. 그런 혁명은 계급을 폐지하는 데 필요한 자원을 이용할 수 없을 것이기 때문이다. 계급을 폐지하는 데 필요한 자원은 오직 국제적으로만 이용할 수 있을 것이다. 한 나라에서 노동계급이 승리하더라도 세계 체제는 여전히 그대로 유지되면서 압력을 가할 것이므로 "결핍이 널리 퍼지기만 할 것이고 … 해묵은 온갖 오물이 반드시 되살아날 것이다." 한 나라의 생산력 발전만으로는 계급을 폐지하기에 충분하지 않을 것이고 따라서 계급투쟁은 계속될 것이다.

엥겔스는 1847년에 공산주의자동맹의 강령 초안인 《공산주의의 원칙들》을 쓰면서 "이 혁명은 어느 한 나라에서만 일어날 수 있는가?" 하는 물음에 단호하게 다음과 같이 대답했다.

아니다. 대공업은 이미 세계시장을 만들어 내서 지구상의 모든 국민들, 특히 문명국의 국민들을 서로 밀접하게 연결시켰고, 그래서 이제 어느 한 나라의 국민도 다른 나라에서 일어나는 일과 무관할 수 없게 됐다. 또, 대공업은 모든 문명국의 사회 발전 수준을 비슷하게 만들어서, 이 모든 나라에서는 부르주아지와 프롤레타리아가 사회의 결정적인 두 계급이 됐고, 그들 사이의 투쟁이 현대의 주요 투쟁이 됐다. 그러므로 공산주의 혁명은 단지 한 나라에서만 일어나지 않을 것이고, 모든 문명국에서, 즉 적어도 영국·미국·프랑스·독일에서 동시에 일어날 것이다.[61]

스탈린은 1920년대에 '일국사회주의'론을 정당화하려고 애쓰면서, 동시 혁명이라는 생각을 비웃고 그것을 마르크스와 엥겔스의 젊은 시절 치기쯤으로 일축했다. 그러나 그런 국제적 격변의 전망은 《공산주의의 원칙들》의 잉크가 채 마르기도 전에 확인됐다. 1848년에 실제로 한 나라에서 혁명이 일어나면 곧바로 다른 나라에서도 봉기가 뒤따르는 식으로 여러 나라에서 혁명이 일어났다. 그런 점에서 보면 동시 혁명이라는 생각도 완전히 터무니없는 것만은 아니었다.

그렇지만 마르크스와 엥겔스가 1840년대에 생각했던 것보다 문제가 더 복잡하다는 것은 분명하다. 레닌은 불균등 발전이라는 문제를 매우 강조했는데, 사회가 발전하는 속도나 형태가 각각 달라서 심지어 생산관계가 똑같은 사회일지라도 그 사회·정치 구조는 사뭇 다를 수 있다는 것이었다. 오늘날의 미국과 18세기의 영국, [20세기 중반의] 나치 독일은 매우 다르지만 모두 자본주의 사회구성체다. 레닌은 러시아의 1917년 2월 혁명을 다룬 저작들에서 각국의 혁명은 서로 다른 요인들, 즉 그 나라 특유의 경제적·정치적·사회적·문화적 요인들의 결과라고 강조했다. 마르크스도 프랑스·스페인·영국·미국 등 개별 국가를 다룬 저작들에서 서로 다른 사회구성체의 독특한 특징들을 세심하게 고려했다.

트로츠키는 자신이 결합 발전이라고 부른 현상에 주목했다. 서로 다른 사회들이 모두 단일한 세계 체제의 일부이고 세계 체제의 압력을 받는다. 이 압력 때문에 국가들과 자본들은 서로 경쟁할 수밖에 없다. 그러므로 혁명이 어느 한 나라에서 시작할 수 있더라도 그것은 오직 세계적 규모에서만 완수될 수 있다. 결국 불균등 발전 때문에 동시 혁명의 가능성은 별로 없지만, 결합 발전 때문에 세계혁명은 필수적이라고 말할 수 있다.

따라서 《공산당 선언》의 유명한 마지막 말, 즉 "만국의 노동자여, 단결하라!"는[62] 단지 미사여구도 아니고 인류의 형제애에 대한 윤리적 약속이나 감정적 호소도 아니다. 공산주의 사회를 건설하려면 노동계급의 국제적 승리는 절대로 필요한 실천적 과제다. 한 나라에서 노동계급이 권력을 장악하는 것은 그런 승리의 서곡일 뿐이고, 그 나라에서 프롤레타리아 독재의 첫 임무는 혁명을 국제적으로 확산시키는 것이다.

국제주의는 마르크스와 엥겔스의 사회주의에서 핵심이었다. 이미 봤듯이 마르크스는 제1인터내셔널의 주도적 인물이었고, 엥겔스는 생애 마지막 25년 동안 전 세계의 사회주의자들에게 조언하고 격려하기 위해 다양한 언어로 엄청나게 많은 편지를 주고받는 등 국제 노동계급 운동의 발전을 위해 헌신했다.

그렇다면 헌신적인 혁명적 국제주의자들인 마르크스와 엥겔스는 서로 경쟁하는 민족주의들(거대 열강들의 민족주의든 아니면 러시아·오스트리아·터키 같은 다민족 제국 안에서 전개된 다양한 독립운동의 민족주의든)이 지배하는 유럽에 어떻게 대처했는가? 19세기는 유럽의 강대국들에 흡수돼 있던 민족들(폴란드·아일랜드·체코·세르비아·헝가리 민족 등)이 자결권을 주장한 시대였다.

마르크스와 엥겔스의 출발점은 모름지기 진지한 혁명가라면 민족적 차이의 존재를 결코 무시할 수 없다는 것이었다. 마르크스가 1866년 6월 제1인터내셔널 중앙집행위원회 회의에서 지적했듯이, 흔히 "모든 민족성과 심지어 민족 자체도 '낡아 빠진 편견'이라고 단언" 하는 프루동 추종자들의 태도는 오히려 배타적이고 극단적인 민족주의를 강화할 수 있었다. 마르크스는 나중에 엥겔스에게 다음과 같이 말했다.

내가 [중앙집행위원회 회의에서] 발언을 시작하면서, 우리 친구 라파르그를* 비롯한 몇몇 사람들은 민족성을 버렸다면서도 우리에게는 '프랑스어'로, 즉

---

* 나중에 마르크스의 둘째 사위가 되는 라파르그는 처음에 프루동 추종자였다.

청중 가운데 열에 아홉은 알아듣지도 못하는 언어로 발언했다고 농담을 하자 영국인들이 크게 웃었다네. 또 나는 라파르그가 민족성을 부정하는 것을 보면, 모든 민족이 프랑스 민족 모델로 흡수될 수 있다고 무의식적으로 생각하는 것 같다고 넌지시 말했네.[63]

민족 억압이 존재한다는 사실을 무시하는 추상적 국제주의는 오히려 민족주의를 은폐할 수 있었다.

그러나 마르크스도 엥겔스도 추상적인 "민족성 원칙"을 지지하지 않았다. 그들은 어떤 구체적 민족운동을 지지하거나 반대하는 기준은 오직 그것이 혁명의 이익에 도움이 되는지 아닌지라고 생각했다. 그러나 이런 혁명의 이익은 어떻게 판단해야 하는가?

여기서 중요한 것은 마르크스가 생애의 대부분을 보낸 시대의 일반적 성격을 명심해야 한다는 점이다. 레닌은 이 시기, 즉 1789년의 프랑스 대혁명으로 시작해서 1871년의 프랑스·프로이센 전쟁과 파리 코뮌으로 끝나는 시기의 특징을 다음과 같이 설명했다.

그 시대의 일반적 특징은 … 부르주아지의 진보성이었다. 즉, 봉건제에 대항하는 부르주아지의 투쟁은 아직 해결되지 않았고 완수되지 않은 상황이었다. 현대 민주주의 분파들과 그들의 대표자로서 마르크스가 당시 봉건제에 대항하는 진보적 부르주아지(즉, 투쟁을 전개할 수 있는 부르주아지)를 지지한다는 의문의 여지없는 원칙을 행동 지침으로 삼은 것은 극히 당연했다. … 당시 다음과 같은 물음 말고는 다른 어떤 물음도 나올 수 없었던 것은 아주 당연했다. 어떤 부르주아지의 승리가, 어떤 연합 세력의 승리가, 어떤 반동 세력(부르주아지의 성장을 가로막고 있던 봉건적 절대왕정 세력)의 패배가 현대 민주주의에 더 많은 '행동의 자유'를 보장할 것인가?

1871년까지 유럽에서 가장 중요한 문제는 미완의 부르주아 민주주의 혁명 문제였다. 마르크스와 엥겔스는 이 문제의 가장 급진적 해결책, 즉 1790년대의 프랑스 제1공화국을 본보기로 삼아서 혁명적 민주 공화국을 수립하는 것이 노동계급에게 유리하다고 생각했다. 그래야만 자본과 노동의 계급투쟁이 봉건 잔재의 방해를 받지 않고 가장 분명하게 표출될 수 있을 터였기 때문이다. 이 문제가 가장 날카롭게 제기된 나라는 마르크스와 엥겔스의 고국인 독일이었다. 당시 독일은 부르주아 국가가 갖춰야 할 가장 본질적 요건인 민족 통일조차 아직 이루지 못한 상태였다. 독일에서 그리고 일반적으로 유럽에서 부르주아 민주주의 혁명을 가로막고 있던 주된 장애물은 제정러시아였다. 러시아의 어마어마한 농민 군대는 1848년의 혁명들에 치명타를 가하는 데 이용됐다.

그러므로 마르크스와 엥겔스는 어떤 민족운동을 판단할 때 그 운동이 유럽의 이런 세력 배치에 얼마나 부합하는지라는 관점에서 봤다. 즉, 어떤 민족운동이 러시아와 그 동맹국들에 대항하는 부르주아 민주주의 혁명의 전위 구실을 하는 민족들과 어떤 관계인지에 따라 평가한 것이다. 엥겔스는 1849년에 "반혁명적 민족들에 대항하는 혁명적 민족들의 동맹, 그러나 문서상으로 존재하는 동맹이 아니

라 전쟁터에서만 생겨나는 동맹"을 옹호했다.[64]

엥겔스가 꼽은 가장 중요한 "혁명적 민족"은 독일·폴란드·헝가리 민족, 이 셋이었다. 1848~1849년에 〈노이에 라이니셰 차이퉁〉이 내건 주요 강령은 1790년대에 [프랑스의] 자코뱅이 유럽 전체의 구체제 왕정들에 대항하는 혁명전쟁을 시작했듯이, 통일된 독일 공화국이 폴란드·헝가리와 동맹을 맺고 러시아에 대항하는 혁명전쟁을 벌여야 한다는 것이었다. 마르크스와 엥겔스는 오랜 정치 활동 기간 내내 폴란드의 독립을 일관되게 지지했고, 1848년에 마르크스가 표명한 신념, 즉 폴란드의 "해방은 유럽의 모든 민주주의자들의 명예가 걸린 문제가 됐다"는[65] 신념에서 결코 동요하지 않았다.

그러나 동전의 이면은 반혁명적 민족들도 있었다는 것이다. 마르크스와 엥겔스는 특히 범슬라브주의에 적대적이었다. 러시아 차르 왕정의 지지자들뿐 아니라 차르 왕정에 반대하는 일부 사람들, 특히 바쿠닌도 범슬라브주의를 옹호했다. 범슬라브주의에 따르면 러시아인과 폴란드인들은 오스트리아와 터키의 지배를 받는 슬라브 동족들 — 체코인, 슬로바키아인, 남슬라브인(세르비아인·크로아티아인·불가리아인 등) — 과 연합해서 단일민족을 형성해야 한다는 것이었다.

이 [범슬라브주의라는] 강령을 거부한 정치적 이유는 마르크스와 엥겔스의 일반적 전략에 비춰 보면 분명히 알 수 있다. 범슬라브주의는 너무 쉽게 차르의 팽창주의를 위장하는 핑계로 전락할 수 있었다. 엥겔스는 다음과 같이 썼다. "이 우스꽝스러운 이론의 배후에는 러시아 제국이라는 무서운 실재가 버티고 있었다. 그 제국은 거동할 때마다 유럽 전체를 슬라브족의 영토, 특히 그중에서도 유일하게 강력한 부분인 러시아인의 영토로 간주할 권리를 주장했다."[66] 또 오스트리아 왕정은 자신이 지배하는 남슬라브인들을 이용해서 1849년에 헝가리 혁명을 진압했다고 엥겔스는 지적했다.

그는 헤겔한테 빌린 개념을 잠깐 사용해서 "자신의 역사를 결코 가져 본 적이 없는 민족"의[67] 사례로 남슬라브인들을 들었다. 이른바 "역사 없는 민족들"이라는 개념은 "세계사에서 우리가 주목할 만한 민족은 오직 국가를 형성한 민족들뿐"이라는 헤겔의 주장에 바탕을 둔 것으로서 의심스럽고 모호한 개념이다. 그러나 엥겔스의 분석에서 중요한 것은 그 유물론적 취지다. 당시 유럽 인구의 대다수는 농민이었는데 농민들은 도시의 계급인 부르주아지의 지도 아래서만 혁명적 구실을 할 수 있었다. 오스트리아 제국에서 "운동의 추진력이자 지도자였던 계급, 즉 부르주아지는 어디서나 독일인 아니면 마자르인[헝가리인]이었다. 슬라브인은 가까스로 민족 부르주아지를 탄생시킬 수 있었고, 남슬라브인들이 그런 경우는 더욱 드물었다."[68]

따라서 마르크스와 엥겔스가 1848~1849년에 민족문제를 다룬 일반적 방법은 당시 유럽의 상황에 비춰 보면 이해할 수 있었다. 그러나 이런 방법은 1860년대 말엽에는 별로 적절하지 않게 됐다. 그때쯤 독일에서는 부르주아 민주주의 혁명이 완수됐지만 그 방식과 주체는 마르크스와 엥겔스가 예상한 것과 사뭇 달랐다. 독일을 통일한 것은 반동적 지주계급인 융커의 대표자 비스마르크였다. 이것은 그람시가 말한 "수동 혁명", 즉 융커와 산업 부르주아지의 동맹에 바탕을 둔 위로부터 혁명이었다. 산업 부르주아지는 민족 통일과 친자본주의 경제정책을 보장받는 대가로 융커가 국가기구를 통제하는 것을 기꺼이 허용했다.

프랑스·프로이센 전쟁으로 시작한 새 시대는, 영토와 주민을 차지하기 위해 서로 경쟁하는 한 줌의 자본주의 강대국들이 점차 유럽과 전 세계를 지배하게 되는 시대였다. 이제 민족문제는 주로 혁명적 민족과 반혁명적 민족 사이의 투쟁 문제가 아니게 됐다. 민족문제는 서로 밀접하게 연관된 두 가지 형태를 띠게 됐는데, 한편에는 제국주의 나라의 노동자들과 그 착취자들을 묶어 주는 민족주의가 있었고, 다른 한편에는 외세의 지배에 대항해 투쟁하는 피억압 민족들의 민족주의가 있었다.

마르크스는 이 문제가 영국에서 구체적 형태로 나타난 사례를 다뤘는데, 그것은 아일랜드인들의 오랜 민족 독립 투쟁이 1860~1870년대에 페니언단의* 무장투쟁이라는 극적인 형태로 나타난 것이었다. 마르크스는 페니언단의 지나친 테러 행위를 비난하면서도 아일랜드인들의 민족 독립 요구를 확고하게 지지했고 제1인터내셔널이 그런 입장을 채택하도록 설득했다. 그의 근거는 주로 두 가지였다. 하나는 지금은 별로 흥미롭지 않은 것인데 마르크스가 아일랜드를 영국 지주 귀족의 주요 보루로 여겼다는 사실이다. 그는 영국의 많은 지

---

* Fenians. 영국의 아일랜드 지배를 끝장낼 목적으로 1850년대에 미국과 아일랜드에서 결성된 혁명적 단체다.

주 귀족이 아일랜드에 대토지를 소유하고 있으므로 아일랜드 독립 운동이 승리해서 이 토지가 몰수되면 영국 지배계급이 몰락할 것이라고 생각했다.

이 분석은 순전히 틀렸다. 19세기 말은 영국의 지주계급이 급격한 경제적·정치적 쇠퇴를 겪던 시기였다. 그들의 중요성이 감소한 것은 1880~1900년대에 글래드스턴과 밸푸어 정부의 정책들에도 반영됐는데, 그 정책에 따라 영국 지주의 아일랜드 토지는 대부분 가톨릭 농민들에게 평화적으로 이전됐다.

마르크스가 아일랜드 민족운동을 지지한 둘째 논거는 훨씬 더 흥미롭다. 그는 아일랜드 억압 때문에 영국 노동자들이 자신의 착취자들과 한통속이 되기 쉬워진다고 생각했다.

영국의 공업·상업 중심지에서 노동계급은 어디서나 한결같이 서로 **적대하는** 두 진영, 즉 영국 프롤레타리아와 아일랜드 프롤레타리아로 나뉘어 있다. 평범한 영국 노동자는 아일랜드 노동자를 자신의 생활수준을 낮추는 경쟁자로 보고 미워한다. 영국 노동자는 아일랜드 노동자와 달리 자신은 **지배** 민족의 일원이라고 생각하고, 그래서 **아일랜드를 억압**하는 영국 귀족과 자본가의 도구 노릇을 한다. 따라서 **자신**에 대한 귀족과 자본가의 지배를 스스로 강화시키는 셈이다. 영국 노동자는 아일랜드 노동자에 대해 종교적·사회적·민족적 편견을 품고 있다. 영국 노동자의 이런 태도는 마치 미국 남부의 옛 노예주州들에서 '가난한 백인들'이 '흑인'을 대하던 태도와 거의 같다. …

이런 적대는 언론, 교회, 만화 신문, 한마디로 지배계급의 뜻대로 움직이는 모든 수단에 의해 인위적으로 유지되고 강화된다. 이런 **적대**는 **영국 노동계급**이 조직돼 있는데도 무기력할 수밖에 **없**는 비밀이다. 이것이 자본가계급이 권력을 유지하는 비밀이다. 그리고 자본가계급은 이 사실을 잘 알고 있다.[69]

이 분석은 분명히 일반적 타당성이 있다. 제국주의 나라에서 민족주의는 노동자들을 분열시키고 오히려 노동자들과 착취자들을 묶어 주는 수단이다. 저들은 "어쨌든 우리는 모두 영국인이다" 하고 떠들어 댄다. 레닌은 마르크스의 주장을 일반화해서, 제국주의 나라의 노동자들은 자신들과 지배계급을 묶어 놓은 사슬을 깨뜨리는 수단으로서 피억압 민족의 자결권을 지지해야 한다고 역설했다. 여기서 다시 우리는 민족운동이 혁명(오늘날에는 노동자 혁명일 수밖에 없다)의 일반적 이익에 도움이 되는지 아닌지가 문제라는 것 그리고 민족운동을 판단하는 기준은 노동계급의 국제적 단결을 강화하는지 아니면 약화하는지라는 것임을 알게 된다.

공산주의

처음에는 한 나라에서 나중에는 국제적으로 수립되는 프롤레타리아 독재는 "모든 **계급**의 폐지와 계급 없는 사회로 가는 과도기일 뿐"이다.[70] 따라서 자본주의의 전복은 끝이 아니라 시작이다. 마르크스는 자본주의라는 "이 사회구성체와 함께 인간 사회의 전사前史는 끝난다"고[71] 썼다.

마르크스는 계급사회에서 공산주의로 순식간에 도약할 수 있다고 생각하지 않았다. 자본주의의 잔재를 제거하는 데 시간이 걸릴 것이기 때문이다. "자본주의 사회와 공산주의 사회 사이에는 전자에서 후자로 넘어가는 혁명적 변혁의 시기가 놓여 있다. 이에 상응하는 정치적 과도기도 있는데, 그때의 국가는 **프롤레타리아의 혁명적 독재** 말고 다른 것일 수가 없다."[72]

마르크스는 이런 과도기나 공산주의의 성격을 자세히 예측하려 하지 않았다. 그는 공상적 사회주의자들이 흔히 미래 사회의 운영 방식을 세부적으로 정해 놓는 일에 집착하는 것을 강하게 비판했다. 《공산당 선언》에서 마르크스는 다음과 같이 주장했다.

공산주의자들의 이론적 결론들은 결코 이런저런 세계 개혁가가 고안하거나 발견한 사상과 원칙에 바탕을 두는 것이 아니다.
그것들은 단지 현존하는 계급투쟁에서 생겨난 현실적 관계들, 즉 바로 우리 눈앞에서 벌어지고 있는 역사적 운동의 현실적 관계들을 일반적으로 표현한 것일 뿐이다.[73]

그렇다고 해서 마르크스와 엥겔스가 공상적 사회주의자들이 주장하려고 했던 것을 모두 다 일축했다는 말은 아니다. 오히려 마르크스와 엥겔스는 분명히 공상적 사회주의자들한테서 많은 것을 배웠고 그들의 실천적 제안에 많이 동의했다. 두 사람 모두 특히 엥겔스는 푸리에를 매우 높이 평가했다. 마르크스와 엥겔스가 생각한 미래 공산주의 사회의 모습은 많은 부분 공상적 사회주의자들한테서 배운 것이었다. 그러나 두 사람은 가장 중요한 당면 과제는 공산주의 사회를 탄생시킬 역사적 힘을 이해하는 것이라고 생각했다.

마르크스가 [자본주의에서] 공산주의로 넘어가는 과도기를 가장 자세히 논한 저작은 《고타 강령 비판》이다. 그 전에 마르크스는 [《프랑스의 계급투쟁》에서] 프롤레타리아 독재의 과제가 "생산수단을 취득해서 그것을 연합한 노동계급에게 종속시키는 것, 그렇게 해서 임금노동을, 자본을, 또 임금노동과 자본의 상호 관계를 폐지하는 것"이라고[74] 정의한 바 있다.

이 과제들은 서로 연결돼 있었다. 마르크스는 가장 중요한 생산수단을 국가가 통제할 것이라고 예상했다. 국가는 "지배계급으로 조직된 프롤레타리아"일 것이기 때문에 이런 조처는 노동력과 생산수단의 분리를 폐지할 것이다. 즉, 자본과 임금노동의 존재가 의존하는 그런 분리를 폐지할 것이다.(물론 그렇다고 해서 모든 국유화가 임금노동을 폐지할 것이라는 말은 아니다. 오직 노동계급이 국가를 통제할 때만 국유화로 임금노동이 폐지될 것이다.)

이런 조처들은 계획경제의 도입을 수반할 것이다. 마르크스는 노동이 "인간의 생존을 위한 영원한 자연적 조건"이라고 생각했다. "자본주의 생산양식이 폐지된 뒤에도 … 가치 규정은, 노동시간을 규제하고 사회적 노동을 다양한 생산 분야로 분배하는 … 일이 어느 때보다 더 중요해진다는 의미에서, 여전히 유력하게 작용할 것이다."[75] 물론 자본주의 생산양식이 폐지된 뒤에는, 다양한 생산 분야에 얼마나 많은 사회적 노동을 분배할 것인지는 경쟁의 맹목적 작용에 따라 결정되지 않고 연합한 생산자들이 사회의 필요에 비춰 집단적·민주적 평가를 바탕으로 결정할 것이다.

기존의 생산수단이 마모되는 것을 대체하고 장기 프로젝트에 자원을 할당하고 비상시를 대비한 여분을 확보하기 위해, 사회적 생산물의 일부를 소비하지 않고 비축해 둔다는 의미에서 잉여노동은 계속 존재할 것이다. 그러나 "나이가 어려서 아직 생산에 참여할 수 없거나 이제 더는 생산에 참여할 수 없게 된 사람들을 위한 잉여노동을 제외하면, 노동하지 않는 사람들[지배계급]을 부양하기 위한 노동은 완전히 사라질 것이다."[76]

실제로 소비되는 사회적 생산물의 일부는 학교나 공공 의료 기관 등에서 집단적으로 소비될 것이다. 나머지는 생산자 개개인에게 분배될 것이다. 마르크스는 이런 분배의 원칙은 사회가 공산주의로 발전하면서 바뀌게 될 것이라고 생각했다.

"오랜 산고 끝에 자본주의 사회에서 막 태어난 공산주의 사회의 첫 단계"는 "모든 면에서, 즉 경제적·도덕적·정신적 면에서 그 모체였던 낡은 사회의 흔적들이 아직 남아 있을 것이다."[77] 사람들은 여전히 자본주의 사회에서 경험한 임금노동의 관행에 따라 자신의 노동량에 비례한 물질적 보상을 기대할 것이다.

따라서 생산자 개개인은 정확히 자신이 사회에 주는 만큼(에서 공제할 것을 공제한 뒤에) 사회에서 돌려받을 것이다. … 그는 자신이 사회에 이러이러한 만큼의 노동량을 제공했다는 증서를 사회에서 받고 … 이 증서에 따라 소비재의 사회적 저장고에서 같은 양의 노동이 드는 만큼만 돌려받을 것이다.[78]

이 원칙, 즉 "능력에 따라 일하고, 일한 만큼 돌려받는다"는 원칙은 마르크스가 강조했듯이 "부르주아적 권리"의 사례다. 그것은 개인들 간의 차이를 전혀 고려하지 않기 때문이다. 즉, 이 사람이 저 사람보다 더 힘이 세다거나 더 똑똑하다거나 부양가족이 더 많다거나 하는 사실을 고려하지 않는다는 것이다. 그러나 이런 차이는 모두 개인이 노동할 수 있는 능력에, 따라서 사회의 보상을 받을 수 있는 능력에 영향을 미치는 요인들이다. 이것이 뜻하는 바는 누군가는 자기 노동의 성과를 더 많은 사람들에게 나눠 줘야 한다는 것이다.

이 평등한 권리가 불평등한 노동에 대해서는 불평등한 권리다. 이 권리는 어떤 계급적 차이도 인정하지 않는다. 모든 사람이 똑같이 노동자일 뿐이기 때문이다. 그러나 그것은 불평등한 개인적 소질을, 따라서 불평등한 생산능력을 자연적 특권으로 암암리에 인정한다. 그러므로 그것은 모든 권리가 다 그렇듯이, 내용에서는 불평등한 권리다.[79]

이렇게 바람직스럽지 못한 방식이 연합한 생산자들에게 강요되는 것은, 그들이 자본주의에서 이제 막 벗어났을 뿐이어서 생산력 발전과 사회적 태도가 모두 더 급진적인 방식을 허용하지 못한다는 사실 때문이다. 그러나

공산주의 사회의 더 높은 발전 단계에서는, 즉 개인이 노예처럼 분업에 종속되는 상태가 사라지고 이와 함께 정신노동과 육체노동의 대립도 사라지고 나면, 노동이 단지 생활을 위한 수단일 뿐 아니라 그 자체가 삶의 일차적 욕구가 되고 나면, 개인들의 전면적 발전과 함께 생산력도 성장해서 집단적 부의 모든 원천이 흘러넘치고 나면, 그때에야 비로소 부르주아적 권리의 좁은 한계가 완전히 극복되고 사회는 자신의 깃발에 다음과 같이 쓸 수 있게 된다. 각자 능력에 따라 일하고, 필요에 따라 돌려받는다![80]

그렇다면 공산주의 사회의 더 높은 발전 단계에서는 개인적 차이를 무시한 채 공통의 기준을 적용하는 것이 아니라 개인의 특별한 필요와 능력을 고려할 수 있게 될 것이다. 여기서 우리는 마르크스주의가 사람들을 모두 똑같이 취급하면서 개성을 무시하고 억압한다는 흔한 비판이 터무니없다는 사실을 알 수 있다. 진정한 평등이 이뤄지려면 사람들의 개인적 필요와 능력에 세심한 주의를 기울여야 한다. 공산주의의 높은 단계는 "개인의 자유로운 발전이 모든 사람의 자유로운 발전의 조건이 되는 연합체"일[81] 것이다. 마르크스주의 철학자 테오도어 아도르노의 표현을 빌리면 공산주의 사회는 "사람

들이 두려움 없이 서로 달라질 수 있는 사회"일 것이다.

또 마르크스는 공산주의로 넘어가는 과도기에는 국가라는 독특한 제도도 사라지게 될 것이라고 주장했다.

발전 과정에서 계급적 차이가 사라지고 생산이 연합한 개인들의 수중에 집중되면 공권력은 그 정치적 성격을 잃게 될 것이다. 본래 정치권력이란 한 계급이 다른 계급을 억압하려고 사용하는 조직된 폭력에 불과하다. 프롤레타리아가 부르주아지에 대항하는 투쟁에서 상황의 압력 때문에 어쩔 수 없이 스스로 계급으로 조직된다면, 또 혁명을 통해 스스로 지배계급이 되고 그래서 낡은 생산관계를 강제로 폐지한다면, 그들은 생산관계와 함께 계급 적대의 존재 조건과 일반적으로 계급 자체의 존재 조건도 폐지하게 될 것이고, 따라서 자기 자신의 계급적 지배도 폐지하게 될 것이다.[82]

국가는 계급 적대의 산물이다. 그러므로 계급 적대가 사라지면 국가도 사라질 것이다. 그렇게 "국가가 시들어 죽을" 가능성은 프롤레타리아 독재에 처음부터 내재한다. 엥겔스는 사회주의 혁명의 결과로 국가가 어떻게 될지를 다음과 같이 분석했다.

프롤레타리아는 정치권력을 장악하고 먼저 생산수단을 국가 소유로 전환한다.

그러나 그 과정에서 프롤레타리아 자신을 폐지하고, 모든 계급 차별과 계급 적대를 폐지하고, 국가로서 국가도 폐지한다. 지금까지 계급 적대에 바탕을 둔 사회에는 국가가 필요했다. 즉, 각 시대마다 착취계급이 자신들의 외적 생산 조건을 유지하고, 따라서 피착취계급을 기존의 생산양식에 상응하는 억압 조건(노예제, 농노제, 임금노동) 속에 강제로 가둬 두기 위한 조직이 필요했다. … 억압돼야 할 사회 계급이 더는 존재하지 않게 되자마자, 계급 지배가 사라지고 현재의 무계획적 생산에 바탕을 둔 개인의 생존 투쟁이 사라지면서 그와 함께 이런 생존 투쟁에서 비롯한 충돌과 폭력 행위 따위도 사라지자마자, 억압돼야 할 어떤 것도 남아 있지 않게 되고 특수한 억압 권력인 국가도 더는 필요하지 않게 된다. 국가가 정말로 사회 전체의 대표자로 등장해서 하는 최초의 행위(사회의 이름으로 생산수단을 장악하는 것)는 국가가 국가로서 독자적으로 하는 마지막 행위이기도 하다. 국가가 사회에 개입하는 일은 이 영역, 저 영역에서 점차 필요 없게 되고, 그러다가 국가는 스스로 시들어 죽게 된다. 인간을 지배하는 일은 사물을 관리하고 생산과정을 지도하는 일로 대체된다. 국가는 "폐지되지" 않는다. **국가는 시들어 죽는다.**[83]

따라서 프롤레타리아 독재는 (레닌의 표현을 빌리면) "본래 의미의 국가가 아니다." 그러나 국가가 시들어 죽는 것은 즉시 일어나는 일이 아니라 시간이 걸리는 일이라는 점을 주의해야 한다. 그것은 하나의 과정이고 그 과정은 다른 요인들, 예컨대 노동생산성 향상과 그에 따른 노동시간 단축 같은 요인들에 달려 있다. 그래야만 노동자들이 사회를 운영하는 일에 자유롭게 참여할 수 있을 것이기 때문이다.

사회주의적 민주주의는 어떤 점에서는 고대 아테네의 민주주의와 비슷할 것이다. 아테네 시민들은 노예의 노동 덕분에 자기 시간의 대부분을 공무 처리 — 시장에서 토론하고 모든 시민의 자주적 기구인 민회에서 결정을 내리고 행정에 참여하는(대부분의 공직은 평범한 시민들이 차례로 돌아가며 맡았다) 등 — 에 쏟을 수 있었다. 반면에 공산주의에서는 지난 2500년간의 엄청난 생산력 발전 덕분에, 비참한 노예들의 노동이 아니라 인간의 창의력이 만들어 낸 무생물인 기계의 노동 덕분에, 시민들이 자유 시간을 즐기게 될 것이다.

"인간을 지배하는 일"이 "사물을 관리하는 일"로 대체된다는 생각은 원래 생시몽이 발전시킨 것이지만 공산주의에서는 강압이 전혀 없을 것이라는 공상적 신념과는 관계가 없다. 그것은 오히려 계급이 폐지되면 사회적 갈등의 주요 원천도 제거돼서 "특수한 억압 권력"이 더는 필요하지 않을 것이라는 의미다. 분명히, 연합한 생산자들의 견해가 일치하지 않을 수 있는 문제가 많을 것이다(에너지원, 건축 양식, 자녀 양육 방법 등). 그러나 계급 착취가 만들어 내는 끝없는 물질적 압력이 사라졌기 때문에 이런 갈등이 토론과 다수결을 통해 민주적으로 해결될 수 있을 것이다. 이런 절차의 결과를 거부하는 개인들이 있다면 모종의 강제가 필요하겠지만 그것은 연합한 생산자들 자신의 행동이지 특수한 군사적 기구의 행동은 아닐 것이다.

마르크스와 엥겔스는 결코 국가의 강화를 옹호하지 않았고 오히려 국가의 폐지를 원했다. 예컨대 '국가사회주의'라는 개념은 그들에게 모순명사였다. 그들은 라살 덕분에 독일 노동자 운동에 널리 퍼진 믿음, 즉 기존의 국가는 노동자들에게 유리한 일을 하도록 설득

될 수 있는 잠재적 자선 단체 비슷한 것이라는 생각에 맞서 일관되게 싸웠다. 이런 믿음을 논박하는 것이 마르크스가 《고타 강령 비판》을 쓴 주된 목적이었고, 이 저작은 마르크스 지지자들과 라살 추종자들의 연합으로 생겨난, 터무니없고 혼란스러운 절충을 겨냥해서 쓰였다. 개인을 국가로 용해하고 싶어 하는 전체주의적 욕구를 마르크스 탓으로 돌리는 것은 자유주의적 왜곡의 결과이자 스탈린이 마르크스주의를 끔찍하게 변질시킨 결과였다.

공산주의로 넘어가는 과도기에 국가가 시들어 죽을 것이라는 주장은, 그 과도기에는 정신노동과 육체노동의 분리도 폐지돼야 한다는 마르크스의 신념과 밀접한 연관이 있다. 《1844년 경제학·철학 원고》이후로 마르크스는 육체노동과 정신노동의 분리가 자본주의에서 인간이 발달하지 못하고 왜곡되고 인간 이하의 존재로 전락하는 주된 방식 가운데 하나라고 비판했다. 그는 사람들이 행복하고 만족스런 삶을 살 수 있으려면 하나의 협소한 노동 유형에 국한되지 않고 자신의 정신적 능력과 육체적 능력을 모두 사용할 수 있어야만 한다고 생각했다.

《독일 이데올로기》의 유명한 구절에서 마르크스는 다음과 같이 썼다.

공산주의 사회에서는 아무도 하나의 활동 영역에만 국한되지 않고, 누구나 자신이 원하는 어떤 분야에서든 숙달될 수 있고, 사회가 전반적 생산을 조절하기 때문에, 내가 오늘은 이 일을 하고 내일은 저 일을 할 수도 있고, 굳이 사냥꾼·어부·양치기·비평가가 되지 않고서도 마음 먹은 대로 아침에는 사냥을 하고 오후에는 물고기를 잡고 저녁에는 소를 키우고 저녁 식사 후에는 비평을 할 수 있을 것이다.[84]

해설자들은 흔히 이런 묘사가 공상적이라고 비판했다. 물론 마르크스가 이런 묘사를 곧이곧대로 받아들였는지는 의심해 볼 만하고, 위에서 열거한 활동들이 모두 산업화 이전의 전통 사회에서 발견되는 것들이라는 사실도 주의해야 한다. 그렇지만 위의 구절에는 중요한 요점이 숨어 있는데, 공산주의에서는 생산력이 매우 발전해서 사람들이 경제 기구의 톱니바퀴 구실을 하는 처지에서 해방될 것이라는 점이다.

마르크스는 《정치경제학 비판 요강》의 가장 뛰어난 구절들 가운데 하나에서도 이런 주장을 계속했다. 그는 자본주의에서 노동생산성이 향상되는 경향, 따라서 자본의 유기적 구성(즉 총투자에서 생산수단의 몫)이 증대하는 경향 때문에, 노동과정은 "기계의 **자동화 체계**"로 변모해서 노동자들은 단지 기계를 "감독하고 … 고장을 방지하는"[85] 구실만 할 것이라고 주장했다.

그 결과는 생산에서 육체노동의 구실이 감소한다는 것이다.

자본이 노동시간(단순한 노동량)을 유일한 [가치] 규정 요소로 정립하는 데 비례해서, 생산(사용가치의 창조)을 결정하는 원칙 구실을 하는 직접적 노동과 그것의 양은 그만큼 사라지고, 양적으로는 그 비중이 더 작아질 뿐 아니라 질적으로도, 물론 여전히 필수적 계기이기는 하겠지만, 한편으로는 일반적인 과학적 노동과 자연과학의 기술적 응용에 비해서 부차적이고 다른 한편으로는 [총생산의] 사회적 결합에서 생겨나는 일반적 생산력에 비해서 부차적인 계기로 축소된다.[86]

이 구절은 20세기의 자본주의 발전(전반기에는 대량 조립라인 생산이 도입되고 후반기에는 노동과정의 자동화가 증대한 것)을 탁월하게 예측한 것이라고 할 수 있다.

이런 변화들이 자본주의 생산관계의 틀 안에서는 적대적 형태로 나타난다. 그래서 많은 노동자가 실업자가 되고 일자리를 유지한 노동자들도 노동강도 강화에 시달리고 숙련 노동자들은 '탈숙련화'한다. 그러나 이런 변화들로 말미암아, 힘들고 단조롭고 반복되는 육체노동의 고역이 폐지되고 사람들이 더는 지루하고 고통스러운 장시간 육체노동에 날마다 얽매이지 않아도 되는 사회의 가능성이 생겨난다. 그 결과로 노동시간이 지금보다 확 줄어들게 되면(이윤도 줄어들 것이기 때문에 당연히 자본가들은 격렬하게 저항할 것이다) 사람들은 자신의 정신적·육체적 능력을 자유롭게 발전시킬 수 있을 것이다.

공산주의 사회에서는 생산력이 발전하고 사회의 공적 통제를 받을 것이기 때문에 공상적 사회주의자들이 꿈꿨던 많은 것들이 현실이 될 것이다. 푸리에가 예상했듯이 '일'과 '놀이'를 갈라놓은 벽이 무너질 수 있을 것이다. 그래서 육체적 생존을 위한 노동과 순전히 즐거워서 하는 노동이 더는 서로 분리되거나 대립하지 않게 될 것이다.

엥겔스는 푸리에와 로버트 오언이 주창한 것처럼, 농업과 공업이 함께 실행되는 공동체들이 설립되면 도시와 농촌의 대립도 폐지될 것이라고 주장했다. 최근의 첨단 기술 형태들이 요구하는 생산 단위들은 분산돼 있으면서도 교통·통신망의 발달 덕분에 서로 결합돼 있는데 바로 이런 기술 덕분에 엥겔스와 공상적 사회주의자들의 전망이 실현될 가능성이 높아졌다.

마르크스는 이 모든 것이 생산력 발전에 달려 있다고 강조했다.

> 자유의 영역은 궁핍과 외부적 편의에 따라 결정되는 노동이 끝나는 곳에서 비로소 실제로 시작하고, 따라서 그 본성상 현실의 물질적 생산의 영역 밖에 존재한다. … 이 영역에서 자유는 오직 사회화한 인간, 연합한 생산자들이 자신과 자연 사이의 물질대사를 합리적으로 규제해서, 자연의 맹목적 힘에 지배당하는 것이 아니라 그 물질대사를 집단적으로 통제하는 것, 그래서 최소의 노력으로 또 인간 본성에 가장 적합하고 유리한 조건에서 그 물질대사를 실행하는 것에 있다. 그러나 이것은 여전히 필연의 영역이다. 이 영역을 넘어서야만 진정한 자유의 영역(인간의 힘을 발전시키는 일이 다른 중요한 것의 일부가 아니라 그 자체로 중요한 것이 되는 영역)이 시작한다. 자유의 영역은 필연의 영역이라는 토대 위에서만 꽃필 수 있다. 노동일의 단축은 그 기본적 전제 조건이다.[87]

따라서 공산주의는 자연에서 생계 수단을 끌어내야 하는 부담을 급격하게 줄여서 우리가 자유롭게 다른 활동을 할 수 있게 해 줄 뿐 아니라 노동과정, 즉 "필연의 영역"을 합리적·집단적으로 통제할 수 있게 해 준다. 엥겔스의 표현을 빌리면 "그것은 인간이 필연의 왕국에서 자유의 왕국으로 도약하는 것이다."[88]

마르크스의 현재성

마르크스의 생애와 사상을 논할 때는 마르크스 사후의 발전을 결코 무시할 수 없다. 어쨌든 마르크스는 과학적 역사 이론의 토대, 특히 자본주의 생산양식에 관한 과학적 이론의 토대를 놓았다. 오늘날 어떤 과학적 이론이 얼마나 진리에 가까운지를 확인할 수 있는 방법은 그 이론이 예측한 것과 실제로 일어난 일을 비교해 보는 것뿐이다.

　　이 기준에 따르면 마르크스주의는 틀렸다고 판단해야 한다고 주장하는 사람이 많을 것이다. 그들의 주장인즉, 역사의 전개 과정이 마르크스의 사상을 완전히 논박했다는 것이다. 다시 말해 마르크스의 예측은 대부분 나중의 사태 전개와 모순된다는 것이 드러났고, 마르크스의 사상이 승리한 곳에서조차 그 승리는 마르크스의 희망이나 기대와 정반대되는 형태였다는 것이다. 사실, 노동운동 자체 안에서도 이른바 '마르크스주의의 위기'가 잇따랐다. 1895년에 엥겔스가 죽고 나서 몇 년도 안 돼 처음으로 '마르크스주의의 위기'가 발생한 이후 이른바 '위기' 때마다 마르크스의 사상은 당대 사회의 현실과 맞지 않는다는 선언이 이어졌다.

　　이 책과 같은 입문서에서 그런 비판들을 자세히 다룰 수 없다는 것은 분명하다. 여기서 나는 마르크스를 비판하는 가장 중요한 논거 세 가지만 간단히 다루고자 한다. 첫째는 오늘날 존재하는 이른바 '사회주의' 나라들의 기원과 성격에 관한 것이고, 둘째는 오늘날 자본주의의 상태이고, 셋째는 오늘날 자본주의에서 노동계급이 차지하는 위치에 관한 것이다.

'실제로 존재하는 사회주의'

1917년 10월 러시아 혁명이 20세기의 가장 중요한 사건이라는 것은 의문의 여지가 없다. 공공연히 마르크스주의를 표방하는 지도부를 따라서 노동계급이 권력을 장악했다. 그러나 러시아 혁명과 그 후의 사건들로 마르크스는 완전히 논박당했다고 주장하며 비판하는 사람들이 셀 수 없이 많다.

이런 주장의 주요 흐름은 두 가지다. 첫째, 마르크스가 혁명은 선진 공업국에서 먼저 일어날 것으로 예상했다는 것이다. 그러면 마르크스는 최초의 성공한 사회주의 혁명이 대체로 농업 사회였던 후진국[러시아]에서 일어났다는 사실을 어떻게 설명할 수 있는가? 이런 주장에 신빙성을 더해 주는 것은 다양한 저발전국, 즉 중국·베트남·쿠바 등에서 이른바 '마르크스레닌주의' 체제가 등장했다는 사실이다.

둘째, 러시아 혁명이 나중에 스탈린의 잔혹한 독재 체제로 변질된 것 또한 마르크스가 틀렸음을 입증한다는 것이다. 즉, 프롤레타리아 독재는 민주주의의 확대와 계급의 궁극적 폐지로 이어지는 것이 아니라 자신이 대체한 [부르주아 민주주의] 체제보다 훨씬 더 지독한 폭압 체제로 귀결된다는 것이다.

첫째 주장은 비교적 다루기가 쉽다. 그것은 인류가 특정한 단계들을 필연적으로 거치게 되고 따라서 생산양식들은 역사적 필연성이라는 철칙에 따라 이어진다는 역사관을 마르크스의 것으로 돌리는 주장이다. 그런 식의 마르크스주의를 실제로 받아들인 일부 러시아 마르크스주의자들, 예컨대 게오르기 플레하노프와 멘셰비키 등은 러시아에서는 자본주의가 발전해서 영국이나 독일 같은 공업국이 되기 전까지는 사회주의가 불가능할 것이라고 믿었다.

그러나 이것은 마르크스 자신의 견해는 아니었다. 러시아는 마르크스의 사상을 처음으로 받아들인 나라들 가운데 하나였다. 마르크스는 《자본론》 1권 8편[이른바 시초 축적]에서 분석한 자본주의 발전 과정을 모든 사회에 적용하려는 시도들을 강하게 비판했다. 그는 "제가 서유럽에서 자본주의가 생겨난 과정을 역사적으로 묘사한 것을, 모든 국민이 어떤 역사적 상황에 처해 있든 운명적으로 거쳐야 할 일반적 경로를 보여 주는 역사철학 이론으로" 변형시켜 버린 러시아 저술가를 비판했다. 그런 사고방식이나 방법은 마르크스주의를 "일반적 역사철학 이론, 즉 초역사적이라는 것이 가장 큰 장점인 이론"으로[1] 취급하는 것이다.

마르크스는 "러시아 혁명이 서유럽 프롤레타리아 혁명의 신호탄이 된다면"[2] 러시아는 자본주의 단계를 거치지 않고도 사회혁명을 통해 사회주의에 이를 수 있다는 것을 부인하지 않을 만큼 신중했다.

앞서 7장에서 봤듯이 혁명은 "불균등·결합 발전 과정"의 결과로서 일어난다. 다시 말해 혁명은 그 사회의 독특한 계급 구조와 경제 발전 상태에서 비롯하고 이것은 다시 그 사회가 자본주의 세계 체제에서 차지하는 위치와 밀접한 연관이 있다. 러시아 혁명이 바로 그런 식으로 일어났다.

주로 농업 사회였던 후진국 러시아는 19세기 말과 20세기 초에 급속한 공업화 단계를 거쳤다. 이 공업화를 추진한 세력은, 서유럽을 경제적으로 따라잡지 못하면 군사력이 약해질까 봐 두려워한 러시아 정부와, 러시아의 값싼 노동력을 착취하고 싶어 한 외국 자본가들이었다. 급속한 공업화의 결과로, 비록 소수지만 매우 집중된 산업 노동계급이 창출됐고 그들은 그 수보다 훨씬 더 큰 사회적·정치적 힘을 갖게 됐다. 그래서 지주와 농민 사이의 아주 오래된 투쟁에 자본과 노동 사이의 모순이 더해졌다.

이 결합의 폭발적 성격은 1905년 혁명에서 처음으로 분명히 드러났다. 차르의 국가는 이 격변에서는 살아남았지만 제1차세계대전에서 패배하자 파멸하고 말았다. 1917년 2월 혁명으로 차르의 국가는 사라지고 부르주아 임시정부와 소비에트, 즉 노동자·병사 평의회가 대립하는 '이중[이원] 권력' 상황이 만들어졌다. 1917년 10월에 소비에트는 볼셰비키당의 지도 아래 권력을 장악했다. 볼셰비키당은 도시 노동계급 사이에 확고한 기반을 가진 정당이었지만 그들이 지주의 토지를 농민에게 주겠다고 약속하자 농민들은 호의적 중립을 지켰다.

후진국에서 혁명이 일어났다는 사실보다 마르크스주의가 직면한 훨씬 더 심각한 도전은 1917년 이후 러시아에서 일어난 일, 즉 민주적 노동자 국가가 오늘날 소련을 지배하고 있는 관료 집단의 괴물 같은 국가로 변질된 일이다. 이 문제의 해답은 사회주의는 오직 세계적 규모에서만 성공할 수 있다는 마르크스의 주장에서 찾아볼 수 있다. 마르크스와 마찬가지로 볼셰비키도 소비에트 체제는 "서유럽 프롤레타리아 혁명의 신호탄"이 되는 경우에만 살아남을 수 있을 것이라고 생각했다.

그러나 제1차세계대전이 끝났을 때 유럽을 뒤흔든 혁명의 물결에도 불구하고 신생 소비에트 공화국은 계속 고립됐다. 더욱이, 서방 열강들과 [러시아의] 반혁명 세력들이 시작한 유혈 낭자한 내전으로 말미암아 러시아는 엄청난 파괴를 겪었다. 공업 경제는 붕괴했고 노동자들은 겨우 얼마 전에야 떠나 온 농촌으로 줄 지어 되돌아갔다. 1921년에 내전이 끝났을 때 국토는 황폐해졌고 노동계급은 해체됐으며 소비에트는 노동자 권력의 껍데기로 전락했다. 볼셰비키당은 사실상 적대적인 다수의 소농들 위에 붕 떠 있는 소수의 독재 체제를 유지하고 있었다.

마르크스가 예측했듯이 혁명이 한 나라 안에 갇히게 되자 착취와 계급투쟁의 "해묵은 온갖 오물"이 되살아났다. 러시아의 낮은 생산력 발전 수준은 공산주의로 나아가는 데 필요한 토대를 제공하기에 충분하지 않았다. 오직 세계적 규모로 존재하는 자원만이 그런 토대를 제공할 수 있었다.

볼셰비키당 지도부는, 특히 1922년에 레닌이 뇌졸중으로 처음 쓰러지고 나서 사실상 정치 활동을 할 수 없게 된 이후에는, 점차 스스로 상황에 적응해 갔다. 그들은 소련 국가의 이익을 전 세계 노동계급의 이익보다 더 중요한 것으로 여기게 됐다. 그래서 1929~1939년에 중국·프랑스·스페인에서 혁명의 기회를 거듭거듭 날려 버리고 말았다. 그런 기회들이 소련 외교정책의 당면 목표와 충돌했기 때문이다. 이른바 '일국사회주의'론은 이런 태도를 정당화하고자 만들어진 것이었다. 소련 체제 내의 비판 세력, 예컨대 트로츠키와 좌익반대파는 [공산당에서] 제명되고 투옥되고 유배되고 추방되고 살해됐다. 당내 억압으로 말미암아 스탈린의 개인적 독재 체제가 발흥하기 쉬워졌고 그 덕분에 특권 관료 계층의 소련 지배가 확고해졌다.

다른 나라 노동계급이 겪은 패배도 소련 체제의 고립이 심화하고 외국의 침략 위협이 증대하는 것에 한몫했다. 외국의 침략 위협에 대처하기 위해 소련은 최신 무기가 필요했다. 그러나 그런 무기는 선진 공업 경제만이 생산할 수 있었다. 결국 소련의 공업화에 필요한 자원은 오직 노동자와 농민의 잉여노동에서만 나올 수 있었다. 그래서 1928~1929년에 스탈린은 소련 체제를 강제 공업화라는 새로운 길로 내몰았다.

그리고 토지는 '집산화'했다. 다시 말해 국가가 토지를 통제하게 됐다. 그 과정에서 수많은 농민이 목숨을 잃었다. 이 조처를 통해 [스탈린] 체제는 도시 주민을 먹여 살리고 해외에 수출하는 데 필요한 곡물을 얻을 수 있었고 이렇게 수출로 벌어들인 외화로 서유럽의 선진 기계들을 수입할 수 있었다. 그와 동시에 거의 맨손으로 엄청난 규모의 중공업을 건설했다. 농민들은 토지에서 쫓겨났(고 새로 지어진 공장들로 대거 흡수됐)다. 공업화를 가능하게 만든 것은 바로 그들의 잉여노동이었다. 어떤 소련 경제학자가 계산한 결과를 보면 1930년대의 경제성장에 필요한 재원은 상대적 잉여가치와 절대적 잉여가치 추출의 엄청난 증대를 통해 마련됐다.

마르크스는 서유럽에서 자본의 '시초 축적'이 이뤄질 때 강압[적 폭력]이 대대적으로 사용됐다고 썼다. 즉, 농민들을 토지에서 몰아내고, 장인들의 노동시간을 늘려서 절대적 잉여가치 생산을 강요하고, 전 세계의 부를 약탈하고, 생계 수단을 빼앗긴 실업자와 '부랑자'들이 사회를 위협하지 못하도록 억압했다는 것이다. "이 방법들은 … 모두 봉건적 생산양식을 자본주의 생산양식으로 전환하는 과정을 (온실 속에서처럼) 촉진하고 그 과도기를 단축하기 위해, 사회의 집중되고 조직된 폭력인 국가권력을 이용한다."[3]

서유럽에서는 수백 년 걸렸던 이 유혈 낭자한 과정이 러시아에서는 10년 만에 압축적으로 이뤄졌다. 그 결과는 똑같았다. 농민들은 생산수단에서 분리됐고 1917년 혁명 덕분에 노동자들이 얻은 성과는 남김없이 사라졌다. 그 결과는 마르크스가 분석한 '시초 축적' 과정과 꼭 마찬가지로, 직접 생산자들이 생산수단에서 분리돼 자신의 노동력을 판매할 수밖에 없게 됐다는 것이다.

사실 이런 상황은 마르크스가 말한 "형이상학적 또는 법률적 착각",[4] 즉 법률적으로는 국가가 생산수단을 소유하고 그 국가를 노동자들이 통제하고 있다는 사실에서 생겨난 착각 때문에 잘 보이지 않았다. 이런 겉모습은 마르크스가 묘사한 자본가와 노동자의 형식적 평등과 마찬가지로 계급 착취라는 본질적 실재를 은폐했다. [소련] 노동자들은 국가를 통제하지 않았다. 오히려 스탈린을 우두머리로 하는 당 관료와 국가 관료 집단이 정치권력을 장악하고 있었고 그 정치권력을 통해 생산수단을 사실상 지배하고 있었다.

앞서 봤듯이 자본주의에는 두 가지 분리가 있다. 첫째 분리, 즉 직접 생산자들과 생산수단의 분리는 소련에서 1930년대 강제 집산화와 공업화를 통해 이뤄졌다. 그러나 둘째 분리, 즉 경제가 서로 경쟁하는 자본들로 분열돼 있다는 것은 어떤가? 그런 분리가 소련에는 존재하지 않는다고 생각하는 것은 자연스럽다. 소련 안에서는 노동력 자체 말고는 상품이 거래되는 시장이 없고 대체로 국가의 계획과 통제가 시장을 대체했기 때문이다.

그러나 여기서도 실재는 그 겉모습과 다르다. 일단 소련을 그 맥락 속에, 즉 자본주의 세계 체제라는 맥락 속에 놓고 보면 사정이 달라진다. 소련 국가가 세계 체제의 압력에 종속돼 있다는 것은 분명하기 때문이다. 이것은 소련 경제 안에서 군비 생산이 차지하는 우선순위에 반영돼 있다. 소련의 국민총생산에서 군비 생산은 12~14퍼센트라는 엄청난 비중을 차지한다. 1920년대에 공업화·집산화 결정을 내린 것은 스탈린의 악의나 권력욕 때문이 아니라 객관적 상황의 압력 때문이었다. 즉, 서방의 강력한 군사력에 맞서야 했기 때문이었다. 똑같은 압력이 지금도 소련을 세계 체제에 계속 묶어 두고 있고, 연합한 생산자들의 복지를 위해 잉여노동을 사용하지 않고 추가 생산에 재투입하도록 강요하고 있다.

그 결과는 마르크스가 《자본론》에서 분석한 것과 원칙적으로 똑같은 상황이 [소련에] 형성됐다는 것이다. 자본주의에서 생산의 목적은 소비가 아니라 축적, 즉 생산을 위한 생산이다. 그리고 이 목적은 자본가가 자발적으로 결정한 결과가 아니다. 오히려 자본가는 경쟁 때문에 어쩔 수 없이 이윤을 재투자해야만 한다. 그러지 않으면 경쟁자들에게 밀려서 업계에서 퇴출당할 것이기 때문이다. "개별 자본들의 상호작용[경쟁] 때문에, 그들은 스스로 자본으로서 행동해야만 한다."[5] 이와 똑같은 상태는 소련과 서방의 관계에서도 찾아볼 수 있다. 다만 여기서는 사적 기업들이 아니라 국가자본들이 경쟁한다는 것과, 그들은 경제적 경쟁만 하는 것이 아니라 군사적 경쟁도 한다는 점이 다를 뿐이다.

따라서 소련에서 지배적인 생산관계는 사회주의 생산관계가 아니라 관료적 국가자본주의 생산관계다. [소련의] 노동계급을 집단적으로 착취하는 국가 관료들은 서방의 국가자본들과 경쟁한다. 그러므로 러시아 혁명의 운명은 마르크스를 논박하는 근거가 될 수 없다. 오히려 마르크스의 이론을 바탕으로 해야만 러시아 혁명의 운명을 설명할 수 있다. 즉, 러시아 혁명의 변질은 혁명이 확산되지 못한 필연적 결과이자, 자본주의 세계 체제의 압력의 필연적 결과로만 이해할 수 있다는 것이다.

세계의 다른 지역에서 '사회주의' 체제들이 등장한 것도 이런 관점에서 이해할 수 있다. 동유럽의 '사회주의' 체제들은 소련의 군사력이 확장된 것이고 서방의 침략에 대비한 완충국으로 만들어진 것들이다. 폴란드에서 1980년 8월 이후 벌어진 사건들은 이 체제들이 노동자 국가와 얼마나 무관한지를 밝히 보여 줬다. 우리는 노동계급이 '자신들의' 국가에 대항해서 조직화했다가 결국 군부에게 분쇄당하는 것을 목격했다.

제3세계에서 '사회주의' 체제들이 출현한 것은 후진국의 부르주아혁명이 직면하는 어려움을 반영한다. 마르크스는 1848년에 다음과같이 지적했다. "독일 부르주아지는 너무 굼뜨게, 소심하게, 느리게발전했기 때문에, 그들이 봉건제와 절대왕정에 위협적으로 맞서는 바로 그때 프롤레타리아가 자신들과 위협적으로 맞서고 있음을 깨달았다."[6] 그래서 독일 부르주아지는 영국과 프랑스의 부르주아지와 달리 단호하게 혁명적으로 행동할 의지가 없었다.

그 결과로 생겨난 [정치적] 공백을 메울 수 있는 세력은 오직 노동계급뿐이라고 마르크스는 주장했다.

우리의 이익과 우리의 임무는, 크고 작은 유산계급들이 모두 지배자의 지위에서 쫓겨날 때까지, 프롤레타리아가 국가권력을 장악할 때까지, 프롤레타리아의 연합이 한 나라에서뿐 아니라 전 세계의 모든 지배적 나라들에서도 충분히 발전해서 프롤레타리아 사이의 경쟁이 끝나고 적어도 결정적 생산력이 프롤레타리아의 수중에 집중될 때까지 혁명이 연속되도록 만드는 것이다.[7]

바로 그런 '연속혁명' 과정이 1917년 러시아에서 일어났다. 독일 부르주아지와 마찬가지로 러시아 부르주아지도 너무 허약하고 노동계급을 두려워해서, 스스로 차르 체제와 동맹을 맺고 독일의 비스마르크식 '수동 혁명'을 달성할 수 있기만을 바랐다. 오직 노동계급만이 봉건지주에 맞서 투쟁하는 농민들을 지지할 태세가 돼 있었다. 그래서 러시아에서는 봉건제에 대항하는 부르주아 민주주의 혁명이 자본주의에 대항하는 프롤레타리아 사회주의 혁명과 결합돼, 노동계급이 이끄는 단일한 과정으로 발전했다. 불행히도 혁명이 다른 나라들로 확산하지 못했기 때문에 결국 패배하고 말았지만 말이다.

다른 후진국들에서도 마찬가지로 부르주아지는 수동적이고 허약한 구실을 했는데, 노동계급 자체도 경제적 저발전 때문이든 비혁명적 정당들의 영향 때문이든 또는 제3세계의 일부 노동자들이 누린 특권 때문이든 1917년의 러시아 노동자들과 달리 혁명적 구실을 하지 못했다. 그래서 식민지와 반#식민지 나라들에서 민족 독립 운동이 발전했을 때 다른 사회 세력들이 그 운동을 지도하게 됐다.

그 사회 세력은 주로 중간계급 지식인들이었는데 그들은 서방과 토착 자본가들에게 적대적이었지만 노동 대중의 해방에는 아무 관심도 없었다. 그 지식인들은 무엇보다도 민족주의자였고 그들이 바라는 것은 강력하고 독립적인 국민국가를 건설하는 것이었다. 그들 중에 다수는 후진국에서 국가 통제 아래 공업화를 이룬 소련의 스탈린 체제를 매력적 모델로 여겼다. 그래서 그들은 '마르크스레닌주의자'를 자처했지만 그들의 사회주의는 노동계급의 자력 해방과는 아무 관계도 없었다. 그들이 외국인 지배자들을 쫓아내는 데 성공했을 때 특히 중국·베트남·쿠바에서 그들은 소련에 존재하는 것과 똑같은 관료적 국가자본주의의 주요 특징들을 고스란히 재현했다.

따라서 동방 진영에 '실제로 존재하는 사회주의'는 마르크스가 생각한 사회주의의 부정이다. 그것은 노동계급의 자력 해방이 아니라 노동계급을 착취하는 것에 의지한다. 마르크스의 사상에 충실한 사람이라면 이 체제들의 몰락을 위해 전심전력으로 노력해야 한다.

오늘날의 자본주의

흔히 마르크스를 비판하는 중요한 논거 가운데 둘째는 마르크스의 시대 이후로 자본주의가 변했다는 사실과 관련 있다. 즉, 《자본론》은 마르크스 당대의 세계를 정확히 보여 줄지는 몰라도 오늘날 우리가 사는 세계를 이해하는 데는 매우 불완전한 지침서에 불과하다는 것이다. 이와 같은 취지의 가장 설득력 있는 주장들은 노동당 지식인들이 1956년에 펴낸 책 두 권에 나오는데 하나는 앤서니 크로스랜드의 《사회주의의 미래》였고 다른 하나는 존 스트레이치의 《현대 자본주의》였다. 스트레이치는 1930년대에 엄청나게 영향력 있던 마르크스주의 저술가였고 크로스랜드는 계급투쟁과 국유화가 더는 사회주의 정치에 적절하지 않다고 생각하는 노동당 정치인 세대의 유력 인사였는데 그 정치인 세대 중 일부는 이제 노동당을 탈퇴해서 사회민주당을 창당했다.

크로스랜드와 스트레이치는 모두 자본주의의 구조가 근본적으로 변화했다고 주장했다. [그들은 다음과 같이 주장했다.] 독점기업의 성장으로 국가와 대기업이 수렴해서, 자본주의 발전의 초기 단계에서는 불가능했던 경제계획이 이제는 가능해졌다. 기업 내부의 권력 변화도 있었다. 이른바 '소유와 경영의 분리' 때문에, 이제 기업을 운영하는 것은 주주가 아니라 개인적으로는 기업의 주식 지분을 거의 갖고 있지 않은 [전문] 경영자들이고 그들은 단기적 이윤보다는 장기적 성장을 추구한다. 마지막으로, J M 케인스가 이론적으로 정당화한 수요 관리 기법 덕분에 정부는 호황과 불황의 양극단을 피하기 위해 경제를 관리할 수 있게 됐다.

스트레이치보다 덜 신중한 크로스랜드는 과거에 마르크스주의 교육을 받은 흔적이 약간 남아 있는데 그가 내린 결론은 "영국에서 '자본주의'에 관해 계속 말하는 것은 오해의 소지가 있는 … 듯하다"는 것이었다. 그는 "바야흐로 영국은 대중적 풍요의 문턱에 서 있다"고 단언했다. 또 사회주의 활동의 요점은 아직 남아 있는 불평등과 빈곤을 점진적으로 제거하는 것이어야 하고 이제 계급투쟁은 영원히 사라졌다며 다음과 같이 말했다. "오늘날 정부와 사용자들이 동맹을 맺고, 임금 삭감이나 전국적 직장 폐쇄, 노동조합을 억압하는 법률 같은 온갖 악랄한 조처들을 이용해서 [노조를] 의도적으로 공격하는 것은 상상조차 할 수 없다."

50년 만에 닥친 최악의 불황기이자 매우 반동적인 보수당 정부 집권기인 1983년에 크로스랜드의 이런 낙관주의를 비웃는 것은 쉬운 일이다. 그렇지만 마르크스의 시대 이후 자본주의가 변했다는 것은 분명하다. 더욱이 제2차세계대전이 끝난 뒤 25년 동안 세계경제는 실제로 계속 호황을 누렸다. 그래서 1948~1973년에 세계의 국민총생산은 3.5배 성장했다. 마르크스의 이론은 [자본주의의] 이런 발전을 설명할 수 있는가?

독점자본의 출현은 《자본론》에 나오는 마르크스의 분석과 모순되긴커녕 그 분석에서 중추적인 것이다. 앞서 봤듯이 마르크스는 자본 간 경쟁 때문에 생산 단위의 규모가 커질 것이라고 주장했다. 이 과정은 상호 연관된 두 가지 형태로 나타난다. 하나는 잉여가치의 축적을 통한 자본의 집적이고 다른 하나는 더 크고 더 효율적인 기업이 더 작고 덜 효율적인 경쟁 기업을 흡수하는 자본의 집중이다.

이렇게 "대자본가의 수가 끊임없이 감소"함과[8] 동시에 법률적 소유 형태도 변화하고 있었다. 그래서 마르크스는 주식회사의 출현을 두고 "자본주의 생산양식 자체의 틀 안에서, 사유재산으로서 자본을 폐지하는 것"이라고 말했고 이를 통해 "실제로 기능하는 자본가는 다른 사람들의 자본을 관리하는 단순한 경영자로 바뀌고, 자본 소유자는 단순한 소유자인 화폐자본가로 바뀐다"고[9] 지적했다.

따라서 유명한 "소유와 경영의 분리"는 마르크스에게 전혀 놀라운 일이 아니었을 것이다.

독점자본은 20세기에 계속 빠르게 성장했다. 예컨대 1970년에 영국의 100대 기업은 제조업 순생산액의 46퍼센트를 차지했다. 제2차

세계대전 이후 대기업들은 점차 국제적으로 영업하면서 사업 범위를 전 세계로 확대했다.

그렇다고 해서 이런 변화들 때문에 기업인들의 행동이 자본가답지 않게 된 것은 아니었다. 그렇지 않다고 주장하는 사람들은 흔히 기업인들의 심리를 강조하는 경향이 있다. 즉, 빅토리아 시대의 자유방임 자본가는 자신을 위해 최대한 많이 차지하려고 든 반면에 20세기 중반의 부드럽고 "사회적 의식이 있는" 경영자는 자신의 개인적 이익보다는 기업을 더 생각한다는 것이다.

이런 묘사는 그것이 얼마나 정확한가 하는 문제는 제쳐 두더라도 현대 자본주의의 성격이라는 핵심 문제와는 아무 상관이 없다. 왜냐하면 앞서 봤듯이 마르크스는, 자본가들이 잉여가치를 뽑아내고 축적할 수밖에 없게 만드는 동역학은 자본가의 개인적 욕망과 관계없고 그들이 한몫을 담당하는 경쟁적 체제의 비인격적 압력 때문이라는 사실을 강조했기 때문이다. 그리고 자본들 사이의 경쟁은 여전히 격렬하게 지속되고 있다. 비록 그 경쟁이 이제는 개별 자본가들 사이의 경쟁이 아니라 다국적기업들 사이의 경쟁이기는 하지만 말이다.

그런 경쟁 환경에서 [자본의] 성공과 실패를 가늠하는 적절한 잣대는 오직 이윤뿐이다. 무엇보다도 재투자를 위한 자금의 원천이 이윤이기 때문이다. 단기적 이윤에서 장기적 성장으로 방향이 바뀌었다는 것은, 실제로 그런 일이 일어났다고 하더라도 이윤 극대화 수단의 변화를 반영하는 것일 뿐, 수익성이라는 목표의 포기를 뜻하는 것은 결코 아니다.

자본주의의 구조에서 일어난 또 다른 중요한 변화는 국가의 구실이 커졌다는 것이다. 자유주의 이데올로기를 신봉하는 사람들의 주장과 달리 19세기에도 국가는 결코 '야경꾼' 구실만 한 것은 아니었다. 그러나 당시 국가의 활동은 대체로 엥겔스가 자본축적의 "외적 조건"이라고 부른 것들(군대, 경찰, 법원, 빈민 구제법 등)을 제공하는 것과 관련 있었다. 그러나 오늘날에는 국가 자체가 국영기업을 통해 상품을 생산하는 대규모 자본가다. 그와 동시에 국가는 노동인구의 많은 부분, 즉 의료·교육·복지 같은 서비스를 제공하는 노동자들을 대부분 고용하고 있다. 마지막으로, 정부는 경제 관리의 전반적 책임을 지고 있다.

이런 발전을 특히 스트레이치는 "통제된 자본주의"의 승리라고 부르며 환영했다. 이제 노동자들은 투표를 통해 정치권력을 이용해서 경제를 자신들에게 이로운 방향으로 이끌 수 있게 됐다는 것이다.

역시 이런 주장들도 1980년대에는 훨씬 신뢰하기 힘들지만 1950년대에는 상당히 그럴듯하게 들렸다. 당시에는 국가가 케인스주의 수요 관리 기법을 통해 경제를 안정된 상태로 계속 유지할 수 있을 것이라고들 생각했다. [그러나] 이제는 세계적 불황 앞에서 국민국가는 무력한 것처럼 보이고, 국가 개입에 반대하는 정치적·이데올로기적 반동으로 말미암아 로널드 레이건과 마거릿 대처 같은 우파 포퓰리스트들이 집권하게 됐다.

국가의 경제활동이 성장한 것은 독점자본주의의 발전과 밀접한 관계가 있다. 개별 기업의 규모가 엄청나게 커지자 기업의 활동을 효과적으로 조정할 필요가 생겼다. 수익성은 없지만 꼭 필요한 산업들, 예컨대 석탄·철도·철강 산업의 국유화로 말미암아 덜 효율적인 자본들에서 더 효율적인 자본들로 잉여가치가 사실상 이전됐다. 그리고 복지국가가 성장한 덕분에 비교적 잘 교육받고 건강한 노동인구의 필요성이 충족될 수 있었다.(대체로 복지국가 자체의 재원은 적어도 영국에서는 노동자의 임금에서 나왔다. 그래서 노동자들은 1950년 대 이후 점차 무거운 세금에 시달렸다.)

이런 변화들 가운데 일부는 조직된 노동운동이 압력을 가한 결과이기도 했다. 예컨대 국가의료서비스NHS는 많은 노동자들이 보기에 사회적 필요가 사적 이윤에 승리한 것을 의미했다. 마르크스가 분석한 공장법의 사례와 마찬가지로, 건강하고 효율적인 노동인구를 원하는 자본의 장기적 이익과 노동자 운동의 요구가 맞아떨어진 것이다.

그러나 마찬가지로 중요한 사실은 국가가 자본의 대외적 이익을 방어하는 구실을 했다는 것이다. 19세기 말에 서방 열강들은 자기들끼리 세계를 사실상 분할했다. 경제적·정치적 영향력을 강화하고자 한 이 투쟁에서 자본가들은 자신들의 이익을 관철하기 위해 국가에 의존했다. 그 결과는 기업들 사이의 경제적 경쟁과 함께 국가들 사이의 군사적 경쟁도 격화했다는 것이다. 결국 이것이 두 차례 세계대전을 촉발했다.

러시아 마르크스주의자 니콜라이 부하린은 제1차세계대전 동안과 직후에 이런 변화들을 분석해서 다음과 같이 주장했다. 자본주의 세계 체제의 출현과 함께 각국 내에서 국가자본주의화 경향이 생겨났다. 국가와 독점자본은 점차 서로 통합돼서 비교적 단일한 국가자본들이 형성됐다. 이런 변화들이 뜻하는 바는 비록 각국의 국민경제는 소수 대기업들의 독점적 지배를 받게 됐다고 하더라도 세계 수준에서는 이 국가자본들 사이의 경쟁이 격화하고 있었다는 것이다. 그러나 이 경쟁은 이제 경제적 경쟁일 뿐 아니라 군사적 경쟁이기도 하다고 부하린은 말했다.

이런 분석은 《자본론》에 나오는 마르크스의 주장을 발전시킨 것이다. 즉, 앞서 봤듯이 자본이 자본으로서 행동하게 만드는 것은 바로 경쟁의 압력이다. 부하린의 분석은 세계 체제의 작용에 관한 통찰을 제공하는데 이 통찰을 바탕으로 우리는 제1차세계대전 이후 [자본주의] 발전의 많은 부분을 설명할 수 있다. 앞서 봤듯이 바로 이런 군사적 경쟁 압력 때문에 소련 지배자들은 축적을 위한 축적을 자신들의 핵심 동기로 삼을 수밖에 없었던 것이다.

국가자본들 사이의 군사적 경쟁은 1950~1960년대에 세계경제가 비교적 안정을 누리고 번영하는 데 결정적 구실을 하기도 했다. 파괴수단을 생산하는 데 자원이 유용되다 보니, 역설이게도 자본주의 체제를 경제 위기에 빠뜨리는 압력이 어느 정도 완화됐기 때문이다.

왜 그런지를 이해하려면 먼저 마르크스가 경제를 두 주요 부문, 즉 생산수단을 생산하는 1부문과 소비재를 생산하는 2부문으로 나눴다는 사실을 떠올려야 한다. 이 두 부문에서 생산되는 상품들은 마르크스가 말했듯이 생산적으로 소비된다. 다시 말해 더 많은 상품을 생산하는 데 사용된다. 더 많은 상품을 만들려면 생산수단(기계류와 사회 기반 시설 등)이 필요하다는 것은 분명하다. 그러나 소비재도 노동력이 존속하고 효율적으로 작업하도록 하는 데 사용된다[즉, 생산적으로 소비된다].

그러나 경제의 셋째 부문도 있는데 마르크스는 이것을 2b부문이라고 불렀지만 보통은 3부문이라고들 부른다. 이 부문의 생산물은 생산적으로 소비되지 않는다. 마르크스 자신은 사치품 생산이 그렇다고 생각했다. 사치품은 자본가들이 그냥 소비할 뿐 추가 생산에는 아무 기여도 하지 않는다. 자본가가 사치품을 얻는 데 사용한 잉여가치는 그러지 않았다면 [생산에] 재투자됐을 것이기 때문이다. 무기도 원칙적으로 사치품과 똑같다. 무기는 다른 상품을 만드는 데 사용되지 않는다. 무기는 기껏해야 낡아서 쓸모없게 될 때까지 무기고에 그냥 쌓여 있거나 최악의 경우에는 사람을 죽이고 물건이나 시설을 파괴하는 데 사용된다. 무기 생산은 낭비적 생산이다.

앞서 봤듯이 경쟁의 효과는 자본들이 생산방법을 개선하는 데 잉여가치를 재투자하도록 강요한다는 것이다. 그러면 자본의 유기적 구성, 즉 총투자에서 생산수단이 차지하는 비중은 높아지고 이윤율은 떨어진다. 그러나 낭비적 생산은 이 과정을 상쇄한다. 노동생산성을 향상시키는 데 투자돼서 자본의 유기적 구성을 상승시켰을 수도 있는 잉여가치가 비생산적으로 유용되기 때문이다. 마르크스는 다음과 같이 썼다. "전쟁의 효과는 자명하다. 전쟁은 경제적으로는 한 나라가 자기 자본의 일부를 바다에 빠뜨리는 것과 마찬가지이기 때문이다."[10] 상품생산에서 자본을 일부 제거하게 되면 경제 위기를 만들어 내는 압력이 약해진다.

더욱이, 가치가 생산가격으로 바뀌는 전형 문제에 관한 마르크스의 설명을 수정한 결과를 보면, 3부문의 이윤율은 일반적 이윤율의 형성에 아무 영향을 미치지 않는다. 이것이 뜻하는 바는, 무기를 생산하는 부문에서 자본의 유기적 구성이 다른 부문보다 더 높더라도 이 때문에 일반적 이윤율이 떨어지지는 않는다는 것이다. 3부문은 다른 두 부문의 생산물을 위한 시장을 제공하면서도 자본 전체의 수익성을 악화시키지 않을 수 있다.

무기 생산의 이런 안정화 효과는 이미 1930년대에 분명히 드러났다. 당시 가장 먼저 재무장한 두 나라, 즉 독일과 일본은 가장 먼저 불황에서 회복돼 완전고용을 달성한 나라들이기도 했다. 영국이나 미국 같은 나라들은 제2차세계대전이 시작하고 전시경제로 전환하고 난 뒤에야 비로소 독일과 일본 같은 성과를 낼 수 있었다.

그러나 낭비적 생산이 진가를 발휘한 것은 제2차세계대전이 끝나고 동방과 서방의 군사적 경쟁에서 비롯한 이른바 '상시 무기 경제'가* 출현하면서부터였다. 소련과 미국 모두 국민총생산의 많은 부분, 즉 이전의 평화 시 기준으로 보면 엄청나게 많은 부분을 무기 생산과 사용에 쏟아부었다. 이것이 [자본주의 체제를] 안정화하는 효과는 자본의 유기적 구성 저하와 이윤율의 안정 또는 상승으로 나타났다. 세계 자본주의는 전례 없는 대규모 장기 호황을 누렸다.

---

*   permanent arms economy. 상시 군비 경제라고도 한다.

장기 호황은 영원히 계속될 수 있을 것처럼 보였다. 이런 기적 같은 성과는 케인스가 경제학적으로 훌륭하게 정리한 국가 예산 관리 방법 덕분으로 돌려졌다(그러나 1930년대 미국에서 프랭클린 루스벨트가 '뉴딜' 정책을 추진하면서 이런 방법들을 사용했지만 1937~1938년에 1929년의 월스트리트 주가 폭락 후의 대불황보다 훨씬 더 심각한 경제적 붕괴가 오는 것을 막을 수 없었다). 마이클 스튜어트는 케인스의 제자들 가운데 한 명이고 [영국] 사회민주당 지도자인 데이비드 오언의 고문이기도 한데 《케인스 이후》라는 대중적 입문서에서 다음과 같이 썼다. "기본적 사실은, 《일반 이론》[케인스의 주요 저작 — 지은이]이 널리 받아들여지면서 이제 선진국에서 통제할 수 없는 대량 실업의 시대는 끝났다는 것이다. 다른 경제 문제들은 여전히 위협이 될 수 있겠지만, 적어도 이 문제 하나만은 과거지사가 됐다."

오늘날 우리는 "선진 공업국"에만 3000만 명이 넘는 "통제할 수 없는 대량 실업"이 존재한다는 사실을 잘 알고 있다. 1970~1980년대의 불황은 마르크스가 《자본론》에서 밝혀낸 경제 위기 경향이 되살아났다는 사실을 보여 준다.

무기 경제의 부담은 불균등하게 분배됐다. 서방 진영에서는 미국과 영국의 부담이 가장 컸다. 이것이 뜻하는 바는 독일과 일본 같은 나라들은 대규모 생산적 투자에 모든 자원을 쏟아부을 수 있었고 그 덕분에 세계시장에서 다른 나라들을 앞지를 수 있었다는 것이다. 미국의 경제적 우위는 점차 약화하더니 결국은 미국 지배자들이 받아들일 수 없는 지경에 이르렀다. 1960년대 말과 1970년대 초에 미국은 자본을 생산적 투자로 전용하고자 군비 지출을 크게 축소했다. 그 결과 세계 수준에서 [경제적] 경쟁이 엄청나게 격화했고 자본의 유기적 구성이 급격히 상승했으며 이윤율이 떨어졌다. 1973~1974년에 석유 가격이 4배로 폭등하자 1930년대 중반 이후 처음으로 진정한 세계적 불황이 시작됐다.

지배계급 가운데 더 똑똑한 자들은 불황의 근본적 원인을 잘 알고 있다. 〈파이낸셜 타임스〉는 최근 다음과 같이 인정했다. "전후의 호황이 1960년대 말부터 점차 사라지기 시작한 것은 흔히 생각하듯이 1973~1974년의 석유파동 때문이 아니었다. 근본적 추세를 가장 분명히 보여 주는 지표는 … 이윤율이다. 1960년대 말에 이미 많은 주요 경제 대국에서 이윤율이 크게 떨어졌다는 것이 분명해졌다." 〈파이낸셜 타임스〉의 칼럼니스트이자 유명한 통화주의 옹호론자인 새뮤얼 브리턴은 이런 세계적 이윤율 저하를 설명할 수 없다고 실토했다. "왜 사용자들은 경기순환이 되풀이될 때마다 자신들의 이윤을 낮출 수밖에 없었는가? … 나는 이 과정을 제대로 이해하고 있다고 결코 확신하지 못한다."

주요 부르주아 전문가들이 골머리를 앓게 만든 그 문제의 해답은 오직 마르크스의 《자본론》에서만 찾아볼 수 있다. 전 세계적 경쟁 압력 때문에 자본주의 기업과 국가들은 최신 기술에 대대적으로 투자를 할 수밖에 없었다. 투자 비용이 노동인구의 규모보다 훨씬 더 빠르게 상승했다. 그런데 [자본주의] 체제의 토대인 잉여가치는 바로 노동자들이 생산하기 때문에 결국 이윤율이 떨어졌던 것이다.

경제 위기에서 쉽게 빠져나올 방법도 없다. 지금 자본주의 경제는 취약해진 상태다. 따라서 과거와 똑같은 수준의 군비 지출, 예컨대 1950년대에 미국이 국민총생산의 많은 부분을 무기에 쏟아부은 것과 같은 수준의 엄청난 군비 지출 증대를 감당하기가 힘들다. 그리고 어떤 국가든 이런 [군비] 부담을 많이 지게 되면 시장 경쟁에서 손해를 입을 것이다.

더욱이 [자본주의] 체제가 오래될수록 개별 자본의 규모가 커진다. 이것이 뜻하는 바는 기업들이 파산하면 직접 관련된 자본뿐 아니라 국가자본도 값비싼 대가를 치러야만 한다는 것이다. [영국의 자동차 회사인] 브리티시레일랜드가 전형적 사례인데 이 회사가 무너지면 수십만 개의 일자리가 날아갈 뿐 아니라 영국의 자동차 산업 자체가 붕괴할 것이다. 따라서 그 정치 성향이 어떻든 모든 정부는 이런 기업들의 파산을 막기 위해 개입할 수밖에 없는 것이다.

그 결과, 이제 불황은 과거처럼 자본을 대거 파괴해서 이윤율을 적정 수준으로 회복시켜 주는 구실을 더는 할 수 없게 됐다. 이것은 상시적 물가 오름세 현상에 반영돼 있다. 전에는 물가가 호황기에는 오르고 불황기에는 떨어졌다. 그런데 이제는 계속 오르기만 한다. 변동하는 것은 오직 물가가 오르는 비율뿐인데 호황기보다 불황기에 더 느리게 오를 뿐이다. 호황기에 생겨난 문제들이 이제는 불황기에 해결되지 않는다. 그래서 경제 호황은 짧고 미약하고 불확실한 반면, 불황은 장기적이고 심각하고 전면적이다.

개별 국가들이 세계적 경제 위기의 효과를 무시할 수 있는 능력은 자본주의의 국제적 성격 증대 때문에 크게 약해졌다. 다국적기업들만이 국경을 넘나들며 투자와 화폐를 이동해 정부의 통제를 피할 수 있는 것은 아니다. 1945년 이후 다국적기업들을 지원하는 방향으로 변모해 온 금융 제도도 점차 국제적으로 통합돼서 국민국가의 통제를 벗어났다.

이런 변화가 때로는 득이 될 수도 있다. 예컨대 1974~1975년 불황 때 서방 은행들은 제3세계에 대한 대출을 크게 늘려서 불황으로 인한 손실을 만회할 수 있었다. 그러나 이것은 1980년대 초에 자업자득이 되고 말았다. 폴란드·아르헨티나·브라질·멕시코 같은 나라들의 악성 부채 때문에 주요 서방 은행들이 파산 위기에 몰린 것이다. 그 은행들이 파산했다면 거의 틀림없이 1930년대의 최악의 불황보다 훨씬 더 심각한 불황이 닥쳤을 것이다. 따라서 《자본론》 3권에서 마르크스가 한 주장, 즉 신용 제도는 자본축적의 모순을 해소하는 것이 아니라 지연시킬 뿐이라는 주장이 옳다는 것을 알 수 있다.

노동계급

오늘날 마르크스를 비판하는 데 사용되는 셋째 논거는 노동계급이, 적어도 마르크스가 생각한 것과 같은 노동계급이 더는 존재하지 않는다는 것이다. 다시 말해 육체 노동계급은 이제 노동인구 가운데 소수일 뿐이고 노동인구의 대다수는 중간계급의 생활수준과 생활양식을 누리는 화이트칼라 노동자들이며, 실질임금은 마르크스의 예상과 반대로 지난 세기에 꾸준히 상승했다는 것이다. 이런 경제적 변화로 말미암아 이제 계급 분열은 흐려져서, 오늘날의 산업사회(더 정확히 말하면, '탈산업사회')는 서로 적대적으로 대결하는 부르주아지와 프롤레타리아로 이뤄진 것이 아니라 대체로 엄청나게 많은 무정형의 중간계급으로 이뤄져 있다고들 한다.

그런 분석은 1950년대에는 노동당의 크로스랜드 같은 '수정주의' 이론가들이 열심히 주장했다. 최근 영국에서 그런 주장을 되살린 것은 사회민주당이다. 계급 없는 급진 정당을 자처하는 이 당은 오늘날의 새로운 사회에는 쇠퇴하는 노동당의 정치보다는 자신들의 정치가 더 잘 맞는다고 주장한다. 그러나 일부 마르크스주의자들도 그런 주장을 하고 있다. 예컨대 독일의 사회학자[사회주의자의 오타인 듯하다]인 루돌프 바로는 최근에 "프롤레타리아여, 안녕!"이라고 선언했다.

이런 분석과 주장을 비판하는 사람들이 지적했듯이 그런 주장은 소비 문제에 초점을 맞춘다. 다시 말해 전통적 노동계급의 생활양식이 일부 중간계급의 생활양식과 비슷해졌기 때문에 자본주의가 더는 존재하지 않는다는 것이다. 그러나 마르크스는 주로 생산관계에 초점을 맞췄고 이 생산관계를 바탕으로 자신의 계급 이론을 구축했다.

이것과 연결된 문제가 하나 있다. 마르크스에게 계급은 이론적 개념이지 [현상을 묘사하기 위한] 서술적 범주가 아니었다. 다시 말해 그의 관심사는 사회의 근본적 실재를 규명하는 것이었지 단지 사물이 어떻게 보이는지를 묘사하는 것만은 아니었다. 그러나 마르크스를 비판하는 많은 사람들은 상당히 피상적인 변화들, 예컨대 많은 노동자가 차를 갖고 있다거나 주택 융자를 받게 됐다는 사실에 주목했다. 그들은 현대 자본주의에서 부와 권력의 분배라는 근본적 문제를 정면으로 다루지 않는다.

한 개인이 어느 계급에 속하는지는 생산관계에서 차지하는 위치에 따라 결정된다고 마르크스는 주장했다. 이것은 계급을 하나의 사회 관계로 본다는 말이다. 문제는 어떤 종류의 일을 하는지가 아니라 계급사회의 핵심에 있는 적대적 착취 관계에서 어느 편에 속하는지다. 그래서 마르크스는 먹고살기 위해 노동력을 주기적으로 판매할 수 밖에 없는 사람은 누구든지 비록 육체노동 종사자가 아니더라도 노동계급의 일원이라고 생각했다.

이 문제는 다양한 각도에서 볼 수 있다. 마르크스는 생산적 노동과 비생산적 노동을 구별했다. 그는 "자본가를 위해 잉여가치를 생산하는 노동자만이 생산적 노동자다"[11] 하고 썼다. 많은 임금노동자가 잉여가치를 생산하지 않는다. 마르크스 시대에 이런 비생산적 노동자의 중요한 사례는 가내 하인이었는데 당시 그들은 노동인구 가운데 가장 큰 단일 집단이었다. 그들은 잉여가치를 체현한 상품을 생산하지 않고, 유산계급에게 개인적 서비스를 제공하고 그 계급의 수익 일부를 임금으로 받았다. 마르크스의 생산적 노동 이론에는 몇 가지 난점도 있지만, 매우 분명한 사실은 그가 상품을 생산하는 일에 종사하는 임금노동자는 (상품을 최종 소비 지점까지 수송하는 임금노동자도 포함해서) 모두 생산적 노동자로 여겼다는 것이다.

여기서 두 가지 중요한 점을 지적해야겠다. 첫째, 많은 생산적 노동자는 육체 노동자가 아니다. 마르크스는 "집단적 노동자"의 발전과 함께 "점점 더 많은 종류의 노동이 **생산적 노동의 직접적 개념에 포함되고**, 그런 노동을 하는 사람들은 **생산적 노동자로**, 즉 자본에 직접 고용되고* 자본의 생산과 증식 과정에 종속되는 노동자로 분류된다"고[12] 주장했다. 이런 사례로 마르크스는 관리자·엔지니어·기술자를 들었다.

둘째, "모든 생산적 노동자는 임금노동자이지만, 모든 임금노동자가 생산적 노동자인 것은 아니다."[13] 그러므로 노동계급 중에는 생산적 노동자가 아닌 노동자도 많다. 마르크스는 상점 점원을 예로 들었는데, 상점 점원은 상품을 생산하지는 않지만, 그의 노동 덕분에 그를 고용한 상인은 상품유통에서 하는 구실을 통해 총잉여가치의 일부를 차지할 수 있게 된다.

첫째, 그[상점 점원]의 노동력을 구매하는 돈은 상인의 수익에서 지출하는 것이 아니라 상인의 가변자본이고, 따라서 그의 노동력은 개인적 서비스를 위해 구매되는 것이 아니라 그것에 투자된 자본의 가치 증식을 위해 구매된다. 둘째, 그의 노동력의 가치, 따라서 그의 임금은 다른 임금노동자들의 경우와 마찬가지로 결정된다. 즉, 그의 노동의 생산물에 의해 결정되는 것

---

* 캘리니코스의 원문은 employed(고용되고)인데 exploited(착취당하고)의 오타인 듯하다.

이 아니라 이 독특한 노동력의 생산비와 재생산비에 의해 결정된다.[14]

마르크스는 더 나아가, 상인의 비용이 적을수록 그는 다른 곳에서 창조된 잉여가치를 더 많이 자기 자본으로 얻을 수 있을 것이고, 따라서 그는 자신이 고용한 점원들한테서 무보수 노동을 최대한 많이 쥐어짜는 것이 이익이 된다고 주장했다. 그러므로 상점 점원은 잉여가치를 생산하지는 않지만 생산적 노동자와 처지가 똑같다.

이와 같이, 마르크스가 생각한 노동계급은 통념과 달리 공장의 육체 노동자들이 아니라, 자신의 생활 조건 때문에 어쩔 수 없이 노동력을 판매해야만 하는 모든 사람들 그리고 그들한테서 무보수 노동을 최대한 많이 뽑아내려고 애쓰는 사용자의 끊임없는 압력에 시달리며 일해야 하는 모든 사람들이다. 노동계급을 정의하는 기준은 어떤 종류의 노동을 하는지가 아니라 생산관계에서 어느 위치에 있는지다.

이 점을 파악하는 것이 중요한 이유는 마르크스 시대 이후 노동인구의 구조가 극적으로 변화했기 때문이다. 영국의 수치는 세계적 추세를 고스란히 보여 준다. 1911년에는 [영국의] 전체 노동인구의 75퍼센트가 육체 노동자였다. 그러나 1979년에 그 비율은 48퍼센트까지 떨어졌다. 이런 변화가 뜻하는 바는 오늘날 영국 노동인구의 다수가 화이트칼라 노동자라는 것이다.

제1차세계대전 이후 전체 노동인구에서 차지하는 비중이 급격히 증가한 집단이 둘 있다. 하나는 직업 사다리의 꼭대기에 있는 집단,

즉 전문가·경영자·관리자들이다. 이들은 오늘날 전체 노동인구의 거의 30퍼센트를 차지한다. 이들 가운데 상당수는 과학자, 엔지니어, 연구소의 기술자·기사·연구원 등인데 이들은 모두 20세기에 규모가 급증한 집단들이다. 이들은 대부분 마르크스의 용어로 말하면 생산적 노동자다. '하층 전문직'의 다수는 교사와 간호사들인데 그들의 급여와 노동조건을 감안하면 그들은 임금노동자로 봐야 한다. 나머지 집단은 이른바 '신중간 계급' 또는 '서비스 계급'인데 이들이 하는 일은 매우 복잡한 선진 자본주의 경제를 관리하는 것이다. 이들은 직장 동료들보다 소득 수준도 높고 권한도 많아서 노동계급과 분리되고 소외된 집단을 이루게 된다.

비중이 급격히 증가한 또 다른 집단은 사무직 노동자들인데 그들은 1911년에는 전체 노동인구의 5퍼센트였지만 1979년에는 16퍼센트까지 늘어났다. 이들의 압도 다수는 여성이다. 전체 여성 피고용인의 거의 40퍼센트가 이 범주에 속한다. 하나의 임금노동자 집단으로서 이들은 육체 노동자들과 처지가 비슷하다. 실제로 사무직 노동자들의 소득은 많은 육체 노동자들보다 낮은 반면, 신기술의 대규모 도입에 따른 "사무의 산업화" 때문에 그들의 노동조건은 점차 반#숙련 육체 노동자들과 비슷해지고 있다.

그렇다면 실제로 일어난 일은 노동계급이 사라진 것이 아니라 노동계급의 구조가 바뀌었다는 것이다. 앞서 내가 묘사한 변화들은 사실, 마르크스가 분석한 자본주의 발전 경향들의 결과다. 노동생산성 향상과 이에 따른 자본의 유기적 구성 상승(노동생산성 향상이 가치 측면에서 표현된 것이다) 때문에 20세기 초보다 더 적은 수의 생산적 노동자들이 훨씬 더 많은 상품을 생산할 수 있게 됐기 때문이다.

이 과정은 단지 육체노동에서 화이트칼라 노동으로의 전환뿐 아니라 이에 따른 경제구조의 변화도 설명해 준다. 이른바 '탈산업화' 현상, 즉 제조업과 광업 같은 1차 산업이 경제에서 차지하는 비중의 감소 현상이 많은 주목을 받았다. 오늘날 영국 노동인구의 다수는 소비할 수 있는 재화가 아니라 서비스를 생산하는 서비스산업에서 일한다. 서비스산업은 호텔과 음식 공급업 같은 사적 소유 형태도 있고 국가의료서비스처럼 국가의 일부인 것도 있지만 대체로 물질적 생산과정에 포함되지 않는다는 공통된 특징이 있다.

이런 발전도 노동생산성 향상을 반영한다. 100년 전보다 생활수준이 훨씬 높아졌지만 물질적 생산에 필요한 사람 수는 훨씬 줄어들었기 때문이다.

그러나 이런 성과는 대가를 치르고 얻은 것이었다. 생산성 향상은 노동강도 강화, '합리화', 많은 숙련노동의 제거를 의미했다. 오늘날 미숙련 육체 노동자의 비율은 20세기 초보다 더 높다. 공교육이 상당히 개선되고 노동과정이 기술적으로 훨씬 더 정교해졌는데도 그렇다. 많은 반숙련 노동자들은 기껏해야 몇 주간의 훈련만 받으면 자기 일을 해낼 수 있는 기계 관리인일 뿐이다.

더욱이, 새로운 서비스산업의 노동자들은 결코 특권을 가진 엘리트들이 아니다. 예컨대 호텔은 임금이 낮고 노동조합을 반대하는 것으로 악명이 높다. 공공 부문 노동자들의 다수는 타자원, 환경미화원, 병원의 보조 노동자, 간호사, 세탁부 등인데 이들 가운데 특별히 고임금을 받는 집단은 전혀 없다. 지난 15년간의 발전 가운데 가장 중요한 것 하나는 공공 부문 노동자들이 가장 투쟁적인 노동조합운동 부문으로 탈바꿈했다는 것이다.

지난 세기에 실질임금이 상당히 올랐다는 사실도 마르크스의 분석과 모순되지 않는다. 앞의 여러 장章에서 보여 줬듯이 마르크스는 '임금철칙설'을 거부했다. 임금철칙설에 따르면 노동자들은 육체적 생존 비용 이상의 임금을 받을 수 없다. 자본주의 생산의 가장 중요한 경향, 즉 자본의 유기적 구성이 상승하는 경향을 논하면서 마르크스는 다음과 같이 썼다. "그렇다고 해서 노동자들이 자신들의 소득을 끌어내는 기금이 **절대적으로** 감소한다는 것은 아니다. 그 기금은 노동자들이 생산하는 총생산물에 비해 **상대적으로** 감소할 뿐이다."[15] 바로 이것이 마르크스의 시대 이후에 일어난 일이다. 즉, 노동생산성의 엄청난 향상이 뜻하는 바는 총생산물 가운데 노동자들이 차지하는 몫이 줄어들었는데도 노동자들의 생활수준은 절대적 측면에서 상승했다는 것이다. 예컨대 전후 미국 경제를 연구한 어떤 자료를 보면 잉여가치율이 상당히 높아졌음을 알 수 있다.

부의 분배를 분석한 자료들은 이 문제에 관한 매우 불완전한 지침 구실을 할 뿐이다. 부유한 사람들은 세금이 많이 나올까 봐 두려워서 자기 재산을 숨기는 데 강력한 이해관계가 있기 때문이다. [그러나 부의 분배를] 계산한 어떤 자료를 보면 1911년 영국 인구 가운데 가장 부유한 5퍼센트가 전체 개인 재산의 87퍼센트를 소유하고 있었는데 1960년에는 그 비율이 95퍼센트였다. 1954년에, 즉 크로스랜드와 스트레이치가 자본주의는 시들어 죽고 있다고 선언한 바로 그때 전체 주주 가운데 1퍼센트가 주식과 채권의 81퍼센트를 소유하고 있었다. 소수가 여전히 경제를 통제하고 있다는 것은 의문의 여지가 없다.

자본주의의 계급 체제 역시 고스란히 남아 있다. 노동계급의 구조에서 중요한 변화들이 일어남과 동시에, 처음에는 독점자본의 발전, 지금은 다국적자본의 발전으로 말미암아 경제적 집중이 증대했다. 노동계급은 선진 자본주의 나라들에서 인구의 압도 다수다. 심지어 명백히 노동계급의 일부인 전문직을 많이 제외하더라도 1979년에 영국 노동인구의 64퍼센트가 육체 노동자와 사무직 노동자였다.

이런 분석을 받아들이면서도 미래의 추세가 노동계급을 약화시킬 것이라고 주장하는 일부 사람들도 있다. 그들은 자동화의 확산, 많은 제조 공장에 로봇 도입, 그리고 새로운 정보 기술 덕분에 많은 노동자들이 이제 자신이 소유한 컴퓨터를 사용해 집에서 일하는 '재택근무자'가 될 가능성을 지적한다.

이런 추세가 존재한다는 것은 의문의 여지가 없지만 그 중요성은 크게 과장돼 있다. 예컨대 '재택근무'는 극소수의 고임금 화이트칼라 노동자들에게나 적용할 수 있을 것이다. 컴퓨터가 갑자기 모든 공동 주택에 등장할 것 같지도 않고 광원들이나 병원의 환자 이동 담당자가 집에서 일을 할 수 있을 것 같지도 않다.

로봇의 도입은 훨씬 더 중요할 수 있다. 이미 자동차 산업에서는 용접 같은 작업에 로봇이 사용되고 있다. 그러나 여기서도 추세를 과장하기가 쉽다. 기존의 로봇들은 유연하지 못하고 흔히 고장 난다. 이런 문제점들이 극복된다고 하더라도 완전히 자동화한 공장에는 그 공장을 감독하고 프로그램을 짤 노동자들이 필요할 것이다. 그리고 이 노동자들은 엄청난 경제적 힘을 갖게 될 것이다.

어쨌든 "탈산업화" 운운하는 것은 여러모로 약간 편협한 이야기다. 서방 제조업의 합리화는 많은 노동 유형이 (값싼 노동력이 풍부한) 제3세계의 '신흥공업국들'로 이전되는 과정의 일부이기 때문이다. 이 점은 철강·조선·섬유 산업 등에서 이미 분명히 드러났다. 지난 몇 년 동안 더 발전된 '후진국' 여러 곳에서, 예컨대 이란·폴란드·브라질·남아공·한국·인도 등지에서 노동계급이 중요한 구실을 한 사회적 투쟁들이 크게 벌어졌다. 자본주의의 세계적 확장과 재조직은 자본주의가 만들어 낸 노동계급의 조직화와 저항도 자극할 수밖에 없다. 제1세계나 제2세계에서 그랬듯이 제3세계에서도 분명히 부르주아지는 자기 무덤을 파는 사람들을 만들어 내고 있다.

결론

자본주의의 본성은 바뀌지 않았다. 자본주의는 여전히 노동계급을 착취하는 것에 바탕을 두고 있고 끊임없이 경제 위기에 시달린다. 이런 분석에서 마르크스가 끌어낸 결론, 즉 노동계급은 자본주의 체제를 전복하고 그것을 계급 없는 사회로 대체해야 한다는 결론은 그의 시대보다 오늘날 훨씬 더 절박하다. 자본들 사이의 경쟁이 갈수록 군사적 경쟁의 형태를 띠면서 이제는 지구의 생존 자체를 위협하고 있기 때문이다.

마르크스 사망 100주년인 지금 전쟁의 불길이 전 세계에서(레바논, 이란과 이라크, 캄보디아, 남아프리카, 아프리카의 뿔,* 아프가니스탄, 남대서양 등지에서) 타오르고 있다. 엄청나게 많은 핵무기를 쌓아두고 있는 초강대국들이, 즉 한편에서는 소련이 미사일 위협을 가하고 다른 한편에서는 미국이 '제한적'이고 '장기적인' 핵 전쟁을 운운하는 것 때문에 인류 전체에게 암운이 드리워져 있다.

우리가 경제 불황과 전쟁의 광기에 시달리는 세계를 변화시키고자 한다면, 서방에서는 3000만 명이 실업 급여를 받으려고 줄을 서 있고 제3세계에서는 8억 명이 굶주리고 있는 이 세계를 변화시키고자 한다면, 사회주의 혁명은 필수적이다. 바로 이 때문에 마르크스의 사상은 100년 전보다 오늘날 더 적절하다. [마르크스가 사망한] 1883년 이후 자본주의는 지구상의 모든 지역을 확고하게 장악했고 결국 부패했다. 그래서 핵전쟁을 통해 파멸하든 아니면 노동계급의 손에 파괴되든 자본주의는 파멸할 지경에 이르렀다. 이제 선택은 노동자 권력인가 아니면 "투쟁하는 계급들이 함께 몰락하는 것"인가다. 즉, 사회주의인가 아니면 야만인가다.

---

* 소말리아·에티오피아·지부티 3개국을 포함하는 아프리카 북동부 지역.

세계의 현재 상태를 바로잡기 위해 진정으로 뭔가를 하고 싶은 많은 사람들은 노동계급을 강조하는 우리의 이런 주장이 너무 협소하다고 생각한다. 핵무기의 존재는 노동자든 자본가든 그 누구든 모든 사람을 위협한다는 것이다. 모든 사람에게 영향을 미치는 문제를 바로잡는 일에는 모든 계급이 동참해야 하지 않겠는가?

[그러나] 이런 생각이 무시하고 있는 것은 에드워드 톰슨이 말한 '절멸주의', 즉 어마어마한 군사 기구들이 서로 군비 경쟁을 벌이는 것이 오늘날 자본주의의 작동에서 필수적 일부라는 사실이다. 정신이 온전한 자본가라면 어느 누구도 핵전쟁을 바라지 않을 것이다(물론 핵전쟁은 예수 재림의 서곡이 될 것이라고 믿는 일부 정신 나간 자본가들이 오늘날 미국의 영향력 있는 요직에 앉아 있기는 하다). 그러나 제정신이든 정신이 나갔든 모든 자본가는 국민국가들 사이의 군사적 경쟁과 밀접한 관계가 있는 경제체제의 일부다. 오직 자본주의를 폐지하는 데 이해관계가 있고 그럴 힘이 있는 계급만이 지구의 종말을 향한 행진을 멈출 수 있다.

마르크스는 항상 노동계급이라는 계급은 자신이 스스로 해방되는 것이 곧 인류 전체의 해방이기도 한 계급이라고 생각했다. 마르크스가 평생을 바쳐 헌신한 사회주의 혁명은 노동계급의 해방인 동시에 모든 피억압·피착취 사회집단의 해방일 수밖에 없다.

마르크스의 견해가 진리라는 것을 인정하는 사람들은 단지 지적 활동에 만족할 수 없다. 이런 종류의 사람들, 즉 트로츠키의 표현을 빌리면 《자본론》의 지적 신용으로 먹고사는 데 만족하는 마르크스주의자들이 너무 많다. 우리는 그저 세계를 관찰하기만 해서는 안 되고 마르크스가 그랬듯이 노동계급의 삶과 투쟁 속에서 혁명적 정당을 건설하는 실천적 임무에 투신해야 한다. 마르크스는 "지금까지 철학자들은 세계를 해석해 왔다. 그러나 중요한 것은 세계를 변화시키는 것이다" 하고 썼다. 마르크스주의가 옳다면 그것을 바탕으로 행동해야 한다.

더 읽을거리

마르크스와 엥겔스의 저작들

소련의 과거 안 좋았던 시절에 모스크바의 프로그레스 출판사
는 훌륭한 《마르크스·엥겔스 선집》을 한 권짜리와 세 권짜리로 펴
낸 바 있다. 또 프로그레스 출판사는 영국의 로렌스 앤 위샤트 출판
사, 미국의 인터내셔널 퍼블리셔스 출판사와 협력해서 50권짜리 영
어판 《마르크스·엥겔스 전집》도 펴냈다. 이 전집은 소련이 역사 속으
로 사라지고 난 지 한참 뒤인 2005년에야 비로소 완성됐다. 경이로
운 〈마르크시스트 인터넷 아카이브〉 웹사이트 덕분에, 이 세 판본
의 내용을 모두 www.marxists.org에서 찾아볼 수 있다(물론 〈마
르크시스트 인터넷 아카이브〉는 인쇄판 《전집》이 더 신뢰할 만하다
고 경고하고 있다). 따라서 마르크스의 저작들을 구하는 일은 과거
어느 때보다 더 쉬워졌다.

펭귄 출판사는 《뉴 레프트 리뷰》와 손잡고, 《정치경제학 비판 요강》[1]과 현대어로 번역이 잘된 《자본론》 1~3권[2]을 출판했다(후자는 전자책 킨들로도 읽을 수 있다). 버소 출판사는 원래 펭귄 출판사가 펴냈던 훌륭한 세 권짜리 《마르크스 정치 저작선》(《1848년 혁명》, 《망명 시절의 저작들》, 《제1인터내셔널 이후》)을 인수해서 출판했다. 이 판본들과 〈마르크시스트 인터넷 아카이브〉에서 찾아볼 수 있는 마르크스와 엥겔스의 저작들은 대체로 완전한 형태이기 때문에 다른 판본이나 자료들보다 더 낫다고 할 수 있다. 다른 판본이나 자료들은 취사선택해서 발췌한 것들이라 마르크스의 사상에 관한 그릇된 인상을 심어 줄 위험이 크다.

마르크스를 이해하는 가장 좋은 출발점은 《공산당 선언》[3]이다. 엥겔스의 《공상적 사회주의와 과학적 사회주의》[4]는 마르크스의 사상을 역사적 맥락 속에서 간결하게 요약했다.

마르크스가 유물론적 역사관을 정확히 서술한 저작은 1859년에 펴낸 《정치경제학 비판을 위하여》[5] '서문'이다. 이 글은 어느 정도는 《독일 이데올로기》[6] 1부를 요약해 놓은 것이라고 할 수 있는데, 역사

---

1   국역: 《정치경제학 비판 요강》 1~3권, 그린비, 2007.

2   국역: 《자본론》 1~3권, 비봉출판사, 2015.

3   국역: 《공산당선언》, 여러 판본이 있다.

4   국역: 《공상에서 과학으로》, 범우사, 2006.

5   국역: 《정치경제학 비판을 위하여》, 중원문화, 2017.

6   국역: 《독일 이데올로기》, 두레, 2015. .

유물론은 《독일 이데올로기》에서 처음으로 거의 성숙한 형태로 나타났다.(《독일 이데올로기》의 1부는 로렌스 앤 위샤트 출판사가 다른 유용한 단편들과 함께 따로 펴냈다. 《전집》 5권 전체를 차지하는 《독일 이데올로기》에서 1부를 제외한 부분은 마르크스와 청년헤겔학파 사이의 이해하기 힘든 말다툼에 관심이 있는 사람이 아니라면 아예 읽지 않는 것이 좋다.)

마르크스의 《임금, 가격, 이윤》[7]은 노동가치론의 입문서로 가장 좋은 책이다. 《임금노동과 자본》[8]도 좋은 출발점이다. 그렇지만 마르크스 필생의 역작은 어쨌든 《자본론》이다. 《자본론》을 맛보기로 읽고 싶은 사람은 1권을 읽는 것이 좋다. 1권은 2권이나 3권보다 훨씬 더 역사적이고 구체적이기 때문이다. 《자본론》은 펭귄판이 가장 좋다. 상품을 다룬 1권 1장을 읽다가 질린 사람이라면, 1편을 건너뛰고 먼저 《임금, 가격, 이윤》을 읽고 나서 《자본론》 1권 2편 이하를 읽은 뒤에 다시 1편으로 돌아오는 것이 낫다.

부르주아 사회를 해부해서 글을 쓰는 마르크스의 재능은 프랑스를 다룬 저작들, 특히 《루이 보나파르트의 브뤼메르 18일》[9]에서 가장 잘 드러난다. 그러나 마르크스의 국가론은 《프랑스 내전》[10]과 엥

---

7 국역: 《임금, 가격, 이윤》, 새날, 1990.

8 국역: 《임금 노동과 자본》, 범우사, 2008.

9 국역: 《루이 보나파르트의 브뤼메르 18일》, 비르투출판사, 2012.

10 국역: 《프랑스 내전》, 박종철출판사, 2003.

겔스의 《가족, 사유재산, 국가의 기원》[11]에서 훨씬 더 발전된 형태로 나타난다(《프랑스 내전》은 마르크스가 최종 담화문을 작성하기 전에 쓴 중요한 초안들이 포함된 판본을 찾아보기 바란다).

마르크스의 방법을 알기 위해 읽어야 할 저작들을 추천하기는 더 어렵다. 그의 저작들 여기저기에 흩어져 있는 주장들을 모아서 살펴 봐야 하기 때문이다. 그러나 가장 중요한 저작 셋은 십중팔구 《철학의 빈곤》[12], 《정치경제학 비판 요강》 '서문', 《자본론》 1권 독일어 2판 후기일 것이다. 엥겔스의 《반듀링론》[13]은 마르크스의 방법을 설명하고 옹호하려는 중요한 저작이다.

마지막으로, 《전집》의 30~34권이 출판된 덕분에 《자본론》의 두 번째 초고, 즉 보통 《1861~1863년의 경제학 원고》로 알려져 있는 글들을 이제 영어로 읽을 수 있게 됐다. 거기에는 마르크스가 부르주아 경제학의 역사를 비판적으로 다룬 《잉여가치 학설사》[14]를 포함해 다른 흥미로운 자료들도 많이 들어 있다(로렌스 앤 위샤트 출판사는 《잉여가치 학설사》를 따로 펴내기도 했다). 그러나 그것은 마르크스의 저작들 가운데 어려운 축에 든다.

---

11 국역: 《가족, 사유재산, 국가의 기원》, 두레, 2012.

12 국역: "철학의 빈곤", 《경제학·철학초고 / 자본론 / 공산당선언 / 철학의 빈곤》, 동서문화동판, 2016.

13 국역: 《반듀링론》, 새길아카데미, 2012.

14 국역: 《잉여가치 학설사》, 아침, 1991.

일반적 입문서

크리스 하먼의 《마르크스주의는 어떻게 적용되는가 How Marxism Works》[15]는 (1979년에 처음 출판됐고 지금은 절판됐지만, 인터넷 웹사이트 http://www.marxists.org/archive/harman/1979/marxism/ 에서 찾아볼 수 있다) 짧지만 훌륭한 기본적 입문서다. 이사야 벌린의 《카를 마르크스 Karl Marx》[16](New York, 2002)는 비록 마르크스에게 동조하지는 않지만, 마르크스의 지적·정치적·문화적 배경의 특징을 내가 아는 다른 어떤 책보다 더 잘 다루고 있다.

더 어려운 일반적 입문서 중에는 오래전에 절판된 책 두 권, 즉 시드니 후크의 《카를 마르크스를 이해하기 위해 Towards the Understanding of Karl Marx》(London, 1933)와 카를 코르쉬의 《카를 마르크스》(London, 1938)가 여전히 읽어 볼 만하다. 욘 엘스터의 《마르크스를 이해하기 Making Sense of Marx》[17](Cambridge, 1985)는 상세하고 박학다식하고 지적이지만, 마르크스의 저작들에 관한 논의는 파괴적이다. 엘스터가 쓴 더 얇은 책 《마르크스 입문 An Introduction to Marx》(Cambridge, 1986)은 더 두꺼운 책의 장점은 없고 약점만 있다. 다니엘 벤사이드의 뛰어난 재해석이 돋보이는 《우리 시대를 위한 마르

---

15 국역: 《마르크스주의란 무엇인가?》, 책갈피, 2019.

16 국역: 《칼 마르크스: 그의 생애와 시대》, 미다스북스, 2012.

17 국역: 《마르크스 이해하기》, 나남출판, 2015.

크스 Marx for Our Times》(London, 2002)는 이 모든 책을 보잘것없게 만들었고, 테리 이글턴은 마르크스를 옹호하는 멋진 책《왜 마르크스가 옳았는가 Why Marx Was Right》[18](Yale, 2011)를 썼다.

1장 혁명가의 생애

프란츠 메링이 쓴《카를 마르크스》(London, 1936)는 마르크스 전기의 고전이지만 이제는 너무 낡았다. 데이비드 매클랠런은 괜찮은 현대적 전기《카를 마르크스》(London, 1973)를 썼지만, 매클랠런은 마르크스의 사상에 관한 신뢰할 만한 해설자는 아니다. 그 책의 1995년판에는 광범한 최신 참고 문헌 목록이 실려 있다. 더 최근에 나온 프랜시스 윈의《카를 마르크스》[19](London, 1999)는 경쾌하고 읽기 쉽지만, 역시 마르크스의 사상을 다룬 부분은 별로 설득력이 없다. 막시밀리앙 뤼벨과 마가렛 마날이 쓴《신화 없는 마르크스 Marx Without Myth》(Oxford, 1975)는 마르크스의 생애와 저작을 연대순으로 상세히 다루고 있다. 오거스트 님츠가 쓴《마르크스와 엥겔스: 민주주의의 돌파구에 기여하다 Marx and Engels: Their Contribution to the Democratic Breakthrough》(New York, 2000)는 두 혁명가의 실제 정치 활

---

18 국역:《왜 마르크스가 옳았는가》, 길, 2012.
19 국역:《마르크스 평전》, 푸른숲, 2001.

동을 다룬 뛰어난 책이다.

구스타프 마이어의 《프리드리히 엥겔스 Friedrich Engels》(London, 1936)는 엥겔스를 생생하게 묘사하고 있다. 엥겔스 사망 100주년 기념으로 1995년에 발행된 잡지 《인터내셔널 소셜리즘》 특별호 (2:65) "프리드리히 엥겔스의 혁명적 사상"에는 엥겔스의 생애와 사상을 다양한 측면에서 다룬 귀중한 글들이 실려 있다.

마르크스의 지적 발전과 관련된 철학적 배경을 다룬 책으로는 카를 뢰비트의 《헤겔에서 니체로 From Hegel to Nietzsche》[20](London, 1965), 헤르베르트 마르쿠제의 《이성과 혁명 Reason and Revolution》[21](London, 1968), 시드니 후크의 《헤겔에서 마르크스로 From Hegel to Marx》(Ann Arbor, 1971)가 있다. 마르크스의 발전을 연구한 가장 좋은 책으로는 핼 드레이퍼의 《카를 마르크스의 혁명 이론 Karl Marx's Theory of Revolution》 1권(London, 1977), 미셸 뢰비[22]의 《청년 마르크스의 혁명 이론 The Theory of Revolution in the Young Marx》(Leiden, 2002), 스타티스 쿠벨라키스의 《철학과 혁명 Philosophy and Revolution》(London, 2003), 데이비드 레오폴드의 《청년 카를 마르크스 The Young Karl Marx》(Oxford, 2007)가 있다.

마르크스의 인간적 면모는 다양한 자료에서 찾아볼 수 있다. 그

---

20 국역: 《헤겔에서 니체로》, 민음사, 2006.

21 국역: 《이성과 혁명》, 중원문화, 2017.

22 Michael Löwy는 미카엘 뢰비, 마이클 로이라고도 한다.

중에는, 예컨대 마르크스와 동시대인들의 증언을 데이비드 매클 랠런이 편집한 《카를 마르크스: 인터뷰와 회상 Karl Marx: Interviews and Recollections》(London, 1982) 같은 책도 있고, 마르크스·엥겔스의《서한집 Selected Correspondence》(Moscow, 1965)이나 《전집》 38권 이하에 실린 마르크스의 편지들도 있다. 아마 그중에서 가장 좋은 것은 S S 프라워의 《카를 마르크스와 세계 문학 Karl Marx and World Literature》(Oxford, 1978), 이본 캅의 《엘레아노르 마르크스 Eleanor Marx》1권 (London, 1973) "가족 생활"일 것이다.

2장 마르크스 이전의 사회주의

에릭 홉스봄의 저서 《산업과 제국 Industry and Empire》(Harmondsworth, 1969), 《혁명의 시대 The Age of Revolution》[23](London, 1973), 《자본의 시대 The Age of Capital》[24](London, 1977)는 마르크스 당대의 역사적 배경을 이해하려면 반드시 읽어야 할 책이다. 불행히도, 엥겔스의 《공상적 사회주의와 과학적 사회주의》, G D H 콜의 《사회주의 사상사 A History of Socialist Thought》 1권[25](London, 1953), 프랑크 마누엘과 프리치 마누엘의 《서구

---

23 국역: 《혁명의 시대》, 한길사, 1998.
24 국역: 《자본의 시대》, 한길사, 1998.
25 국역: 《사회주의 사상사 1》, 신서원, 1992.

세계의 유토피아 사상 Utopian Thought in the Western World》(Oxford, 1979)을 제외하면, 공상적 사회주의자들을 다룬 영어 문헌 중에는 괜찮은 것이 없다. 이것이 유감스러운 이유는, 공상적 사회주의자들은 비록 비판적이나마 진지한 주목을 받을 만하기 때문이다.

3장 리카도, 헤겔, 포이어바흐

스탈린에게 살해당한 일류 마르크스주의 경제학자 이사크 루빈은 마르크스 이전의 경제학의 발전을 개관한 훌륭한 책《경제사상사 A History of Economic Thought》[26](London, 1979)를 썼다(프랑스의 학술적 사회주의자가 매우 젠체하며 쓴 후기는 무시해도 좋다).

엥겔스의《루트비히 포이어바흐와 독일 고전철학의 종말》[27]은 헤겔과 포이어바흐를 명쾌하게 다루고 있다. 그러나 헤겔이 매우 어렵다는 것은 분명한 사실이다. 찰스 테일러의《헤겔 Hegel》[28](Cambridge, 1975)과 같은 저자가 쓴 더 간결한《헤겔과 현대 사회 Hegel and Modern Society》[29](Cambridge, 1979)는 헤겔의 사상을 이해하려는 매우 만

26 국역:《경제사상사》, 신지평, 1993.

27 국역:《루트비히 포이어바흐와 독일 고전철학의 종말》, 돌베개, 2015.

28 국역:《헤겔》, 그린비, 2014.

29 국역:《헤겔철학과 현대의 위기》, 서광사, 1988.

만찮은 시도다. 헤겔 자신의 저작을 맛보기로 읽고 싶다면,《역사철학 The Philosophy of History》[30](London, 1956)을 먼저 읽고 나서 더 용기가 생기면 《논리학 The Logic of Hegel》[31](Oxford, 1975)을 읽는 것이 좋다. 헤겔의 가장 위대한 저작은 《정신현상학 The Phenomenology of Spirit》[32](Oxford, 1977)인데, 이 책의 서문은 십중팔구 헤겔의 철학을 가장 잘 설명해 주는 글일 것이다.

4장 마르크스의 방법

마르크스주의 철학은 결코 이해하기 쉬운 주제가 아니다. 그 이유는 흔히 전문가들이 사용하는 이해하기 힘든 용어 때문이기도 하고, 마르크스주의 철학을 둘러싸고 논쟁이 끊이지 않았기 때문이기도 하다. 나는 《마르크스주의와 철학 Marxism and Philosophy》[33](Oxford, 1983)에서 그 주제를 개관하려 했다. 마르크스주의 철학을 다룬 가장 중요한 저작은 게오르크 루카치의 《역사와 계급의식 History and Class Consciousness》[34](London, 1971)이다. 물론 이 책도 읽기가 쉽지는 않

---

30 국역: 《역사철학강의》, 동서문화동판, 2016.
31 국역: 《대논리학》 1~3권, 벽호, 1994.
32 국역: 《정신현상학》, 한길사, 2005.
33 국역: 《현대철학의 두 가지 전통과 마르크스주의》, 갈무리, 1995.
34 국역: 《역사와 계급의식》, 지식을만드는지식, 2015.

다. 존 리즈가 쓴 《혁명의 대수학 The Algebra of Revolution》(New Jersey, 1997)은 변증법이라는 주제를 두루 다룬 뛰어난 책이다.

루이 알튀세르가 《마르크스를 위하여 For Marx》[35](London, 1969) 에서 마르크스의 초기 저작과 후기 저작 사이에는 [인식론적] "단절" 이 있다고 주장한 뒤부터 초기 저작과 후기 저작의 관계 문제를 둘러 싸고 많은 논쟁이 벌어졌다. 알튀세르의 주장과 반대되는 견해를 강 력하게 옹호한 책으로는 이슈트반 메사로시의 《마르크스의 소외론 Marx's Theory of Alienation》(London, 1970)과 버텔 올만의 《소외 Alienation》 (Cambridge, 1971)가 있다. C J 아서가 쓴 《노동의 변증법 Dialectics of Labour》(Oxford, 1986)은 [마르크스의] 《1844년 경제학·철학 원고》[36] 를 연구한 좋은 책이다. 노먼 제라스의 《마르크스와 인간 본성 Marx and Human Nature》[37](London, 1983), 알리 라탄시의 《마르크스와 분업 Marx and the Division of Labour》(London, 1982)은 내 책 4장에서 다룬 주제 들에 관한 중요한 논의를 담고 있다.

5장 역사와 계급투쟁

---

35 국역: 《마르크스를 위하여》, 후마니타스, 2017.

36 국역: 《경제학-철학 수고》, 이론과실천, 2006.

37 국역: 《맑스와 인간본성》, 백의, 1995.

마르크스의 역사 이론도 많은 논쟁의 대상이었다. 오늘날 벌어지고 있는 논쟁의 기원은 루이 알튀세르와 에티엔 발리바르가 역사유물론을 체계적으로 재구성하려고 시도한 《자본론을 읽는다 Reading Capital》[38](London, 1970)로 거슬러 올라간다. 이 논쟁에 기여한 책으로는 에드워드 톰슨의 《이론의 빈곤 The Poverty of Theory and Other Essays》[39](London, 1978), G A 코헨의 《카를 마르크스의 역사 이론 Karl Marx's Theory of History: A Defence》[40](Oxford, 1978), 페리 앤더슨의 《영국 마르크스주의 내의 논쟁들 Arguments within English Marxism》(London, 1980), 크리스 하먼의 《마르크스주의와 역사 Marxism and History》(London, 1998), 내가 쓴 《역사와 행위 Making History》[41](2nd edition, Leiden, 2004), 자이루스 바나지의 《역사 이론 Theory as History》(Leiden, 2010)이 있다.

영국 마르크스주의자들은 상당히 훌륭한 역사 연구서들을 펴냈다. 내 생각에는, 예컨대 에드워드 톰슨, 크리스토퍼 힐, G E M 디스티 크로익스, 로드니 힐튼, 조지 루드, 모리스 돕, 브라이언 매닝, 에릭 홉스봄, 페리 앤더슨, 로빈 블랙번의 저서들이 그렇다. 디스티 크로익스의 《고대 그리스 세계의 계급투쟁 The Class Struggle in the Ancient

---

38 국역: 《자본론을 읽는다》, 두레, 1991.
39 국역: 《이론의 빈곤》, 책세상, 2013.
40 국역: 《카를 마르크스의 역사이론: 역사유물론 옹호》, 한길사, 2011.
41 국역: 《역사와 행위》, 사회비평사, 1997.

Greek World》(London, 1981)이 특히 중요한 이유는 전자본주의 사회들을 이해할 수 있는 역사유물론의 능력을 보여 주기 때문이다. 오늘날은 이런 책들에 크리스 하먼의《민중의 세계사 A People's History of the World》[42](London, 1999), 크리스 위컴의《초기 중세의 구조 Framing the Early Middle Ages》(Oxford, 2005)도 추가해야 한다.

6장 자본주의

지난 30여 년 동안 마르크스주의 정치경제학은 폭발적으로 성장했다. 특히 영어권 세계에서 그랬다. 가장 괜찮은 마르크스주의 경제학 입문서 두 권을 꼽으라면, 조셉 추나라가 쓴《자본주의의 비밀을 밝히다 Unravelling Capitalism》[43](London, 2009), 벤 파인과 알프레두 사드-필류가 쓴《마르크스의 자본론 Marx's 'Capital'》[44](5th edition, London, 2010)이다.

이사크 루빈이 쓴《마르크스의 가치론 연구 Essays on Marx's Theory of Value》[45](Detroit, 1972)와 로만 로스돌스키가 쓴《마르크스의 자

---

42 국역:《민중의 세계사》, 책갈피, 2004.
43 국역:《마르크스, 자본주의의 비밀을 밝히다》, 책갈피, 2010.
44 국역:《마르크스의 자본론》, 책갈피, 2006.
45 국역:《마르크스의 가치론》, 이론과 실천, 1989.

본론의 형성 The Making of Marx's "Capital"》[46](London, 1977)은 《자본론》 해설서의 고전이다. 나는 데이비드 하비의 《자본의 한계 The Limits to Capital》[47](Oxford, 1982)를 읽지 않은 채 이 책[《카를 마르크스의 혁명적 사상》]을 쓴 것을 유감스럽게 생각한다. 또 하비는 온라인 강의(http://davidharvey.org)와 저서 《마르크스의 자본론 안내서 Companion to Marx's Capital》[48](London, 2010)를 통해, 새로운 세대가 마르크스의 가장 위대한 저작을 이해하기 쉽게 만드는 데 엄청난 기여를 했다. 중요한 마르크스주의 비평가 프레드릭 제임슨도 《자본론》 1권에 관한 어렵지만 고무적인 해설서 《자본론을 표현한다 Representing Capital》(London, 2011)를 썼다. 엔리케 두셀은 《1861~1863년 경제학 원고》를 면밀히 검토해서 《알려지지 않은 마르크스에 대하여 Towards an Unknown Marx》(London, 2001)를 썼다.

나는 이 책 [6장]에서 마르크스의 경제 위기론을 설명할 때, 크리스 하먼의 《경제 위기를 설명한다 Explaining the Crisis》[49](London, 1984), 벤 파인과 로렌스 해리스의 《자본론을 다시 읽는다 Rereading Capital》[50](London, 1979), 존 윅스의 《자본과 착취 Capital and Exploitation》(London, 1981)에서 큰 도움을 받았다. 최근 윅스는 《자본과 착

---

46 국역: 《마르크스의 자본론의 형성 1, 2》, 백의, 2003.

47 국역: 《자본의 한계》, 한울, 2007.

48 국역: 《데이비드 하비의 맑스 〈자본〉 강의》, 창비, 2011.

49 국역: 《왜 자본주의는 경제 위기에 빠지는가?》, 책갈피, 2022.

50 국역: 《현대 정치경제학 입문》, 한울, 1985.

취》를 개정해서 《자본, 착취, 경제 위기 Capital, Exploitation, and Economic Crisis》(London, 2011)를 펴냈다.

7장 노동자 권력

크리스 하먼의 《당과 계급 Party and Class》(London, 1983), 존 몰리뉴의 《마르크스주의와 정당 Marxism and the Party》[51](London, 1986)은 마르크스와 엥겔스의 혁명적 정당 개념을 개괄하면서 비판적으로 논의하고 있다. 이 책들에서는 레닌의 견해도 간략하게 설명하고 있다. 하먼의 글은 지금 훌륭한 모음집인 《당과 계급 Party and Class》[52](London, 1996)에 재수록돼 있는데, 이 모음집에는 토니 클리프, 던컨 핼러스, 레온 트로츠키가 쓴 중요한 글들도 실려 있다. 훨씬 더 자세한 연구서로는 토니 클리프의 《레닌 평전》 1~4권[53]이 있는데, 특히 1권 《당 건설을 향하여 Building the Party》[54](London, 1986)를 보라. 이 책들이 절판돼서 구할 수 없다면, 인터넷 웹사이트 www.marxists.org나 www.marxists.de에서 찾아볼 수 있다.

---

51 국역: 《마르크스주의와 정당: 마르크스에서 그람시까지》, 책갈피, 2013.
52 국역: 《당과 계급: 노동계급에게는 어떤 정치조직이 필요한가?》, 책갈피, 2012.
53 국역: 《레닌 평전》 1~4권, 책갈피, 2010, 2009, 2010, 2013.
54 국역: 《레닌 평전 1: 당 건설을 향해》, 책갈피, 2010.

레닌의 《국가와 혁명》[55]은(www.marxists.org에서 찾아볼 수 있는데) 본질적으로 마르크스와 엥겔스의 국가론을 연구함과 동시에 발전시킨 것이다. 학술적 연구서 가운데 가장 좋은 책 둘을 꼽으라면, 핼 드레이퍼의 《카를 마르크스의 혁명 이론 Karl Marx's Theory of Revolution》 1~4권[56] (New York, 1977, 1978, 1986, 1990)과 앨런 길버트의 《마르크스의 정치학 Marx's Politics》(Oxford, 1981)을 들 수 있다. 《인터내셔널 소셜리즘》 2:51 (1991)에 실린 "오늘날 국가와 자본주의"[57]는 마르크스주의 국가론에 극히 중요한 기여를 하고 있다.

내 책에서는 계급투쟁과 다양한 억압 형태(성적 억압, 인종 억압) 사이의 관계 문제를 그저 건드리기만 했다. 이 방대하고 논쟁적인 주제에 관해 참고할 만한 문헌으로는 《인터내셔널 소셜리즘》 2:12 (1981)에 실린 린지 저먼의 글 "가부장제 이론"[58]과 같은 저자의 책 《성, 계급, 사회주의 Sex, Class and Socialism》[59](London, 1989), 《인터내셔널 소셜리즘》2:23 (1984)에 실린 크리스 하먼의 글 "여성 해방과 혁명적 사회주의"[60], 《뉴 레프트 리뷰》 144(1984)에 실린 조애너 브레너

---

55 국역: 《국가와 혁명: 마르크스주의 국가론과 혁명에서 프롤레타리아트의 임무》, 돌베개, 2015.

56 이 중 제2권의 일부가 《계급과 혁명》, 사계절출판사, 1986로 발췌 국역돼 있다.

57 국역: "오늘날 국가와 자본주의", 《자본주의 국가: 마르크스주의의 관점》, 책갈피, 2015.

58 국역: "가부장제 이론 비판", 《마르크스21》 17호(2016년 12월).

59 국역: 《여성과 마르크스주의》, 책갈피, 2007.

60 국역: "여성해방과 계급투쟁", 《크리스 하먼 선집: 시대를 꿰뚫어 본 한 혁명가의 시

와 마리아 라마스의 글 "여성 억압을 다시 생각한다", 토니 클리프의 책 《계급투쟁과 여성 해방 Class Struggle and Women's Liberation》[61](London, 1984), 내가 쓴 《인종과 계급 Race and Class》[62](London, 1993) 등이 있다. 주디스 오어는 《인터내셔널 소셜리즘》 2:127 (2010)에 실린 글 "마르크스주의와 오늘날의 페미니즘"에서 페미니즘의 새 물결을 평가하고 있다.

8장 마르크스의 현재성

토니 클리프의 《소련 국가자본주의 State Capitalism in Russia》[63](London, new edition, 1996)는 "사회주의"를 자칭하는 나라들을 이해하기 위한 기본서다(이 책의 내용은 인터넷 웹사이트 www.marxists.org 에서 찾아볼 수 있다). 크리스 하먼은 토니 클리프의 이런 분석을 확대해서 《동유럽의 계급투쟁 1945~1983 Class Struggles in Eastern Europe 1945-83》[64](London, 1983)을 썼고, 《인터내셔널 소셜리즘》 2:46(1990)

선》, 책갈피, 2016.

61 국역: 《여성해방과 혁명: 영국혁명부터 현대까지》, 책갈피, 2008.

62 국역: 《인종차별과 자본주의》, 책갈피, 2020.

63 국역: 《소련은 과연 사회주의였는가?: 국가자본주의론의 분석》, 책갈피, 2011.

64 국역: 《동유럽에서의 계급투쟁 1945~1983》, 갈무리, 1994.

에 실린 글 "폭풍이 인다"[65]에서는 동유럽 혁명들을 설명하는 데 이 분석을 활용했다. 나는 《역사의 복수 The Revenge of History》[66](Cambridge, 1991)와 《이론과 서사 Theories and Narratives》[67](Cambridge, 1995) 1장에서 1989년 사건들의 의의를 논한 바 있다.

앞서 얘기한 크리스 하먼의 《경제 위기를 설명한다》는 마르크스주의 관점에서 전후 자본주의를 설명하는 가장 좋은 책이다. 이 분석은 하먼의 마지막 걸작 《좀비 자본주의 Zombie Capitalism》[68](London, 2009)에서 엄청나게 확대되고 최신 상황에 맞게 수정됐다. 나는 《무너지는 환상 Bonfire of Illusions》[69](Cambridge, 2010)에서 최근의 세계 경제·금융 위기를 집중적으로 다뤘는데, 이 책은 내가 《제국주의와 국제 정치경제 Imperialism and Global Political Economy》[70](Cambridge, 2009)에서 제시한 이론적·역사적 분석을 바탕으로 해서 쓴 것이다. 다른 중요한 마르크스주의 연구서들 중에서 현재 경제 위기의 더 큰 맥락을 다루고 있는 책 두 권을 꼽으라면, 로버트 브레너의 《혼돈의 기원 The Economics of Global Turbulence》[71](London, 2006)과 데이비드 하비의 《자본

---

65 국역: 《1989년 동유럽 혁명과 국가자본주의 체제 붕괴》, 책갈피, 2009.

66 국역: 《역사의 복수》, 백의, 1993.

67 국역: 《이론과 서사》, 일신사, 2000.

68 국역: 《좀비 자본주의: 세계경제 위기와 마르크스주의》, 책갈피, 2012.

69 국역: 《무너지는 환상: 2008년 경제 위기 이후 세계는 어떻게 달라지는가》, 책갈피, 2010.

70 국역: 《제국주의와 국제 정치경제》, 책갈피, 2011.

71 국역: 《혼돈의 기원: 세계 경제 위기의 역사 1950~1998》, 이후, 2011.

이라는 수수께끼 The Enigma of Capital》[72](London, 2010)를 들 수 있다.

현대 자본주의의 계급 구조를 분석한 문헌으로는 알렉스 캘리니코스와 크리스 하먼의 《변화하는 노동계급 The Changing Working Class》[73](London, 1987; 이 책의 내용은 인터넷 웹사이트 www.isj.org.uk에서 찾아볼 수 있다), 《인터내셔널 소셜리즘》 2:96 (2002)에 실린 크리스 하먼의 글 "세계의 노동자들"[74] 등이 있다. 해리 브레이버먼이 20세기의 노동계급을 연구해서 쓴 《노동과 독점자본 Labor and Monopoly Capital》[75](New York, 1974)은 현대 사회주의의 고전이다.

최근의 마르크스주의 학자들은 흔히 마르크스가 무시했다고 이야기하는 주제들에 관한 마르크스의 생각을 훨씬 더 잘 이해할 수 있게 해 주는 저작들을 내놓았는데, 특히 환경 문제를 다룬 책으로는 폴 버킷의 《마르크스와 자연 Marx and Nature》(New York, 1999), 존 벨라미 포스터의 《마르크스의 생태학 Marx's Ecology》[76](New York, 2000)이 있고, 제3세계를 다룬 책으로는 케빈 앤더슨의 《마르크스와 주변부 Marx at the Margins》(Chicago, 2010)가 있다.

---

72 국역: 《자본이라는 수수께끼: 자본주의 세계경제의 위기들》, 창비, 2012.

73 국역: 《노동자 계급에게 안녕을 말할 때인가》, 책갈피, 2001.

74 국역: "세계의 노동계급", 《세계화와 노동계급》, 책갈피, 2010.

75 국역: 《노동과 독점자본》, 까치, 1998.

76 국역: 《마르크스의 생태학: 유물론과 자연》, 인간사랑, 2016.

후주

참고문헌 목록과 약어

AD Engels, *Anti-Dühring* (Moscow, 1969). [국역: 《반듀링론》, 새길아카데미, 2012.]

C   Marx, *Capital:* Volume i (Harmondsworth, 1976), Volume ii (Moscow, 1956), Volume iii (Moscow, 1971). [국역: 《자본론》 1~3권, 비봉출판사, 2015.]

CW Marx and Engels, *Collected Works*, 50 vols (London, 1975~), 아직 완간 되지 않았다.

CWF Marx, *The Civil War in France* (Peking, 1966). [국역: 《프랑스 내전》, 박종 철출판사, 2003.]

G   Marx, *Grundrisse* (Harmondsworth, 1973). [국역: 《정치경제학 비판 요강》 1~3권, 그린비, 2007.]

SC Marx and Engels, *Selected Correspondence* (Moscow, 1965).

SW Marx and Engels, *Selected Works*, 3 vols (Moscow, 1973).

TSV Marx, *Theories of Surplus Value*, 3 vols (Moscow, 1963-72). [국역: 《잉여 가치 학설사》, 아침, 1991.]

V   Marx, *Value: Studies by Marx* (London, 1976).

머리말

1   *SW* iii, p 162.

2   *SW* iii, p 163.

3   *SW* iii, p 361.

1장 혁명가의 생애

1   *CW* iii, p 181.

2   *CW* i, p 220.

3   Hal Draper, *Karl Marx's Theory of Revolution*, vol 1 (London, 1977).

4   *CW* iii, p 144.

5   *CW* iii, p 355.

6   *CW* iii, p 164.

7   *CW* iii, p 186.

8   *CW* iii, pp 183, 187.

9   *CW* iii, p 280.

10   *CW* iii, p 202.

11   *CW* vi, p 341.

12   David McLellan, *Karl Marx* (London, 1973).

13   *CW* vi, p 481.

14   *CW* vii, pp 144, 147.

15   *SW* iii, p 166.

16   *SW* iii, p 166.

17   *CW* ix, p 467.

18   *CW* x, p 279.

19   *CW* x, p 614.

20   *CW* x, p 510.

21   *C* ii, pp 3~4.

22   *G*, p 111.

2장 마르크스 이전의 사회주의

1   *CW* vi, p 515.

3장 리카도, 헤겔, 포이어바흐

1   *SC*, p 69.

2   *TSV* ii, p 118.

3   *G*, p 754.

4   *G*, p 754.

5   *CW* vi, p 174.

6   *SW* iii, p 339.

7   *G*, p 101.

8   *C* i, p 103.

9   *SW* iii, p 344.

10   *CW* v, p 41.

11   *SW* i, p 503.

12   *CW* v, p 24.

4장 마르크스의 방법

1   *SC*, p 100.

2   *CW* v, p 4.

3   *V*, p 217.

4   *CW* v, p 8.

5   *CW* iii, p 333.

6   *CW* iii, p 277.

7   *CW* iii, p 276.

8   *CW* v, p 31.

9   *CW* iii, p 333.

10   *CW* iii, p 275.

11   *CW* v, p 39.

12   *CW* v, p 43.

13   *G*, p 83.

14   *G*, p 84.

15   *C* i, p 92.

16   *CW* iii, p 235.

17   *CW* iii, p 297.

18   *SW* iii, p 444.

19   *C* i, p 102.

20   *CW* v, p 31.

21   *C* i, p 433.

22   *C* iii, p 817.

23   *C* i, p 90.

24   *TSV* ii, pp 165~166.

25   *TSV* ii, p 174.

26   *G*, p 101.

27   *G*, p 100.

28   *G*, p 101.

29   *CW* vi, pp 166~167.

30   *CW* vi, p 162.

31   *CW* vi, p 165.

32   *G*, p 462.

33   *CW* vi, p 168.

34   *CW* vi, p 174.

35   *CW* xii, p 132.

36   *CW* xii, p 222.

37   *CW* v, p 36.

38   *CW* v, p 36.

39   *CW* v, p 37.

40   *CW* v, p 5.

41   *CW* v, p 30.

42   *CW* v, p 7.

43 *CW* v, p 4.

44 *SW* ii, p 19.

45 *CW* xi, p 103.

5장 역사와 계급투쟁

1 *CW* v, p 31.

2 *C* i, p 283.

3 *C* i, p 286.

4 *C* i, p 290.

5 *C* ii, pp 36~37.

6 *C* i, pp 344~345.

7 *AD*, pp 217~218.

8 *CW* v, p 329.

9 *CW* vi, p 159.

10 *C* iii, p 791.

11 *CW* vi, pp 483, 485.

12 *SC*, p 69.

13 *SW* i, p 504.

14 *C* i, p 325.

15 *C* i, p 346.

16 *G*, p 507.

17 *CW* vi, p 166.

18 *CW* vi, pp 348~349.

19 *SW* i, pp 503~504.

20 *CW* v, p 74.

21 *SW* i, pp 503~504.

22 *SW* i, pp 503~504.

23 *SC*, p 417.

24 *SW* i, p 504.

25 *CW* xi, pp 103~104.

26   *CW* xi, pp 104~105.

27   *CW* v, p 59.

28   *CW* vi, p 486.

29   *CW* vi, p 505.

30   *SW* iii, pp 326~327.

31   *SW* iii, pp 327~328.

32   *CWF*, pp 162~163.

33   *CW* vi, p 212.

34   *G*, p 227.

35   *CWF*, pp 230~231.

36   *C* i, p 899.

37   *CW* xiv, pp 53~54.

6장 자본주의

1   *C* i, p 92.

2   *C* i ,p 126.

3   *C* i, p 129.

4   *C* i, p 137.

5   *SC*, p 192.

6   *TSV* iii, pp 131, 138.

7   *SC*, p 209.

8   *C* i, p 171.

9   *C* i, p 170.

10   *C* i, pp 165~166.

11   *C* i, p 131.

12   *C* i, p 129.

13   *TSV* iii, p 130.

14   *C* i, p 175, n 34.

15   *TSV* iii, p 129.

16   *SC*, pp 209~210.

17 *G*, p 101.

18 *G*, p 267.

19 *C* i, p 277.

20 *C* i, pp 300~301.

21 *C* i, pp 272~273.

22 *C* ii, p 33.

23 *C* i, pp 279~280.

24 *C* i, p 342.

25 *C* i, p 376.

26 *C* i, p 344.

27 *C* i, p 1021.

28 *C* i, p 1024.

29 *C* i, p 490.

30 *C* i, pp 1034~1035.

31 *C* i, pp 1039~1040.

32 *C* i, p 492.

33 *G*, p 449.

34 *C* iii, p 791.

35 *G*, p 414.

36 *C* iii, p 26.

37 *G*, p 657.

38 *C* i, p 949 이하를 참조.

39 *C* iii, pp 195~196.

40 *C* iii, p 209.

41 *C* iii, pp 196~197.

42 *TSV* ii, p 29.

43 *C* iii, p 198.

44 *TSV* ii, p 434.

45 *C* iii, p 180.

46 *C* iii, p 161.

47 *C* iii, pp 159~160.

48   *C* iii, pp 164~165 참조.

49   *C* iii, p 26.

50   *TSV* ii, p 191.

51   *C* i, p 742.

52   *C* i, p 739.

53   *C* ii, p 499.

54   *G*, p 748.

55   *C* iii, p 212.

56   *C* i, p 436.

57   *C* iii, p 873.

58   *C* iii, pp 264~265.

59   *G*, p 749.

60   *G*, p 749.

61   *C* iii, pp 232, 235.

62   *C* iii, p 239.

63   *C* i, p 790.

64   *C* iii, p 240.

65   *TSV* ii, pp 415~416.

66   *TSV* ii, p 527.

67   *C* iii, p 249.

68   *TSV* ii, p 496.

69   *C* iii, p 249.

70   *C* ii, pp 414~415.

71   *C* i, p 785.

72   *CW* vi, p 487.

73   *C* i, p 345.

74   *C* i, pp 349, 355.

75   *G*, p 409.

76   *C* iii, p 259.

77   *TSV* iii, pp 117~118.

78   *G*, p 410.

79 *C* iii, p 250.

80 *G*, pp 749~750.

81 *TSV* ii, p 497, n.

7장 노동자 권력

1   *CW* vi, p 496.

2   *SC*, p 327.

3   *CW* vi, p 212.

4   *CW* vi, pp 210~211.

5   *CW* v, p 49.

6   *C* i, p 797.

7   *CW* vi, p 494.

8   *CW* xi, p 187.

9   *CW* xi, p 191.

10 *CWF*, pp 75, 77.

11 *CW* v, p 214.

12 *CW* vi, p 211.

13 *SW* ii, pp 71~72.

14 *SW* ii, pp 72~73.

15 *CW* xii, p 169.

16 *SC*, p 293.

17 *SW* ii, p 73.

18 *SW* ii, pp 75~76.

19 *SW* ii, p 75.

20 *C* i, pp 412~413.

21 *SW* ii, p 73.

22 *SW* ii, p 17.

23 *SC*, pp 270~271.

24 *SW* ii, p 75.

25 *CW* x, pp 281~282.

26 *CW* x, p 318.

27 *CW* vi, p 497.

28 *CW* x, p 626.

29 *SC*, p 474.

30 *SC*, pp 396, 399.

31 *SC*, p 398.

32 *C* i, p 929.

33 *CW* xi, p 103.

34 *CW* vi, p 483.

35 *CW* vi, p 505.

36 *CW* vi, p 504.

37 *CW* xi, p 185.

38 *CW* xi, p 186.

39 *CW* xi, p 185.

40 *SC*, pp 262~263.

41 *CW* x, p 127.

42 *CW* vi, p 504.

43 *CWF*, pp 17~18.

44 *CWF*, p 72.

45 *CWF*, pp 67~68.

46 *SW* iii, p 327.

47 *SW* ii, p 25.

48 *CWF*, p 69.

49 *CWF*, p 70.

50 *CWF*, p 69.

51 *CWF*, p 64.

52 예컨대 *SC*, p 263 참조.

53 *CW* xi, pp 85~86.

54 *SW* ii, p 293.

55 *C* i, p 113.

56 *CW* x, p 298.

57　*C* iii, p 110.

58　*G*, p 408.

59　*C* i, p 915.

60　*CW* v, p 49.

61　*CW* vi, p 351~352.

62　*CW* vi, p 519.

63　*SC*, p 179.

64　*CW* viii, p 363.

65　*CW* vi, p 549.

66　*CW* xi, p 47.

67　*CW* viii, p 367.

68　*CW* viii, p 232.

69　*SC*, pp 236~237.

70　*SC*, p 69.

71　*SW* i, p 504.

72　*SW* iii, p 26.

73　*CW* vi, p 498.

74　*CW* x, p 78.

75　*C* iii, p 851.

76　*C* iii, p 847.

77　*SW* iii, p 19.

78　*SW* iii, pp 17~18.

79　*SW* iii, p 18.

80　*SW* iii, p 19.

81　*CW* vi, p 506.

82　*CW* vi, pp 505~506.

83　*AD*, pp 332~333.

84　*CW* v, p 47.

85　*G*, p 692.

86　*G*, p 700.

87　*C* iii, p 820.

88   *AD*, p 336.

8장 마르크스의 현재성

1   *SC*, p 313.

2   *SW* i, p 100.

3   *C* i, pp 915~916.

4   *CW* xviii, p 99.

5   *G*, p 657.

6   *CW* viii, p 162.

7   *CW* x, p 281.

8   *C* i, p 929.

9   *C* iii, pp 436~437.

10   *G*, p 128.

11   *C* i, p 644.

12   *C* i, pp 1039~1040.

13   *C* i, p 1041.

14   *C* iii, p 292.

15   *TSV* ii, p 566.

찾아보기

튀르고(Turgot, A R) 111

트로츠키, 레온(Trotsky, Leon) 19, 244, 283, 293, 321, 350

티에르(Thiers, Auguste) 71

ㅍ

파리코뮌(1871) 71~73, 79, 180, 277, 279, 280, 282, 283, 285

파스칼, 블레즈(Pascal, Blaise) 88

파업 14, 44, 70, 254, 261~263, 266, 271

팔랑스테르 95, 96, 99

퍼거슨, 애덤(Ferguson, Adam) 90

평등 84, 85, 94, 97, 98, 108, 206, 284, 288, 305, 306, 323

포이어바흐, 루트비히(Feuerbach, Ludwig) 40, 41, 46, 118, 119, 120, 121, 125, 126, 129, 130, 132

"포이어바흐에 관한 테제" 125, 126, 147, 148~150, 260

《포크트 씨》 63

폴란드 69, 294, 297, 325, 339, 348

폼페이우스(Pompey) 78

푸리에, 샤를(Fourier, Charles) 70, 93~96, 120, 133, 258, 303, 312, 313

프라워, S S(Prawer, S. S) 77

프랑스 25, 37, 41, 46, 47, 50~52, 56, 68, 69, 71, 79, 83, 277

《프랑스 내전》 72, 258, 279

프랑스 혁명(1789) 32, 37, 41, 42, 82, 84, 92~94, 187, 285

《프랑스의 계급투쟁》 53, 277, 287

프랑스·프로이센 전쟁 295, 299

프로이센 32~36, 38, 40, 45, 46, 52~54, 64, 71, 84, 117, 295, 299

프롤레타리아 독재 53, 98, 166, 276, 278~280, 289, 293, 303, 308

프롤레타리아 혁명 275, 290, 318

프루동, 피에르 조제프(Proudhon, Pierre-Joseph) 45, 49, 69, 70, 97, 144, 266, 294

〈프리 프레스〉 63

프리드리히 대왕(Frederick the Great) 92

프리드리히 빌헬름 4세(Friedrich Wilhelm IV) 35, 36

플레하노프, 게오르기(Plekhanov, Georgi) 318

피셔, H A L(Fisher, H A L) 156

필머, 로버트(Filmer, Robert) 90

필요노동 162, 163, 168, 200, 209~211

ㅎ

하위헌스(Huygens, Christian) 87

하이네, 하인리히(Heine, Heinrich) 24, 45, 46, 77

하인드먼, H M(Hyndman, H M) 76

한국 348

《할리셰 야르뷔허》(할레 연감) 37

헝가리 52, 294, 297, 298

헤겔, 게오르크(Hegel, Georg) 34, 35, 40, 112, 114~122, 136, 142, 143, 146, 147

《헤겔 법철학 비판》 39, 41, 42, 184, 287